作者简介

唐玉琴 女，中共党员，聊城大学正处级辅导员，教授。近10年来，主持教育部、山东省社科规划研究项目等10余项，专著、论文30余项，获得教育部、山东高校思想政治教育等优秀科研成果奖20余项。获得全国高校优秀辅导员、全国优秀教育工作者等荣誉称号16项。山东省高校辅导员名师工作室主持人，山东省青少年研究院特聘专家。

张乐方 男，中共党员，聊城大学学生工作部（处）部（处）长。近10年来，荣立共青团山东省委"青春立功"三等功三次，获得"山东省思想政治工作先进个人"等荣誉称号20余项，发表论文16篇。

高校德育成果文库·教育部思想政治工作司组编

高校家庭经济困难学生的多维透视

唐玉琴　张乐方◎编著

中国书籍出版社
China Book Press

图书在版编目（CIP）数据

高校家庭经济困难学生的多维透视/唐玉琴，张乐方编著.—北京：中国书籍出版社，2015.1
ISBN 978-7-5068-4633-2

Ⅰ.①高… Ⅱ.①唐…②张… Ⅲ.①高等学校—助学金—教育政策—研究—中国 Ⅳ.①G649.20

中国版本图书馆 CIP 数据核字（2014）第 300951 号

高校家庭经济困难学生的多维透视

唐玉琴　张乐方　编著

责任编辑	卢安然
责任印制	孙马飞　马　芝
封面设计	中联华文
出版发行	中国书籍出版社
地　　址	北京市丰台区三路居路 97 号（邮编：100073）
电　　话	（010）52257143（总编室）　（010）52257153（发行部）
电子邮箱	chinabp@vip.sina.com
经　　销	全国新华书店
印　　刷	北京彩虹伟业印刷有限公司
开　　本	710 毫米×1000 毫米　1/16
字　　数	295 千字
印　　张	17.5
版　　次	2015 年 3 月第 1 版　2015 年 3 月第 1 次印刷
书　　号	ISBN 978-7-5068-4633-2
定　　价	68.00 元

版权所有　翻印必究

总 序

中发〔2004〕16号文件颁发以来,各地各高校充分认识高校德育工作的极端重要性,坚持育人为本,德育为先,坚持贴近实际、贴近生活、贴近学生,不断推进理论、内容、机制和方式方法的创新,在传承中发展、在改进中加强、在创新中深化,大学生思想政治教育的吸引力、感染力、针对性、实效性不断增强,科学化水平不断提高,基本形成全员育人、全方位育人、全过程育人的生动局面。

今年是中发〔2004〕16号文件颁发十周年,为深入研究总结和集中展示近年来各地各高校落实立德树人根本任务、推动高校德育创新发展的理论和实践成果,教育部思想政治工作司决定组织出版《高校德育成果文库》,旨在引导和鼓励思想政治教育工作者聚焦高校德育工作的重大理论和现实问题,系统总结梳理近年来各地各高校加强高校德育工作所取得的可喜成绩和宝贵经验,并对下一步工作进行系统设计和统筹谋划,切实提高高校德育工作的水平和质量。

《高校德育成果文库》坚持正确的政治方向和学术导向,围绕立德树人根本任务,收录了一系列事迹案例鲜活、育人效果显著的研究专著、工作案例集、研究报告等成果。入选《高校德育成果文库》的这些著作都是各地各高校在长期研究和探索过程中心血和智慧的结晶,他们着眼于高校德育领域的重要理论和现实问题,研究规律,总结经验,探索路径。这些作品从不同的角度反映了高校德育理论研究与实践探索的丰硕成果，是推动高校德育创新发展的宝贵财富。

希望在《高校德育成果文库》的引领和示范下，各地各高校继续坚持理论联系实际，以高度负责的态度、科学严谨的精神开展理论研究和实践创新，不断丰富路径载体、健全长效机制，坚持以社会主义核心价值观引领学校德育工作，为培养德智体美全面发展的中国特色社会主义事业合格建设者和可靠接班人做出新的更大贡献！

《高校德育成果文库》编委会

2015 年 1 月

本书编委会

主　编：唐玉琴　张乐方
副主编：赵少峰　石　勇　刘　洁
委　员（按姓氏笔画排序）：
　　　　　于　娜　石　勇　刘　洁
　　　　　刘　敏　李洪霞　宋义明
　　　　　张乐方　张洪方　张晓冬
　　　　　岳增刚　陆长民　陈晓林
　　　　　姜利波　赵少峰　唐玉琴
　　　　　解方文　魏京祥

前　言

全面贯彻落实国家资助政策，做好高校学生资助工作，确保家庭经济困难学生顺利入学并完成学业，是贯彻落实科学发展观，保障和改善民生，促进教育公平，办好人民满意教育的基本要求；是促进学生成人成才成功，维护社会和谐和校园稳定的重要措施。然而，随着社会经济体制改革和高校教育体制改革的不断深化，家庭经济困难给在校大学生带来的问题和矛盾也逐渐凸显。这些问题和矛盾，体现在学生的学习、思想、行为等各个方面。提高对这些问题的认识，并采取有力措施加强对家庭经济困难学生的教育、管理和帮扶工作，是高校不容忽视的重要任务。

研究高校家庭经济困难学生问题，首先要弄清贫困这一概念。关于贫困的含义和衡量标准，至今仍然是学术界不断争论的话课，研究者从不同角度，诠释对贫困问题的认识与理解。英国资产阶级庸俗政治学鼻祖马尔萨斯、诺贝尔经济学奖得主阿马蒂亚·森、英国学者汤森德，以及一些国际组织，如世界银行、欧共体等都对贫困问题阐述过自己的看法。一些学者还著书立说，如英国学者奥本海姆著有《贫困的真相》，等等。他们从不同的角度对贫困进行了诠释。关于贫困的含义，我们认为应该包括两层意思：首先贫困是一种经济现象，是由于物质资源的缺乏，整个家庭或个体生活水准处于社会平均数之下，甚至是处在社会最低标准之下，同时，贫困也是一种社会现象，它不仅仅指物质资源的缺乏，还包括精神的、社会的、文化的等各方面。由于缺乏环境条件、文化教育等方面的支持，在发展机会、能力锻炼与提高等方面严重不足。

高校家庭经济困难学生群体是随着高校扩招和收费制度的实施而产生的。1989年8月，原国家教委、物价局、财政部联合出台《普通高校收取学杂费和住宿费的规定》，打破了高校免费教育的模式，开始实行高校收费，从而逐步形成了家庭经济困难学生群体。当时，高校学生资助工作者以及学术界，普遍以"贫困生"来称谓这一学生群体。但随着"贫困"这一概念内涵的扩展和"以人为本"教育管理理念的逐步深化，对学生"贫困"的理解，从经济上的困难逐渐延伸至精神贫困等方面，"贫困生"这一称谓也随之发生改变，"家庭经济困难学生"这一称谓，逐步被高校以及学术界广泛认可。

关于高校家庭经济困难学生的概念，2007年教育部、财政部联合下发了《关于认真做好高等学校家庭经济困难学生认定工作的指导意见》（教财〔2007〕8号），文件指出：家庭经济困难学生是指学生本人及其家庭所能筹集到的资金，难以支付其在校学习期间的学习和生活基本费用的学生。根据文件要求，家庭经济困难学生的认定标准可设置一般困难、困难和特殊困难等2～3档。家庭经济困难学生的认定，必须具备相应的条件，并按规定程序规范进行。

当前，对高校家庭经济困难学生的研究工作，西方发达国家的研究和实践远远早于我国，无论在理论上还是在实践上，均更为系统和完善。在大学生资助问题的理论研究上，主要有人力资本理论、公平理论、教育成本分担理论与补偿理论。在对学生的资助模式研究上，有国家支付学费学生并且可以申请助学金的英国模式，国家免收学费并可申请助学贷款来支付生活费用的瑞士模式等。我国学者对家庭经济困难学生问题的研究起步较晚。从目前出版的专著和学术论文来看，对家庭经济困难学生的学习状况、生活状况、思想状况等进行了分析，提出了建立全国信用档案、国家资助、助学贷款信息查询系统等意见和建议。

对家庭经济困难学生群体的研究可以有多种方式，可以国家政策为中心，可以问题为中心，也可以学生为中心。本书以家庭经济困难学生的教育管理工作案例为中心，围绕高校家庭经济困难学生资助体系的各个组成部分的地位、职责、作用及其相互之间的协调、配合进行。透视学生在心理、人际关系、就业等方面存在的问题，并提出合理化解决方案和建议，以提高高校家庭经济困难学生帮扶、教育与管理工作的针对性和实效性。

全书共分为十一编，分别从阶层固化对高校校园的影响、国家资助政策、理想塑造、诚信、生活、心理、学习、就业、人际关系、珍爱生命、责任与担当等方面对家庭经济困难学生进行全面分析研究，通过真实案例，指出家庭经济困难学生存在的问题，分析问题产生的原因、影响，提出相应的对策和建议。本书在编撰过程中，试图达到三个目标：在理论层面上，将提出家庭经济困难学生教育与管理的新认识、新方法和新思路；在实践层面上，将结合案例，形成系统完整的、有针对性和创新性的问题解决方案；在应用层面上，本书的成果可以直接用以指导学生资助工作实践，提出的有关理论观点和工作方案，可为教育工作者和理论研究者提供参考。

清代著名学者章学诚在其著作中指出："文章学问之事，即景多所会心，笔墨即便随处札录……札记之功，必不可少；如不札记，则无穷妙绪皆如雨珠落入大海矣。"本书中采用的案例，多由从事一线学生管理工作的教授、副教授、讲师积累所得。他们工作经验丰富，将科学研究和学生的教育管理结合起来，达到工作和研究相互促进的目的。本书在编撰过程中，面向山东省及部分省外高校编制了调查问卷，从全国部分高校中征集了家庭经济困难学生教育管理工作案例，在此对各兄弟院校给予的帮助表示感谢。由于著者水平所限，书中难免存在疏漏和错误，恳请各位读者批评指正。

目　录
CONTENTS

第一编　阶层固化影响着高校校园 ························· 1

第一章　"贫二代"的艰辛与痛苦 / 3
　　第一节　农村贫瘠的压力 / 4
　　第二节　城镇"贫二代"的艰辛 / 7

第二章　校园中的贫富两重天 / 10
　　第一节　新校园分裂 / 10
　　第二节　"背景"与"背影" / 14

第三章　冲破阶层固化的牢笼 / 18
　　第一节　奋斗成就未来 / 18
　　第二节　从贫穷走向富裕 / 22

第二编　"一体两翼"资助格局助推学生发展 ················· 27

第一章　享受政策　感受阳光 / 29
　　第一节　资助政策　成就梦想 / 29
　　第二节　贷款助学　自强不息 / 32

第二章　高校助力　永不言弃 / 36
　　第一节　科学认定助红梅盛开 / 36
　　第二节　勤工助学促自立自强 / 39

第三章　社会关爱　情暖人间 / 44
　　第一节　社会关爱点亮她奋起的明灯 / 44

第二节　赠人玫瑰手留余香　　　　　　　　　　　　　/ 47

第三编　坚定信念放飞理想 …………………………………… 53
第一章　执着与彷徨　　　　　　　　　　　　　　　　/ 55
　　第一节　站在青春的十字路口　　　　　　　　　　　　/ 55
　　第二节　执着助力梦想　　　　　　　　　　　　　　　/ 58
第二章　梦想于心　专注于行　　　　　　　　　　　　　/ 61
　　第一节　矢志报国　青春无悔　　　　　　　　　　　　/ 61
　　第二节　做西部的美丽彩虹　　　　　　　　　　　　　/ 65
第三章　中国梦　我的梦　　　　　　　　　　　　　　　/ 68
　　第一节　险入歧途　　　　　　　　　　　　　　　　　/ 68
　　第二节　学好外国语，做好中国人　　　　　　　　　　/ 71

第四编　言必信行必果 ………………………………………… 75
第一章　人之所助者，信也　　　　　　　　　　　　　　/ 77
　　第一节　有其言无其行，君子之耻也　　　　　　　　　/ 77
　　第二节　自助报亭与诚信考验　　　　　　　　　　　　/ 80
第二章　诚信与尊严　　　　　　　　　　　　　　　　　/ 84
　　第一节　人背信则名不达　　　　　　　　　　　　　　/ 84
　　第二节　勿以"诚"小而不为　　　　　　　　　　　　　/ 87
第三章　人而无信，不知其可也　　　　　　　　　　　　/ 91
　　第一节　以诚立足　　　　　　　　　　　　　　　　　/ 91
　　第二节　以信立本　　　　　　　　　　　　　　　　　/ 95

第五编　知恩图报 ……………………………………………… 99
第一章　母爱如水　父爱如山　　　　　　　　　　　　　/ 101
　　第一节　向阳花开　　　　　　　　　　　　　　　　　/ 101
　　第二节　父亲的背影　　　　　　　　　　　　　　　　/ 104
第二章　投之以桃　报之以李　　　　　　　　　　　　　/ 109
　　第一节　社会关爱　慈孝天下　　　　　　　　　　　　/ 109
　　第二节　感恩在心口难开　　　　　　　　　　　　　　/ 112

第三章　铭记母校　勿忘师恩　　　　　　　　　　/ 116
　　第一节　知恩之殇　　　　　　　　　　　　　/ 116
　　第二节　创业有成　感恩母校　　　　　　　　/ 119

第六编　业精于勤 …………………………………… **123**

第一章　榜样的力量　　　　　　　　　　　　　　/ 125
　　第一节　"蜗居"飞出金凤凰　　　　　　　　 / 125
　　第二节　笃志好学　　　　　　　　　　　　　/ 128
第二章　专业教育引领方向　　　　　　　　　　　/ 131
　　第一节　思想引路　学业导航　　　　　　　　/ 131
　　第二节　理论与实践的错位　　　　　　　　　/ 134
第三章　点亮学业道路上的灯塔　　　　　　　　　/ 138
　　第一节　人求上进先读书　　　　　　　　　　/ 138
　　第二节　守得云开见月明　　　　　　　　　　/ 141

第七编　就业与创业的选择 …………………………… **145**

第一章　压力与出路　　　　　　　　　　　　　　/ 147
　　第一节　卧薪尝胆与弯道超越　　　　　　　　/ 147
　　第二节　从"打工仔"到"掌门人"　　　　　　/ 150
第二章　鱼与熊掌的选择　　　　　　　　　　　　/ 153
　　第一节　自我理性定位　　　　　　　　　　　/ 153
　　第二节　人生理想与职业选择　　　　　　　　/ 156
第三章　就业路上不掉队　　　　　　　　　　　　/ 159
　　第一节　走上"非你莫属"的舞台　　　　　　 / 159
　　第二节　自信的力量　　　　　　　　　　　　/ 162

第八编　心理透视 …………………………………… **167**

第一章　不能承受家庭之重　　　　　　　　　　　/ 169
　　第一节　一颗敏感的心　　　　　　　　　　　/ 169
　　第二节　沉重的考研之路　　　　　　　　　　/ 173
第二章　校园里迷失的羔羊　　　　　　　　　　　/ 177

第一节 "淑女"的苦楚 / 177
   第二节 宿舍里的贫与富 / 181
  第三章 爱的迷失 184
   第一节 追寻阳光爱情 / 184
   第二节 摆脱心头的乌云 / 187

第九编 人际关系千千结 … 191
  第一章 错位的思考 / 193
   第一节 敞开心扉 拥抱阳光 / 193
   第二节 不愿回家的男孩 / 197
  第二章 带刺的玫瑰 / 200
   第一节 抱怨之"刺"带来孤立 / 200
   第二节 孤独逃避与勇敢面对 / 203
  第三章 相亲相爱一家人 / 206
   第一节 从恨到爱 母女团聚 / 206
   第二节 一个也不能少 / 209

第十编 敬畏生命 … 213
  第一章 天波易谢 寸暑难留 / 215
   第一节 阳光总在风雨后 / 215
   第二节 生命的坚守 / 218
  第二章 心理失衡酿惨剧 / 222
   第一节 面朝大海 未见春暖花开 / 222
   第二节 青春不再来 且行且珍惜 / 225
  第三章 风物长宜放眼量 / 230
   第一节 深陷泥潭的羔羊 / 230
   第二节 得成比目何辞死 / 233

第十一编 责任与担当 … 237
  第一章 将爱传递下去 / 239
   第一节 有责方有为 / 239

第二节　一分奉献　一分收获　　／242
第二章　爱的体验与责任担当　　／245
　　第一节　爱的醒悟　　／245
　　第二节　胸怀责任　笑对人生　　／248
第三章　责任与机遇同行　　／253
　　第一节　青春在责任和奉献中闪光　　／253
　　第二节　用责任丈量梦想　用担当回馈社会　　／257

后　记 ································· **261**

第一编
阶层固化影响着高校校园

阶层固化是与社会流动相对而言的社会学范畴,是社会流动的一种特殊状态或非正常状态。阶层固化所涉及的对象主要是青年群体。因此,阶层固化从某种意义上来说,实际上就是青年阶层的固化。当前青年阶层的固化主要表现为上流阶层的"世袭化"、中间阶层的"下流化"和下等阶层的"边缘化"。而导致青年阶层固化的主要原因就是因先赋性因素而产生的代际复制加剧,以及与此相关的后致性因素在改变青年阶层命运的过程中作用的日趋弱化①。在我国经济转轨和社会转型过程中,阶层固化在大学校园里的表现主要体现为"二代"现象。大学校园里的学生受此影响,在特定的环境下,他们的个性差异更加鲜明,在学习、生活、就业等方面存在较大差异。学校应当努力营造公平的环境,从根本上保障"二代"们平等参与学习、竞争和享有平等发展的权利。

---

① 熊志强:《当前青年阶层固化现象及其原因探讨》,载《中国青年研究》,2013年第6期。

第一章

"贫二代"的艰辛与痛苦

在贫困群体的研究领域内,有一个词不可回避,那就是"贫二代"。"贫二代"又称"穷二代",是时下热门的公共话语。关于这一概念的含义,目前学术界尚存在争议。有的学者认为,"贫二代"是指那些在改革开放中没有致富的产业工人或者农民的子女,既存在于城市,也存在于农村之中,不但家庭经济困难,而且在现有体制下改变其命运的机会也微乎其微;也有学者认为"贫二代"一词是相对于目前流行的"富二代"而言的,既然富二代是指20世纪80年代出生、继承千万家产的富家子女,那么"贫二代"就应该是指20世纪80年代出生、经济困难家庭的子女,但这个概念特别强调在城市生活的贫困80后。还有的学者认为"贫二代"就是贫困家庭的子女,这是一种狭义的说法。我们在这里要讨论的"贫二代",主要涵盖两种类型。一种类型是家庭经济困难的农民家庭的子女。从经济发展的角度来看,绝大多数的农村发展水平和规模都不如城市;从资源占有的角度来看,农村对社会资源、教育资源和其他相关资源的占有普遍不如城市;从城乡政策的角度来看,农村在一些福利政策和医疗政策上也并不占优势,因此农民家庭很容易产生家庭经济困难学生。另外一种类型就是城市新贫困人口子弟。自20世纪90年代开始,由于经济体制急剧转化以及企业改革的逐步深化,在城市中形成了以失业人员、下岗职工、停产半停产企业的职工和一部分被拖欠养老金的退休人员为主体的城市新贫困人口。这些新贫困人口的子女形成了中国社会中一个逐渐庞大的新边缘群体——城镇"贫二代"群体。

第一节 农村贫瘠的压力

一、案例回放

新生报到的现场，一片忙碌，但到处是一张张喜悦的笑脸。一名背着大大行李包的男孩，来到老师的面前，怯懦地问："我带的学费不够，能让我上学吗？"他叫西龙，是自己来学校报到的。

在与老师谈话期间，每当有家长带着孩子咨询入学事项时，他总是不安地闪到一边等待，手足无措。西龙的脸膛晒得黑黑的，穿的衣服有点旧，他告诉老师，这已经是他最"体面"的衣服了。他来自偏远山区，他的妈妈因病长期卧床在家。然而，祸不单行，爸爸前些日子在外打工遭遇车祸，灾难再次降临到这个贫困的家庭，所以只能自己来学校报到。为了给父母亲看病，家里欠下了几万元外债，家庭已经非常贫困。上大学的钱是他高考结束后，假期打工赚来的，他没有舍得花一分钱，攒下了 2000 多元，那大大的行李包是母亲给他准备的被褥和床垫，虽然显得有点旧，但是可以省下几百块钱的卧具费。辅导员把他的情况汇报给了学校，学校通过绿色通道准予他入学，学校给予他生活补助，学院给他提供了助学岗位，在一定程度上缓解了他的生活压力。

在学校学习的日子里，他没有手机，更不要说其他电子产品了，网络聊天软件他只是听说过，不会用。他很少笑，几乎不参与任何需要付费的集体活动，因此与同学的关系越来越疏远，尤其是不愿意与家庭条件比较好的同学交流，因为他感觉与他们交流是一种负担。由于忙于打工挣钱，学习成绩不甚理想。从大一到现在，回家的次数屈指可数，他选择把假期时间留在城市打工，这样可以挣一些学费，还可以省掉回家的路费。稚嫩的肩膀过早地承担起了家里重重的经济负担。

班主任、辅导员经常找他谈心，帮他改变认识，鼓励他多参加班级活动和校园文化活动，融入集体之中。最后，他以优异的成绩获得毕业证、学位证，找到了理想的工作，也收获了同学间的友谊。

二、案件分析

（一）案例起因

西龙的家地处偏僻农村，并且遭受重大致贫事件，有贫困家庭的典型特征。如地处农村、父辈职业地位和收入低、父辈受教育水平低、家中用钱地方多、曾遭遇重大致贫事件。家庭经济困难学生群体形成的最根本原因在于家庭经济困窘。而家庭经济贫困的主要原因，是贫困的代际传递。

过早承担起家庭的经济重担，西龙心理负担过重，没有同龄人的朝气与开创性。家庭经济困难，个人很少参与集体活动，导致他与同学间的关系越来越疏远，大学期间的人生目标或者规划都与"挣钱"或者"省钱"有关。由于他勤工俭学和打工占用的时间过多，影响到学习，学习成绩下滑。

（二）案例解决

家庭原因造成的经济困难，短时间内很难改观，学生因此自卑情绪较严重。学校通过绿色通道准予西龙入学，给予他生活补助，学院给他提供了助学岗位，在一定程度上缓解了生活压力。班主任、辅导员经常找他谈心，从思想、认识和心理等方面，帮助他树立积极的人生观和价值观，并鼓励他积极融入班级和校园文化活动中，最终实现个人梦想。

（三）案例思考

大学生中"贫二代"的家庭具有典型性特征。

1. 由地域引发的贫困，即家庭所在地与贫困程度关系密切，特别是来自农村地区经济困难家庭的学生。"农二代"也是"贫二代"的主要组成部分。父母受教育程度一般偏低，一般集中在初中程度及其以下，有的甚至从未受过正规的学校教育。家中上学人口数量较多。家庭劳动力人口数在一定程度上决定了家庭收入的水平，在家庭人口相同的条件下，家庭劳动力人口越少，则需要供养的人就越多，抚养系数就越大，家庭就容易陷入贫困状态；家庭经济困难学生家庭平均人口多，劳动力人口较少，一般贫困家庭供养两个孩子读书已经入不敷出。

2. 家庭突发意外事件引发的贫困。如家庭有过重大事件遭遇，或者因自然灾害等突发事件而导致家庭陷入绝对贫困状态，甚至严重威胁生存。由于我国现阶段医疗保险体制尚不健全，医疗开支仍然是普通家庭的重大开支项目。因此，对于家中有重大疾病患者的经济困难家庭而言，个人收入只能维持基本生活。

三、对策建议

（一）科技界定"贫二代"标准

如何界定"贫二代"，是高校学生资助工作中的一项重要课题。致贫的要素不仅应包含学生当前家庭经济收入状况，而且还应结合其家庭所在地、有无重大灾害以及家庭成员的健康状况、学习、就业状况等，综合考虑。

（二）高校应给予"贫二代"学生更多的关怀

高校应通过教育与引导，帮助学生树立正确的世界观、人生观和价值观，引导他们正确理解和处理个人利益与集体利益、国家利益之间的关系。学会自我接纳，正确面对生活中的挫折和困难，提高抗挫能力。引导他们以乐观、坚强的态度正视困难，并通过努力改变命运。

（三）加强学业引导与职业生涯设计指导

高校要让学生充分认识到知识改变命运。引导他们从怎样做好一名大学生，如何做一名合格社会公民角度去思考问题，激发他们的主观能动性和积极性。知道把握好大学生活里众多的"第一次"和"最后一次"机会，构建自己的知识框架和事业蓝图。同时，安排优秀的高年级学生做学业指导，举办交流会和座谈会，协助他们设计好大学生活。

（四）努力创造团结、和谐、互助、互谅的环境和氛围

和谐的环境和氛围有利于学生健康成长。高校要让学生感受到集体的温暖，培养学生懂得感恩、诚实守信、增强自身抗挫折能力和人际交往能力等良好的道德品质。

（五）加强对学生的动态管理

在关注"贫二代"学生的同时，还要特别关注其家庭情况，避免其家庭变化和变故给学生带来的负面影响，发现问题，及时提供帮助并进行心理疏导。同时，学校与学生家长建立良好的沟通关系，共同帮助学生顺利完成学业。

第二节 城镇"贫二代"的艰辛

一、案例回放

注意到孙阳阳同学是在接新生的那天，她红着脸站在报到台前，后面是她的母亲，衣服破旧，总是眼含泪花。辅导员走过去，轻声询问起来。幸福的家庭是相似的，而不幸的家庭各有各的不幸，孙阳阳的父亲和母亲都是企业下岗职工，父亲因为积劳成疾，已经去世，妈妈身体也不好，靠微薄收入和亲戚的帮扶带大了哥哥和她。如今哥哥在外打工，孙阳阳和妈妈一起生活。军训的时候，因为她腿部有残疾，普通的训练对她来说是一件很困难的事儿，但经常可以看到她涨红着脸一丝不苟地训练，她是一个坚强的孩子。学院首先从经济方面尽力帮助她，提供助学岗位、助学金。但是随着时间的推移，辅导员慢慢发现，她总是以非常高的标准要求自己，不顾个人身体，起早贪黑学习。由于饮食上又过于节约，缺乏睡眠，导致营养不良。她脸上的笑容慢慢少了，和同学们的交流也少了，学习也不断下滑。

为了解该生情况，一个春寒料峭的早晨，辅导员来到了阳阳的家，看到的是这样的景象：一间10平方左右的平房，黑黑的房顶，破裂的墙皮，漏风的窗户。屋里唯一的家电就是一部21英寸的电视机。大家促膝而谈，不一会儿，手脚都冻得冰冷。当谈到这个学期的学习和生活时，阳阳明显地表示出对自己的不满意，情绪也比较低落，认为自己付出的不够多，没有考到班级前几名，辜负了妈妈的期望，所以自责不已。

通过与班长、寝室同学以及与该生的交谈，辅导员发现阳阳极强的上进心源于她的家庭，她决心在大学期间努力学习，以后找到理想的工作报答父母。过于急功近利的性格，使她在面对各种利益时不懂得谦让。辅导员经常约她一起吃饭，帮她改善伙食。除了助学金，辅导员还帮她联系合适的家教和校内勤工助学岗位，尽量减轻她在经济上的压力。同时鼓励她多参加学生活动，与同学多交流、合作。为了调整类似学生的心态，辅导员还经常通过主题班会的形式，倡导大家弘扬中华民族优良传统，懂得团结、平和、谦让，要相互帮助，互助学习，共同发展。辅导员还让阳阳事先查找资料，用心准备，在会上发言。辅导员慢慢地感觉到，阳阳的极端心理有了很大变化。

大三时，阳阳通过竞选，成为大学生法律援助中心的一员，跟着学长学姐组织、参加了许多法律援助方面的活动，帮助了很多需要帮助的人。她在学习生活上热情帮助别人，在助学岗位上任劳任怨。看到自己的努力得到了老师和同学们的认可，极大地增强了自信心，学习也取得了较大进步。

二、案例评析

（一）案例起因

家庭经济状况是造成孙阳阳心理问题的诱因。家庭经济的窘迫、家庭的不健全、缴纳学费的借款和还款的压力交织在一起，导致阳阳心理上矛盾重重。阳阳为了尽量节省，在衣物、饮食上过分苛求自己，导致外表寒酸、营养不良。生活费没有节省下来多少，心灵和身体却受到了损害。而"望子成龙""望女成凤"的传统家庭观念，给她带来精神上的压力，促使她强迫自己一定优秀再优秀。由于过度关注自己的目标追求，她极端自私，不顾及他人的感受。

（二）案例解决

国家以及学校的资助政策，给了阳阳物质上的帮助。辅导员的耐心教育，实现了她思想上以及心理上的转变。阳阳试图通过上大学改变命运的期望值非常高，认为只有在大学期间，努力学习，好好表现，并获得许多荣誉，才有出头之日。一旦遇到涉及她本人利益的事情，就会表露出不达目的誓不罢休的极端心理。辅导员通过谈话，让她明白大学生活的真正含义。通过老师和同学们的共同帮助，她从心理上、生活上逐步走上正轨，明确了自己的努力方向，并且积极投入志愿服务活动中去，实现了人生的转轨。

（三）案例思考

城镇"贫二代"与农村"贫二代"在思想和行为上有一定差别。由于他们从小生活在城镇，相对于农村学生来说，其生活环境、社会环境和教育资源相对优越。他们见多识广，对事物有自己的看法和主见。因此，相对于农村学生来说，他们思想更加解放，竞争意识较强。对这部分学生的教育，需要用多元化的方式方法才能收到较好的效果。如：通过学生活动、主题班会等，提高他们的思想道德素质与身心素质；辅导员应多与其谈人生、谈学习，潜移默化中给予其思想上的触动和熏陶。另外，由于他们的自尊心很强，对于同学和老师直接给予的物质上的帮助比较抵触，对她精神上的帮助要比物质上的帮助有效。因此，通过物质帮助、精神鼓励，促使他们形成自尊、自信、自立、自强的品格才是长远之计。

三、对策建议

（一）对于家庭经济困难学生既要"输血"，更要"造血"

解决家庭经济困难学生的问题，一味地"输血"是远远不够的，单纯地同情他们，只会伤害他们本来就脆弱的自尊心。辅导员应采取侧面引导、学业指导和就业指导、交流谈心以及鼓励他们参加课外活动等方式，提高学生"造血"功能，从整体上达到帮扶、教育的效果。

（二）对家庭经济困难学生要有正确的认识

现实中发现，并不是所有的家庭经济困难学生都有心理问题，大部分的家庭经济困难学生心理还是比较健康的，他们乐观，对生活积极向上。因此，绝不能戴有色眼镜看人。少数家庭经济困难学生表现出内向、自闭、自卑以及言语表达能力差，但不能以偏概全。面对每一个家庭经济困难学生，都必须摆正心态，不能一听到"贫困"二字，就认为学生有这样或者那样的问题。

（三）建立帮扶工作长效机制

家庭经济困难学生的帮扶工作是一项系统的、长期工程，在这个长期过程中，可能会感受到对方的抵触情绪，可能会有反复，也可能会因为家庭经济困难学生帮扶体系的不完善而感到压力重重。然而高校要明确培养国家栋梁、办人民满意教育的任务和职责，在组织机构、规章制度、经费及队伍建设等方面，不断健全完善，提供保障，建立规范有序的长效机制，帮助学生减轻经济上的压力，疏导学生的心理压力，缓解学生学业上的压力，帮助学生健康快乐成长。

第二章

校园中的贫富两重天

不平等代际的出现，引起社会分化的加剧，导致不同社会阶层之间隔阂的加深，并最终引发社会矛盾的不可调和。这种现象已经在大学校园的人际、生活、学习等方面，通过某些方式开始表现出来。"富二代"与"贫二代"在高校都有各自的学习方式、生活方式，都有各自的同学、朋友圈。两个群体之间既平行发展，又相互交织，所产生的矛盾和带来的影响，令人深思，不得不引起高校学生教育和管理工作者的高度重视。

第一节 新校园分裂

一、案例回放

2013年7月23日和24日，《中国青年报》连续两天刊出了题为《新校园分裂》的文章，对高校校园中贫富极端分化的现象进行了调查，并进行了详细分析。其实，这些现象在高校校园中普遍存在。

王兵和张小涵是同一天报到进校的，王兵记得很清楚，那天张小涵的父母是开着轿车送他来到学校，并帮助他一起办完了所有的入学手续。王兵也是由父母陪伴而来，但父亲不舍得花钱在城里宾馆住宿一夜，怕赶不上回家的车，所以把他送到学校，就径直踏上了回家的路。

王兵与张小涵一前一后办完报到手续后，在学长的引导下来到宿舍。王兵带的东西很少，除了几件简单的衣物和学习必需用品之外，再无其他。学校分给的两个橱子并没有排满。而张小涵的东西，一家人运了四趟。除衣服之外，父母还为他带来新买的笔记本电脑、两箱水果、各种营养品等，两个橱子装满了,其他的便放在床下。张小涵的母亲还热情地招呼王兵,并递给他苹果,让他们之间相互帮助。王兵羡慕地看着他们一家忙忙碌碌,递给的苹果并没有接收。

进入大学以后,王兵和张小涵都非常忙。王兵忙学习,除此之外,大一时他做着校内的勤工助学工作。大二时,他给一家电脑公司做网络维护,另外还做着一份家教。由于整天奔波于学校和公司以及所带的学生家庭之间,没有多余的时间用于学习,两年来,他的学习成绩都不是很理想。因此,进入大四之后,他准备直接就业。

张小涵学习也非常认真,除专业学习之外,经常参加班级、学院以及学校举办的各种活动,并且拿到许多获奖证书。他按照父母的安排,利用大一寒暑假的时间,报名参加了两期新东方出国留学外语培训班。大三时,他的出国留学外语考试成绩合格后,便开始联系中介,准备各种出国申请材料。最终他如愿以偿,通过了英国、美国两个国家三所学校的资格审查。他准备毕业后直接到美国留学。张小涵告诉王兵,为了出国,仅外语培训费、报名考试费、中介费等,三年多来,他花去了8万余元。

王兵跟辅导员说:"自己有时也心理不平衡。入学时,我的高考成绩比他都高。在同一个班,住在同一个宿舍,却过着不一样的日子。他们家有钱,不用打工,未来的路由父母设计。而我为了学习和生活,必须打工挣钱。虽然考研是入学以来的梦想,但由于学习成绩不理想,考研没有自信,加上经济压力,感觉直接就业是自己最佳选择。"辅导员告诉王兵,要处理好学习和兼职工作的关系。辅导员还帮助他设计求职书,并鼓励他如果考研,参加工作后会有很多机会,劝他不要放弃自己的追求和理想。

两年后,王兵又回到母校新生报到现场。这次,他不是以本科生的身份出现,出于对母校的感情深厚,他报考了母校的研究生考试并顺利通过。他来到辅导员办公室,对老师多年来的关心表示感谢。他同时告诉老师,现在的工作单位领导对自己不错,出于对人才的尊重和重视,上学期间单位工资照发。他对目前的生活和工作非常满意。

二、案例评析

(一) 案例起因

中国高等教育从精英教育走向大众教育。随着社会的发展,中国的贫富差距、区域经济差距逐渐拉大。学生因出身不同、家庭经济状况不同，贫富分化带来的同学关系紧张和各种各样的矛盾通过各种方式表现出来。事实上，单就家庭经济状况带给学生群体的"分裂"来说，就像文学作品中描述的"菜分甲、乙、丙三等"，"馒头分白面馍、玉米面馍、高粱面馍"。如案例中所讲，来自贫困家庭的学生，生活、学习经历辛苦是共性。他们想通过自己的努力创造美好未来，有的是处于"被动"且带有情绪，有的则是"主动"却也有难以坚持的隐忧，于是有了不绝于耳的"为什么我要这样，他却可以那样"，以及答案找不到后的闷闷不乐，也时有波及他人的"闹别扭"，甚至发生矛盾冲突。

一个不争的事实是，伴随着高校扩招，高等教育毛入学率的不断增长，农村子弟进入名牌高校的机会越来越少。尽管到目前为止，985高校未曾对外公开其农村生源所占的比例，但面对舆论的质疑，这些高校近些年不断推出加大农村生源录取比例的举措，从一个侧面证明了问题的所在。

(二) 案例解决

自立自强是高校对家庭经济困难学生的要求，也是学校的人才培养目标。王兵主要靠自己的努力，完成了大学四年的学业，是学校应该提倡和鼓励的。在高校大学生生活中，每个学生扮演着不同的角色，有着各自的考虑和不同的人生追求。并非所有不同的选择都出自学生天然的兴趣差异，家庭经济条件更像是一个幕后推手，决定着不同出身学生的异样大学生活。王兵综合分析自己各方面的情况，打算毕业后直接就业，这是家庭经济困难学生的普遍选择。王兵虽然心存羡慕和嫉妒的复杂矛盾心理，但在辅导员的教育、关怀和引导下，并没有出现严重的矛盾和冲突，也没有影响到他的学习、工作和生活。学校和老师的教育与照顾，加上他自己的刻苦努力，四年大学生活顺利度过。他根据自己的实际情况，科学规划未来的学习和工作，实现了学习、工作两不误，双提高。

(三) 案例思考

1. 家庭的经济资本悄无声息地通过高等教育进行着代际传递。《中国青年发展报告 (2013)》第一次提及大学毕业生和高等教育之间的关系。该调查显示，家庭经济水平越高的大学生，受高等教育的学历层次越高，质量也越好。比如，在家庭年收入1万元以下的大学毕业生当中，拥有大专学历的占51.9%，本科及研究生以上学历的占44.2%。而当家庭年收入达20万元及以上以后，拥有大专学历的比例下降到14.8%，拥有本科及研究生以上学历的比例增加到79.6%。这说明，家庭经济水平越高的人群，受大专教育的比例越低，受本科及研究生以上教育的比例越高，换句话说，经济条件越好的家庭，子女受教育层次越高。此外，学生毕业院校类型也随家庭经济水平的不同呈现出差异。家庭年总收入20万元以上的大学生中，毕业于211高校和985高校的比例为35.9%，而家庭年总收入1万元以下的学生中，这一比例仅为13.2%。与此相对，毕业于普通高校的比例在低收入家庭中较高，为69.8%，在高收入家庭中较低，为41.5%。这些数字表示，家庭经济水平越高，学校层次越高，受教育的质量也越高。

2. "贫二代"的产生，在一定程度上反映了社会结构的转型。中国特色的户籍制度在形成典型的城乡二元社会分层运行中发挥了不可替代的作用。农民和城市职工不同，户籍制度抬高了农民进城的门槛，相应的公共福利制度、就业制度、社会保障制度和歧视性体制使得农民子女无法谋求机会公平、待遇平等、权益保障等。农民工的子弟，仍然面临无法摆脱贫困的压力。

3. 受到社会资本缺失的影响。社会资本包括政治资本、经济资本以及教育资源等。家庭背景赫然成为就业中一道不断升高的"隐形门槛"。普通人家的孩子，尤其是"贫二代"，很难进入社会的上升通道，必须付出巨大的成本才会有相同的发展空间。网络上曾热议两篇《我用了18年，才可以和你一起喝咖啡》和《我用了18年，还是不能和你一起喝咖啡》的文章，深得广大80后的认同，也印证了当前人际流动的艰难。一个阶层固化的社会，由于缺乏公平的竞争、选拔和退出机制，往往会使来自弱势群体的精英无法顺利跻身社会的上层。

4. 经济扶持制度的偏失。中国青年报社会调查中心的报告显示，在大学生"贫二代"中，有50%以上来自农村，20%来自县级市。这意味着，七成以上蜗居在大城市的高学历青年是从基层流动而来，具有省会城市或大城市出生背景的人在"贫二代"中不足7%，而这些人的家庭年收入不足5万元①。大部分的家庭经济困难学生来自农村或是偏远的山区，在这些地区，学生的父母基本上都是靠土地生存，没有特色产业，国家经济扶持力度有限，日常开支都来自农田，因此经济来源非常少。而且由于偏远地区的人口管理力度有所缺失，常常

---

① 张静：《社会身份的结构性失位问题》，载《新华文摘》，2011年第6期。

会出现家里有众多兄弟姐妹，父母两人的收入无法满足所有子女的学杂费用等情况。

三、对策建议

（一）努力促进社会公平正义

破解"二代"现象，真正实现社会的公平正义，回应和满足社会公众对待公平正义的诉求，是构建和谐社会的必然要求。国家应当做出反应，打破身份壁垒和制度壁垒，给大众一个公平公正的环境，让社会竞争公正有序，不再是"赢者通吃、弱者无助"的"丛林战争"。

（二）建立健全良性的社会流动机制

一个阶层固化的社会往往缺乏公平的竞争、选拔和退出机制。建立一个良性的社会流动机制，让社会中下层的群体有向上流动的空间和渠道，使弱势群体的精英顺利跻身社会的上层，从而促进社会各个阶层之间合理有序的流动。

（三）培育公民积极、健康、向上的社会心态

首先，社会公众应该以包容和谐的态度看待"X二代"现象。"X二代"群体的分化，是代际传递和社会变迁的必然产物，这种现象在短期之内不会消除。面对当下的"二代"群体，应消除其冲突和隔阂，让他们和谐共生、共同发展。其次，高校要以理性平和的心态看待校园"二代"现象。不因媒体大肆宣扬"X二代"的存在就以偏概全，给校园内的这一同龄群体都贴上标签，误导学生。

第二节 "背景"与"背影"

一、案例回放

在王刚的家人眼里，他是个淳朴善良、学习优异的孩子。寒窗十年，当他高分通过高考，并顺利被某所名牌大学录取的时候，大家都认为他快要出人头地了，毕竟他是这么多年来第一个考出大山，去大城市读书的大学生。王刚心里也充满了期待，他准备努力拼搏，在北京争得一席之地。刚入校的时候，看着携带重重行囊的父亲，和周围衣着光鲜开着名车的同学父母，王刚心里就有异样的感觉，感到自己与他们格格不入。

入学后，王刚将所有的精力都放在了学习上。在这所名牌大学里，有很多同学是"官二代"和"富二代"，他们出手阔绰，讲究品牌，各种电子产品应有尽有，有一些同学甚至开车来上学。由于他们经常请同学们吃饭，出手大方，不会因为钱而和同学们计较，所以人际关系也很好，并且有几名同学还因此当上了学生干部。

久而久之，王刚心理就开始不平衡了。他认为，在同一所大学上学，都是一个年龄，他们每天过着"逍遥"的日子，也不去学校，只是混个毕业证。自己却要每天计划吃饭的费用，不舍得吃肉，只打最便宜的素菜。没有电脑，写材料还得去学校图书馆电脑室。别人越富有，他感到压力越大。终于有一天，一个同学嘲笑他不认识一件衣服的品牌时，王刚爆发了。趁夜色，他拿着水果刀，连着划伤了两位同学的汽车，这一过程全部被监控拍下。

事后老师给予了批评教育，并和他进行了深入交流。老师了解到该生的处境，帮助他办理了助学金，王刚认识到自己的错误，并表示赔偿损失，同时向同学道了歉。同学表示理解他，接受了他的道歉，但表示车辆问题自己解决，王刚深受感动。

二、案例评析

（一）案例起因

对于一些家庭经济困难的学生来说，由于家境拮据，不但学杂费要申请助学贷款，连基本生活费用都难以保证，何况还论其他。但是一些家境富裕的同学则吃得讲究、穿得时髦、玩得潇洒。因此，部分家庭经济困难学生心中容易产生不平衡，也就是"仇富"心理。王刚就是因为心理不平衡，而做出了极端行为。这种因心理不平衡而造成同学之间矛盾、甚至严重冲突的现象层出不穷。2004年马加爵事件，2013年的复旦投毒案等，还有很多因为出身不同、贫富分化带来的同学关系紧张，或者各种各样的寝室矛盾，等等。

（二）案例解决

"仇富"心理具有明确的指向性或针对性。仇恨的对象是发生在彼此地位相等、相近的人际圈子中那些家境富裕的同学。持有仇富心理的大学生往往重视物质更甚于精神。大学生的年龄处于18～24岁之间，对各种新生事物充满好奇，学生注重物质享受，看到别人购置了新的时尚产品，或者比自己表现优秀，容易感到愤愤不平，进而引发极大的失落感，产生"仇富"心理。辅导员了解到王刚的家庭情况之后，帮他申请了补助和助学岗。同时，指出了他的思想和行为存在的错误和问题。同学们的理解和宽容，让王刚既惭愧又感动和感激。最终，王刚深刻认识到自己的错误，向同学承认自己的错误并道了歉，使问题最终得以圆满解决。

（三）案例反思

1. 很多家庭经济困难学生存在着自卑与自尊的矛盾。在文化知识学习方面，家庭经济困难学生多数付出就有收获，但是综合素质和其他同学相比，尤其是与"富二代""官二代"比起来明显缺乏优势，如在集体生活中很难勇敢表达自己，敏感多疑，久而久之，他们会因为心理的不平衡而产生自卑感。他们自强自立、吃苦耐劳，希望付出得到回应，得到应有的尊重和认可，但现实往往事与愿违。对一些经济相对富裕的学生在集体生活中所表现出来的生活方式和态度很难接受，对人际关系交往被动消极，对集体生活失望冷漠，甚至形成一些个人的偏激看法，当现实与个人理想有巨大落差时，最终会导致他们沉重的心理压力和极端行为的发生。

2. 不少家庭经济困难学生容易产生被动消极思想，心理负担过重。他们注重独立的个性，在自己的学习、生活安排等方面，在就业选择、事物判断、问题的认识和分析方面，在对社会与人生的看法方面都表现出鲜明的个性。部分家庭经济困难学生表现为诚信感恩意识淡薄，抑郁、人际交往消极被动等。还有的在集体活动中比较羞涩，甚至比较自卑，虽然有强烈的参与意识，但是不敢突破自己。做事情要求一分付出一分回报，以追求个人价值最大化的同时，也呈现出了功利化的趋势。

3. 家庭经济困难学生个人发展需要付出双倍，甚至多倍的努力。在现实中，在社会分层中占据着优势地位的父母自然而然地将这种优势地位传递给自己的子女。社会良性流动越来越困难，严重违背了社会公平正义，加剧了社会两极分化趋势。就业竞争优势的丧失意味着家庭经济困难学生在许多方面处于困难地位。贫困并非仅指经济资源的相对匮乏，还包括社会生活方式的差异，包括物质生活外的各种社会层级需求的不平等，对于这些问题如果没有合理的解释和解决，没有对学生进行教育和引导，必将加剧校园矛盾，继而加剧社会矛盾。因此，高校要教育大学生对同学之间的差异有理性的认识，对自己要充满自信，对未来要有科学、合理的规划，只有这样，才能走出困境，学有所成，行有所得。

三、对策建议

（一）引导家庭经济困难学生纠正认知偏差，客观而公正地看待社会贫富悬殊现象

高校应教育学生，要认识到绝大多数人的财富是在党的富民政策指引下，通过体力劳动和脑力劳动创造的。也要认识到人的知识储备、能力、眼界以及机遇的把握是有差异的。教育大学生应正确认识各种社会现象，把周围同学的优越条件当成自己奋斗的动力。认识到知识就是财富，创新就是生命力，只有在学校学好知识，开拓创新才有可能通过努力去实现自己的潜在价值和人生目标，去创造美好的未来。

（二）加强大学生思想政治教育，树立正确的价值观

一方面，对于那些家境富裕的同学，学校要教育他们养成勤俭节约、理性消费的好习惯，要教育他们对周围同学以诚相待，尤其要多关心家庭经济困难的同学，不要"恃财傲物"，以平和之心对待财富分化。另一方面，学校要对有"仇富"心理的大学生进行思想政治教育和引导，引导他们正确认识物质和精神的关系，克服其盲目攀比、虚荣心强、嫉妒心强、心胸狭窄的心理，鼓励他们将精力集中在学习和学生活动上，不断充实自己的生活，逐渐养成心胸开阔、乐观豁达的性格。通过大家的共同努力，逐步缓解仇富心理给校园带来的不安定因素。

第三章

冲破阶层固化的牢笼

有些专家指出,当前我国尚未出现真正意义上的阶层固化。但是,与改革初期相比,由于社会流动空间受限,特别是下层向上层的纵向流动难度加大,不同群体、阶层之间出现了相对固化的趋势。如何打破这一不合理的现象,大家认为,必须深化改革,通过政治体制改革优化权力配置;推进我国民主化与法治化建设进程;等等。就高校家庭经济困难学生群体而言,如何改变这一不合理的发展趋向,主要从社会、学校以及学生家庭和学生自身方面寻找切实可行的办法与措施。

第一节 奋斗成就未来

一、案例回放

2008年新生报到季,高红丽由父亲陪伴而来,辅导员从她的穿着打扮、所带被褥等方面分析,断定她应该来自一个经济困难的家庭。出于对学生的关心,辅导员主动走到学生面前,询问了解情况。出乎意料的事情发生了,该学生的父亲一看是孩子的老师,激动而胆怯地说:"您是孩子的老师,孩子身上就带300块钱,缴不上学费和住宿费,我也没有能力和办法,你们如果想留就留,想退就退吧,学校怎么处理我都没有意见。"说完,人一溜烟走远了。在和该生的交谈中,辅导员了解到,她姐妹三人,家中没有男孩,两个姐姐也在这所学校,一个上大三,一个上大二。由于学校学风好,对学生照顾周到,学生知道自己不会因为缴不上学费而上不了学,所以她也报考了这所大学。由于父母封建传统观念严重,认为没有儿子就是老绝户,生女儿将来是给别人家养的,因此,不出门打工，地也懒得种，庄稼收成不好，家庭收入仅能维持一家人最基本的生活。三个女儿上中学时，主要靠民政部门救济。辅导员了解情况后，为她办理了绿色通道。

经了解，红丽的两个姐姐一个在该校经济管理学院，一个在化学化工学院，都是通过学校绿色通道上学。入学后，她们认真学习，积极参加学校及学院组织的活动，学习成绩和综合成绩都在班前十。大姐还任学院的学生会副主席并入了党，曾获得国家奖学金和省政府奖学金等多项奖励。二姐也获得了学校的奖助学金，并做着校内勤工助学工作。她们不仅缴上了学费，而且生活也较为宽松，都认为比中学时期压力小、快乐，对未来生活充满自信和向往。

辅导员用两个姐姐的事迹激励高红丽好好学习，积极锻炼。学校为她减免了住宿费，并通过临时困难专项基金为她解决了生活困难。一年后，高红丽以优异的学习成绩和良好的个人表现，顺利获得了8000元的国家奖学金。姐妹三人毕业后都找到了自己喜欢的工作，大姐考取了本市的公务员。

2013年夏天，姐妹三人再次回到母校，和老师聊起当年新生报到的情景，感恩、慨叹，复杂的心情难以言表。姐妹三人告诉老师，自从她们就业后，父亲的思想观念发生了很大变化，村里人都羡慕他生了三个有出息的闺女，比生儿子都有福。他家的房子也翻盖一新，一家人过着快乐而幸福的生活。

二、案例评析

（一）案例起因

高红丽来自于经济落后地区，文化环境和教育条件相对落后，封建传统观念根深蒂固，父母养儿不养女，生活积极性不高，造成她们的家庭经济贫上加贫。父母的封建思想观念，造就了她们姐妹三人自立自强的性格。她们坚信知识能改变命运，进入大学后，都努力刻苦学习，并取得了较好的成绩。

（二）案例解决

学校高等教育的收费制度，对那些低收入家庭的学生来说，成为沉重的负担。国家以及学校资助部门建立多方分担、多种形式并存的"奖、贷、助、勤、补、减"以及绿色通道等资助体系，解决了高红丽姐妹三人的生活和学习问题，并助其顺利完成学业。高红丽以及两位姐姐自立自强、奋力拼搏，最终均找到如意的工作，家庭情况也有了极大变化。

（三）案例反思

"贫二代"的产生有着深刻的社会根源，我们既没有必要把全部情绪都引向社会不公、财富分配不均、贫富分化严重、资源垄断等现实问题的愤懑上来，也没有必要把全部焦点都集中在"贫二代"的艰难和苦痛上。面对现实，最积极的声音不是去挑衅这些负面情绪，最需要的是对"励志"和"成才"的关注和呼吁。

三、对策建议

（一）做好家庭经济困难学生的物质和精神"双扶"工作

家庭经济困难学生中不乏乐观外向、富有才华、沉着自信、独立性强的同学，他们往往不吝付出，目标明确。但是在应对贫困的过程中，许多学生存在的心理焦虑、心理压力等问题一般都比非贫困同学更为突出。家庭经济困难学生物质和精神的"双扶"是一项两手抓、两手都要硬的工作，高校在对学生进行物质资助的同时，在思想上加以疏导，在精神上加以鼓励，激励他们勇敢前行。

（二）加强思想和心理引导

1. 引导"贫二代"正确认识社会与自身现状，树立正确的世界观、人生观和价值观。加强学生思想政治教育，突破对自身因素的限制和束缚，引导他们树立远大的理想。学会诚信感恩，诚信为立世之本，感恩则是培养高度的社会责任感的主要方式，是一个人实现个人价值与社会价值的精神指南，是人际和谐、社会和谐的思想动力。

2. 加强教育和引导。教育他们要相信自己的命运靠自己把握，唯有意志坚定，目标明确并付诸努力，才能创造美好的未来。平时要善于发现和及时肯定他们的特长，使他们的潜能得到充分发挥，积极地对待学习与生活。要让学生认识到，一个人的价值凸显并不是由物质财富的多少来衡量的，还包括精神价值的塑造。引导他们珍爱生命，积极进取，培养他们在逆境中奋起拼搏的精神。

3. 外松内紧，关注家庭经济困难学生的健康成长。建立家庭经济困难学生档案，针对"贫二代"不同的家庭情况和个性特点，及时了解学生在生活上、学习上的困难以及心理上的变化。创造各种机会和条件，让学生加强实践锻炼，加强社会交流，提高学生社会适应能力，为学生创造良好的就业机会。根据学生不同时期出现的问题分类教育和指导。积极探索有效的心理沟通方式和渠道，通过新时代网络通信工具，如QQ、微博、微信等增进师生互动，培养良好的师生关系。

（三）社会、学校、家庭三者合力教育

社会是个大课堂，任何人都无法脱离社会，摆脱社会的影响。随着时代的发展，人们社会意识的多元化、多样性和多变性，对当代大学生的价值判断、理想信念等都造成极大的冲击；而家庭是学生成长的摇篮，父母是孩子的第一任老师，是学生教育的基础，其家庭生活方式和教育方法对学生产生极大的影响；学校是学生教育的主阵地，学校系统而全面的教育，是学生的成长成人成才的关键。学生来源于家庭，家庭又组成了社会，学校是社会分工的一部分，环环相扣，互相影响。充分发挥社会、学校、家庭各方面的力量，实现每一个环节的相连与努力，才能有效缓解代际矛盾，促进学生健康发展。

（四）消除能力贫困是打破高校家庭经济困难学生"贫困循环"的切入点

对于贫困大学生而言，经济与物质的贫困只是一种暂时的现象，而个人能力的单一和欠缺，则有可能成为导致他们陷入经济困难和贫困循环的潜在危机，只有加强对这一群体的关怀扶持与实际能力的提升，才能从根本上解决贫困生经济困难的窘迫，找到打破贫困生"贫困循环"的切入点。[①]

1. 搭建家庭经济困难学生基本职业技能培训平台。常言道，"授人鱼不如授人渔"，高校在对学生进行经济扶助的同时，更应该进行开发式、发展式扶贫，培养学生的自我发展能力。如学生的英语应用能力、计算机实践操作能力以及普通话水平培训等。对于"学困生"，可以通过高校公益性社团等组织，为家庭经济困难学生提供免费的英语应用能力，如听、说、读、写、译等方面的能力培训，加强计算机实际操作能力的培训，如编程、PPT制作等。

2. 通过成立公司模式的学生自助团体，培养家庭经济困难学生的各项职业基本技能以及创业能力等。如中国惠普有限公司向学校家庭经济困难学生社团捐赠价值人民币32万元的电脑硬件设备，用于"PHE–HP自强网络服务与学习中心"的IT环境建设，鼓励家庭经济困难学生社团以公司的模式运营，无论经营的"公司"是否"盈利"。通过这种扶助，极大地提高了学生的计算机应用能力、交往能力等与就业相关的综合能力，帮助他们从容地走出贫困阴影，

---

① 贺金莲、陈晓飞：《治理高校贫困生"贫困循环"的新视角》，载《中国青年研究》，2010年第7期。

从容地与他人交流,从容地应对未来的生活与工作。学校就业指导中心与辅导员应相互沟通配合,加强对家庭经济困难生的就业指导,建立专门的家庭经济困难学生就业市场,构建全程化与系统化的就业指导和服务体系,科学化和规范化的家庭经济困难学生就业工作体系。

3. 增强家庭经济困难学生的社会交往能力。社会学理论认为,穷人的内心里并不满意他们自己的生活方式,他们不仅认知主流社会的一般价值,而且渴望能够通过正常的手段去达到主流文化所设定的目标。"但他们在资源和生活被剥夺的环境下,无法达到主流价值要求,因此只能以扭曲价值或发展替代价值,忍受较不完美的或偏离主流规范的行为,以应对社会环境"。[1] 作为家庭经济困难学生而言,他们渴望与他人交流,渴望过上家庭经济富裕同学的潇洒生活。但由于各种复杂的心理原因和窘迫的经济条件,他们往往欲言又止,欲行驻足。高校应为学生搭建平台,激发学生参与社会活动的积极性和主动性,不断提高学生的社会交往能力;通过学生自行设计、组织、参加活动,进一步提高学生的自我认知能力;引导学生尽自己所能去理解、帮助别人,服务社会,增长自信;提高学生的团结协作能力以及组织管理能力、分析辨别力及语言表达力等基本技能。一些高校首开先河,建立了一些学生社团,帮助家庭经济困难学生增强人际交往能力,如吉首大学的"健强社"、中国人大的"新长城自强社",以及贵州民族学院的"大山之子"学生社团等。

第二节 从贫穷走向富裕

一、案例回放

孙强是2008年进入学校的。他出生在城镇家庭,父亲为下岗职工,母亲无工作,并且常年生病,姐姐在另一所高校上学,家庭经济困难,被学校确认为一般家庭经济困难学生,并为他安排了勤工助学岗位。大二时期,孙强和另外两个同学一起,在校门外租了一个场地,做起了学习用品生意。收益还算可以,生活逐渐有所改善。

然而,近期的变化让同学们产生了疑惑。孙强一改原来的节俭作风,购买

---

[1] 周怡:《社会情境理论:贫困现象的另一种解释》,载《社会科学》,2007年第10期。

了高档笔记本电脑。生活也逐渐变得出手大方，经常进出饭店，有时还请同学吃饭，丝毫没有了以前的经济贫困迹象。有些学生开始对他产生不满，认为他一方面获得学校资助，另一方面却铺张浪费，认为他不再具备家庭经济困难学生资格，并将此情况反映给了辅导员。

辅导员与其进行了谈话。通过交流了解到，孙强家在去年新农村改造过程中，不仅获得了三套新楼房源，而且由于拆迁占地，政府给他家几十万元的赔偿款。父母没有了后顾之忧，认为孩子以前吃了不少苦，让他重点抓学习，不要因勤工助学等工作而影响学习成绩。然而，由于不愿意放弃得到的资助名额，因此，他没有把实情告诉辅导员。

辅导员耐心地对他进行了说服教育。为他的家庭经济条件改善而高兴，同时教育他虽然家庭经济状况有所改善，但勤俭节约的优良传统不能丢弃。现在，他已不具备家庭经济困难学生条件，应在家庭经济困难学生认定复查时实事求是地填写有关情况，不应瞒报造假。经教育，孙强认识到自己的错误，主动申请免去家庭经济困难学生认定资格。

二、案例思考

（一）案例起因

社会转型时期，价值体系冲突容易形成"拜金主义"，社会对财富的过度消费与过分崇拜，也容易造成部分人群的贫富观念及致富观念扭曲。由俭入奢易，由奢入俭难，孙强在家庭经济困难的时候，勤工助学，用一己之力减轻经济压力；但家庭经济条件好转后，他出手大方，铺张浪费，丢掉了勤俭节约的好习惯。另外，国家对家庭经济困难学生的资助从本质上来说是一种社会财富再分配的手段，旨在与学生家庭共同培育学生。当家庭收入不符合贫困标准时，尤其是部分本身能够负担起大学生供养的家庭，不应该再申请家庭经济困难学生资格。假贫困生现象泛滥，会使有些达到条件的学生得不到资助，造成学生群体间的新的不平衡。

（二）案例解决

社会以及家庭经济困难学生对贫困的看法存在较大的差异性。部分大学生把"贫困"当成了一种资本，不仅大大方方地获取不应该属于自己的资助，而且还敢于"伸手要"，他们认为拥有这一资格自己能够获得更多的利益而几乎不用付出什么代价，这促使更多非贫困大学生竞相去申请"贫困生"资格。在此案中,经同学反映、辅导员的教育,孙强认识到自己的错误,并主动放弃了家庭经济困难学生资格,得到了老师的赞同和同学们的谅解。

(三) 案例反思

近几年来,城镇化建设步伐加快,城乡区域发展的协调性进一步增强,许多学生家庭也随之悄然地发生着变化。因为征地拆迁而获得补偿,一夜致富的情况屡见不鲜。面对经济条件的回暖,学生的价值观念会受到冲击,应该引起高校学生教育管理工作者的注意。

家庭经济困难学生资格认定的一大困境就是学校缺乏对家庭经济困难学生资格审核的动态管理。一方面,学生在递交认定申请时,有些学生家庭是因为突发事件而致使家庭经济暂时陷入困境。但经过一段时间的调整,有些家庭经济回暖。由于部分学生不愿放弃既得利益,致使学生认定材料缺乏真实性。另一方面,学校因为人力、财力、物力的限制,对学生家庭也难做到实地考察。学校对家庭经济困难学生的回访也缺乏相应的制度支撑,在回访过程中大多都敷衍了事,对学生的经济情况未能及时准确地把握。学生家庭经济情况复杂多变,高校必须对学生实行动态管理,密切关注学生的在校状况,结合生源地信息网络,适时更新家庭经济困难学生数据库。

三、对策建议

(一) 尽力缩小贫富差距

社会财富的增长、居民收入的增加往往与社会贫富差距的产生和扩大相伴而生。孙强的家庭,因为征地拆迁而获得补偿,经济状况虽然有了明显改善,但这种改善是临时性的。城乡之间的差距、不同地域之间的差距、不同居民和行业之间的贫富差距持续存在。在现代化、城市化、工业化进程中,会出现个别地区发展严重失调,财富收入差距过大,甚至导致贫富分化,这些后果不仅制约着社会的持续发展,而且会危及社会的稳定。因此,必须加强社会分配的控制,运用国家宏观调控力量,通过税收、价格、消费等多种杠杆,规范管理,严格执行,合理调整社会分配,加强地区以及社会阶层之间的收入差距控制。①

---

① 于晓东:《从经济学视角看高校非贫困生申请贫困生认定》,载《经营管理者》,2010年3月。

（二）加强对家庭经济困难学生的动态管理

辅导员、班主任要对已经认定的家庭经济困难学生的消费水平、生活状态进行定期复查、不定期抽查；另外，要利用节假日对家庭经济困难学生进行抽样家访，一是表示学校对家庭经济困难学生的关心，二是可以实地了解其真实家庭状况。根据掌握的情况，对于不符合条件的，应当及时移出家庭经济困难学生数据库；对于家庭经济因后天原因致贫的，应当及时给予帮扶。建立家庭经济困难学生资助信息平台，实行动态管理，接受社会、全校师生的监督。

（三）加强诚信感恩教育，培养家庭经济困难学生自立自强的精神

家庭经济困难学生面对一些家庭富裕同学的消费习惯，面对这些同学家庭为其规划和创造的良好就业前景，面对各种自己向往而又难以得到的条件，会产生巨大的心理落差。有的学生勤劳拼搏意识差、自强自立信念弱，甚至惰性滋生，坐等资助；也有一些自尊、自强、自立的学生面对现实的落差，内心受到了严重的冲击，引发诸多心理问题。学校应积极探索大学生成长规律，引导学生独立思考，勇于探索，提高学生的自我意识，鼓励学生在日常学习及生活中进行自我教育、自我监控。鼓励学生参与公益性社会实践，认识到诚信与感恩对自我成才、社会发展的重要作用，自觉、主动地参与诚信道德实践活动，在参与和体验中学会诚信做人、诚信做事。

第二编 02
"一体两翼"资助格局助推学生发展

随着我国高等教育体制改革的不断深入和发展，高校家庭经济困难学生问题已经不再是个别家庭问题，已成为政府重视、社会关注、家长操心、学校担心、学生忧心的社会问题。国家在不同时期已经采取了相应的资助措施，并取得了显著的成效。高校应进一步完善"一体两翼"，即：以国家资助政策为主体，以高校资助和社会资助为两翼的助困育人格局，将高校学生资助工作与我国的国情相结合，与国家的人才培养目标相结合，实现"不让一个学生因家庭经济困难而失学"的目标。

第一章

享受政策　感受阳光

新中国成立以来，高校学生资助制度经历了从单一化逐步向多元化发展的历程。经过了免费上大学、人民助学金、人民奖学金、设立勤工助学基金、减免学杂费、助学贷款等几个阶段。我国高校教育投入不断增加，资助政策、资助体系不断健全和完善。但是在高校学生资助工作实践中，也发现了一些问题。要想更好地解决家庭经济困难学生问题，实现教育公平，促进社会和谐、校园稳定，需要进一步优化和完善资助政策，最大限度地发挥国家资助政策在助困育人工作中的作用。

第一节　资助政策　成就梦想

一、案例回放

古丽是位漂亮的维吾尔族女孩，稳重、大方，气质高雅，性格开朗，穿着得体，不知道的还以为她是个富家女孩。她出生在新疆一个偏远的小山村，小时候父母离异，父亲再婚后生活负担加重，无力支付她的生活费，母亲带着她到乌鲁木齐打工，靠一份清洁工微薄的收入维持二人的生活，还要供她上学。生活极其艰苦，尽管如此，她上大学的梦想一直没有中断。

2012年暑假她考上了大学，高兴之余，母女对几千元的学费发了愁。亲朋好友不多，经济条件都很差。屋漏偏逢连夜雨，她在开学前又因病做了手术，这对她们母女来说无疑是雪上加霜。最后她决定先到学校报到再说，于是手术还未痊愈就只身到了学校。她几乎身无分文，别说交学费，连自己的生活费都没带够。学校按照国家政策，为她开通了绿色通道，校领导以及学生工作处等有关部门还专门带着慰问品看望了她,让她安心学习,不要为学费和生活的事情太过忧虑,学校和老师会帮她解决。随后,学校为她发放了1000元的临时生活困难补助,安排了勤工助学岗位,还获得新疆维吾尔自治区政府的专项资助金。

一系列国家资助政策解决了她上大学的困难,让她感受到了国家、学校、社会的关爱和班级大家庭的温暖,忐忑不安的心情得以平静。由于身体未完全恢复,又加上对当地气候、环境和生活习惯的不适应,她的身体和精神受到一定影响,第一学期结束后,考试成绩并不理想。老师经常跟她谈心,安慰和鼓励她努力学习,不要灰心。第二学期她渐渐地适应了学校的生活,全身心地投入到学习之中,特别是汉族同学经常帮她补课,给了她信心和勇气。功夫不负有心人,她的成绩有了很大的进步。平时她积极参与学校的各项活动,心情好了,性格也开朗了,笑声也多了。维吾尔族女孩终于在国家资助政策的帮助下圆了大学梦,在学校快乐地学习、生活和成长着。

二、案例评析

（一）案例起因

古丽出生在新疆一个偏远的小山村,经济条件非常差,父母离异后,父亲没有经济能力支持她上学,只有母亲一人供养她,属于单亲、本人生病、偏远山区、少数民族,连低保都无法申请的复合型贫困家庭。

（二）案例解决

古丽的问题得以解决,首先是学校和政府给她的助学金、临时困难补助、勤工助学岗,解决了她的经济困难。其次是辅导员对她的关心和鼓励,还有同学在生活上对她的照顾和学习上的帮助,帮助她解决了生活、学习、身心等方面的问题。她逐渐适应了大学生活,没有了困扰,学习进步,心情放松,快乐成长。

（三）案例思考

像古丽这样,高校新生报到季,每年有大批家庭经济困难学生通过绿色通道等国家资助政策顺利入学。但经过多年的实践,我们也发现现行的资助政策体系还有一些问题亟待解决。比如,国家资助政策体系与实际需求间有差距,国家资助金的投入还不能满足实际需求;资助金的来源渠道较少,目前主要由政府投入,社会资助偏少;等等。

三、对策建议

（一）加强对国家资助政策的宣传力度

为充分体现教育公平，国家不断完善高校学生资助体系。1997年后，国家有步骤地颁发了大学生奖助学金改革规定、设立勤工助学基金、减免学杂费等政策文件。1999年6月，国务院办公厅批转了中国人民银行、教育部、财政部等部门拟订的《关于国家助学贷款的管理规定（试行）》，从1999年9月起在北京、重庆、上海等八个城市进行试点，2000年9月在全国全面推开。2002年4月，国家为鼓励家庭经济困难学生努力学习，并考虑到学生的还贷能力，财政部、教育部在公办普通高校设立了国家奖学金制度。2004年，财政部、教育部在改革原有国家奖学金制度的基础上设立了国家助学金、奖学金制度。同年6月，经国务院批准，教育部、财政部、银监会、人民银行对国家助学贷款政策和运行机制进行了重大改革，建立了以风险补偿金为核心的国家助学贷款新政策、新机制。2007年5月，经国务院批准，财政部、教育部建立了以国家奖助学金、国家助学贷款为主体，学费减免、特殊困难补助、勤工助学、"绿色通道"等有机结合的高校家庭经济困难学生资助政策体系。至此，我国高校形成了一个比较完善的家庭经济困难学生资助体系。国家资助政策体系的不断完善，从制度上保证了普通高校的家庭经济困难学生都能顺利入学，保证了学生不会因家庭经济困难而失学。

当前，高校应继续加大国家资助政策宣传力度，通过高考录取通知书、网站、宣传栏等渠道，让每个学生都能了解到国家资助政策，帮助他们顺利入学，圆大学之梦。

（二）注重家庭经济困难学生的人文关怀

在对家庭经济困难学生进行经济资助的同时，应在学习和生活上给予重点关注。家庭经济困难学生大多来自经济欠发达地区，普遍存在着文化环境和教育条件相对落后、学习起点低（特别是英语、计算机等公共课）等客观情况。进入大学后，由于经济等原因，在学习上处于被动局面，学习成绩不佳。据调查数据显示，此类学生在家庭经济困难学生中超过了43%，学习成为家庭经济困难学生中的一大难题。特别是像古丽这样，来自新疆、西藏等地区的学生，由于高考录取分数与内陆省份学生相比差别较大，进入高校后，学习存在困难是正常的，但如果此问题得不到及时解决，会引发心理等一系列问题。因此，高校要加强对学生的人文关怀,促进他们和谐、健康成长。

(三)扩充现有学生资助网络平台

充分利用现代科技手段,扩充学生资助网络平台。学生可以借助网络平台注册并申请资助,社会企业和个人也可发布资助信息,政府、学校都可登录并有各自的发布、审核和监管权限。学生自行在网上注册申请的方式既可减少学生因表达能力不同而造成的客观上的不公平,也可解决个别学生因不好意思、怕暴露隐私而不愿意申请的问题;辅导员和班级评议小组也可更快、更全面地了解学生,提高工作效率,增加资助工作的准确性、规范性、透明度;能节约时间,降低成本,提高效率,降低腐败风险,提高资助效益;减少人们对国家资助政策的误解,充分体现教育公平和社会主义制度的优越性。

第二节　贷款助学　自强不息

一、案例回放

张恒,一米七五的个头,看背影,绝对是个帅小伙。他家在农村,患有先天性白化病,皮肤毛发都是白色的,一到夏天,阳光会灼伤皮肤,胳膊、脖子这些裸露部位就会被晒红、变疼、变痒、脱皮,这个过程是非常痛苦的。最令他头疼的是视力问题,他的视力很差,而且怕光。多年来,因求医问药家庭负债累累。在高中时父亲出车祸,失去了劳动能力,母亲一边照顾父亲,一边种地养家糊口。

2012年暑假,他拿到大学的录取通知书后兴奋不已,寒窗苦读十几年终于等来了今天。可是想到几千元的学费,想到贫困的家里没有一点积蓄,全家人都沉默了。高中老师告诉他,可以申请助学贷款。他急忙跑到县资助中心咨询,可是他来晚了,贷款额度已经被用完,无法申请助学贷款,他的心有些绝望了。幸好县资助中心根据他的实际困难,决定为他发放助学金,使他重新看到了希望。新生报到季,他高兴地踏上了大学之路。

进入大学后,他被学校认定为家庭经济困难学生,获得了国家和学校的资助。很快,他适应了大学生活,积极参加各项活动。他还加入了爱心社,经常和同学们一起参加志愿服务活动,帮助那些需要帮助的弱势群体。在活动中,他得到了锻炼,提高了自身的素养,还结识了许多朋友。大学二年级他申请办理了国家生源地信用助学贷款,而且额度是最高的 6000 元。张恒非常高兴,他知道虽然自己的视力差到几乎看不清路,但在国家资助政策的照耀下,他的大学之路却充满阳光。他下定决心好好规划自己的学业和生活,不虚度光阴,提高能力,将来好报答父母,回馈社会。

二、案例评析

（一）案例起因

张恒出生在农村家庭,患有白化病,家庭因求医问药而负债累累。父亲又因车祸丧失了劳动能力,一家人只能靠母亲务农为生,经济收入极为有限,无力承担高额的学费,被学校认定为家庭经济困难学生。

（二）案例解决

助学贷款和社会资助,帮助他解决了上学的后顾之忧。根据国家有关规定,学生或其合法监护人,可向家庭所在地的银行等有关金融机构咨询或申请办理生源地信用助学贷款。学生可到当地教育局的资助中心咨询申请办理生源地信用贷款。张恒虽然因为时间问题没有申请到第一笔助学贷款,但在上大学前,得到了当地政府的助学金。入学后,学校从多方面对他进行了资助,解决了他学习、生活等方面的困难。困难不但没有压垮他,反而激励他发愤图强,努力学习,感恩国家、社会和学校。他决心将来好好报答父母之恩,回馈社会,做一个对国家有用之人。

（三）案例思考

在本案例中,张恒最初因为得知办理贷款的信息较晚、县里的贷款额度有限而没能获得贷款,此类情况的出现并不是个例。国家生源地助学贷款是缓解家庭经济困难学生上学难的最有效措施,但在实际运行中还存在着一些问题,主要体现在以下几个方面。

1. 政策、信息宣传不到位。尽管现在通信技术发达了,但地方教育部门和高校还存在通知不到位、信息传播不流畅问题,总有这样那样的原因不能做到让每位学生和家长都能及时知悉国家贷款政策和具体通知。

2. 国家贷款投入不足,贷款渠道单一。目前在解决学生经济困难中,起作用最大的是贷款,解决了 90% 的欠费率。但是现在政府对学生贷款投入的资金还不能做到应贷尽贷,贷款的额度偏低,贷款额不能满足学生在校的合理费用。目前政府只与国家开发银行等个别银行合作,学生贷款渠道较少,不能满足实际需求。

3. 贷款、还款制度需要进一步完善。一是贷款学生大多是农村孩子，父母在外打工者居多，且文化水平不高，有的学生因父母不能及时到县资助中心办理手续等原因而放弃贷款；二是贷款只能到县里办理，网点少，不方便；三是现在就业形势严峻，贷款毕业生开始因经济能力有限而容易造成逾期，产生不良信用记录，给学校后续贷款工作造成不良影响；四是还款方式单一，家长大多不会用支付宝而不能替学生还款，有的地方上网不方便也会造成还款不便；五是提前还款没有优惠政策，部分学生还款积极性不高；六是各地各学校存在贷款资金分配不平衡的情况。

4. 需要完善贷款网络平台。现在的贷款平台只能学生和县资助中心登录，而学校资助人员却不能进入，无法对学生进行有效技术指导，辅导员等因不能及时了解贷款学生情况而无法起到及时的督促、监管作用。

三、对策建议

（一）加大生源地国家助学贷款政策宣传力度

政府有关部门和高校可以通过电视、网络、报刊、通信、文件等渠道，以文字、图片、视频、节目、会议、短信等形式传播，进一步加大生源地国家资助政策宣传力度，使生源地信用助学贷款政策家喻户晓，解决信息不畅、通知不到位问题，确保家庭经济困难学生能够顺利申请到生源地信用助学贷款。

（二）增加贷款投入，拓宽贷款渠道

国家要加大资金投入，特别是应向贫困地区倾斜。进一步拓宽贷款渠道，如：成立专门的教育银行，除了目前的政府+银行模式，可增加学校+银行模式等，让政府、银行以及高校都成为国家助学贷款参与主体，提高各自的执行力度。

（三）优化贷款、还款机制

在助学贷款方面，建议优化以下两项工作：一是适当放宽贷款担保要求。如：可让村支书、亲属或有一定经济基础的邻居等做担保。二是增加异地业务办理。在乡镇增加贷款网点，如：与邮政储蓄银行、农村信用社等联合。

在学生还款方面，建议优化五项工作。一是根据学生实际情况适当调整还款计划，可先少后多；二是对考取研究生的学生或暂时无能力还款的学生可再适当延后还款时间、延长还款年限、减免利息等；三是除支付宝外，增加柜台还款方式，便于父母替学生还款；四是奖励提前还款行为，提高学生提前还款意识；五是各部门加强监管，以避免假贫困生、欠贷违约情况的发生，对假贫困生、违约情况及时发布信息并处理，加强警示和惩戒力度。

（四）改进贷款操作平台

进一步改进学生贷款平台。银行、各地资助中心、高校和学生是贷款平台的管理者、使用者，有各自不同的查询和审批权限。加强各部门、各环节间的信息交流，在学生贷款的审核、监管和还款等方面加强合作，改变各自为战状态，不再以电话、电子邮件、纸质材料等方式传递信息，可降低成本，提高工作效率。相关部门联合设立资金使用监管机构，及时监控各地、各高校的资金使用情况，以便及时调度各地贷款资金，解决甲地贷款额度不足而乙地有剩余的情况，提高资金使用效率。

第二章

高校助力　永不言弃

加强对家庭经济困难学生的资助,是高校人才培养的一项重要任务,是促进高校和谐与稳定的重要举措。近年来,各高校逐步建立起了以"奖助学金、助学贷款、勤工助学、贫困补助、学费减免"和绿色通道为主要内容的资助体系。建立科学的家庭经济困难学生认定体系,是做好学生资助工作的基础,也是各高校资助工作的难点之一。勤工助学作为学生资助工作中的基础工作,需要进一步优化。

第一节　科学认定助红梅盛开

一、案例回放

林红梅来自一个普通农村家庭,母亲身患侏儒症,身材矮小,且智力低下,无法从事繁重的体力劳动。红梅上学的费用和家里的日常生活开销主要靠父亲用缝纫机替人做衣服维持,一家三口相互照顾,生活虽不富裕,但十分温馨。然而上天似乎有意为难这个温馨家庭,在红梅大三的元旦那天,父亲因心脏病突发病故。留下的除了那台缝纫机,还有因救治而欠下的巨额债务。当时家里已无分文,红梅的叔叔和其他亲戚凑钱帮忙操办了丧事。对于一个本来就不富裕的家庭来说,父亲的去世无疑是雪上加霜。

父亲的猝然去世和巨大的生活压力给了红梅重重一击。懂事的她明白,家里已无力继续供她上完大学,继续上学还是弃学赚钱?红梅犹豫了,主动拨通了辅导员的电话。"辛劳一生的父亲最大的愿望就是你能成才,而且这么多年来的艰难都过去了,这时放弃将意味着前功尽弃,无论有多艰难,都要坚持把大学读完。"辅导员的劝解令红梅的思想瞬间从沉睡中醒来。返校前,她用打工赚来的钱给母亲买了点补品,然后把剩下的钱全部给了母亲做生活费。

回到学校后,辅导员又多次对她进行思想开导,通过家庭经济困难学生量化认定将其纳入学校贫困生数据库,并专门为她申请到3000元的专项困难补助。后来,红梅以坚强乐观的态度,以积极进取的实际行动,诠释了"穷且益坚,不坠青云之志"的含义。经过努力,她以优异的成绩顺利毕业并找到了心仪的工作。

二、案例评析

(一)案例起因

母亲身患侏儒症、智力低下,无法从事繁重的体力劳动。一家三口的经济来源仅靠父亲用缝纫机替人做衣服维持。大三时,父亲因心脏病突发病故并欠下巨额债务。家庭的巨变已无法支持红梅完成学业,以至于她出现了弃学赚钱的想法。

(二)案例解决

经过辅导员多次劝解和鼓励,红梅放弃了退学的想法,并以坚强乐观的态度,积极进取的实际行动,投入到学习和生活中。根据学生家庭发生突然变故的实际情况,经学生个人申请,学校将其纳入学校贫困生数据库,并以发放专项困难补助的办法为其解决了经济压力,使她得以顺利完成学业,找到理想的工作,和母亲过上幸福的生活。

(三)案例思考

高校的奖助措施不仅可以有效缓解学生的经济压力,而且可以有效激发家庭经济困难学生刻苦学习、立志成才的主动性和社会责任感,更加珍惜大学生活。特别是学生因天灾人祸等不可抗拒、无法预料的突发事件而导致家庭贫困的,高校应在第一时间进行帮助。准确地开展家庭经济困难学生认定,根据学生家庭经济突变情况及时调整贫困生数据库,显得尤为重要。当前,家庭经济困难学生的认定工作仍是高校学生资助工作中的难点,存在一些问题,主要体现在以下几个方面。

1. 家庭经济困难学生认定工作主观意识强,缺少统一的认定标准。高校在开展家庭经济困难学生认定工作时,一般是由学生提交申请并附带相关贫困证明材料,班主任对证明材料进行审核,通过电话联系、家庭走访等方式对申请人进行调查，征求本班学生代表的集体反馈意见确定认定结果。这种方式在实际操作中带有很强的主观意识，存在很大的随机性和一定程度的漏洞，不规范、不科学。班主任和学生代表不能有效地对贫困证明材料进行横向与纵向的比较，没有统一的认定标准，给家庭经济困难学生认定工作造成障碍。

2. 贫困证明材料的可信度低。现行的家庭经济困难学生认定程序需要学生提供村委会（居委会）、乡镇（街道）、县（区）民政部门盖章认定的《家庭经济情况调查表》作为家庭经济困难学生认定的基本条件，是高校获取学生家庭信息的第一手材料。然而在现实中，个别民政部门的工作人员出于人情面子或为本地区学生争取有限资源等因素，不经过详细调查取证，一路开绿灯，致使部分学生开具证明材料的真实性有待商榷、真伪难辨，给高校家庭经济困难学生认定工作带来了人为干扰，导致认定结果难以公平。

3. 认定工作受到学生个体因素影响。目前，国家相继出台了一系列针对家庭经济困难学生的资助政策，各种资助项目和种类不断增加，资助的金额也在不断提高，只要被认定为家庭经济困难学生，就有机会分享"免费午餐"。在民主评议阶段，有的高校要求学生以书面或口头形式向班主任或认定小组成员介绍个人家庭经济的具体情况，部分学生会因"耻辱感"而放弃或隐瞒其真实的家庭情况；部分学生会因性格内向、语言表达和写作能力差而不能真实有效地反映家庭经济情况。同时，也有个别学生夸大家庭经济困难、弄虚作假，试图挤进家庭经济困难学生行列。学生思想、行为的个体差异，直接影响了家庭经济困难学生认定工作的正常开展。

三、对策建议

（一）提高家庭经济困难学生认定的科学化，为学生资助工作打下良好基础

高校应以实事求是为原则，运用马克思主义的立场、观点和方法观察、分析、解决家庭经济困难学生认定工作难题，将与家庭经济情况相关的学生成长、学习、生活等内容细化、量化。通过定性和定量相结合的方式，将涉及家庭经济情况的各个因素赋予一定的分值，全面、客观、细致、科学地制定家庭经济困难学生量化认定体系。如：将家庭所在地属性、家庭基本属性、家庭经济状况、家庭成员健康状况、家庭成员工作学习情况、在校消费状况、学院综合评议情况等内容作为指标项目进行调查，统一标准，建立规范、精细的量化体系，通过量化所得数据，进行家庭经济状况的横向与纵向比较，从而使认定的结果

更加科学。

（二）加强国家法制规范和政府参与的力度

家庭经济困难学生认定是一个社会问题，是一个庞大的系统工程，涉及国家、政府、高校和个人等多个方面。以高校为主体来开展认定，工作效果显然有欠佳之处。实践表明，生源地认定是家庭经济困难学生认定方式中最有效、最准确的方式，能够客观地认定学生家庭经济情况在生源地是否困难和困难程度。国家应制定出台相关法律制度予以指导，建立政府和高校的联动机制，明确政府、高校和个人在家庭经济困难学生认定工作中的权利、义务和责任，以及责任追究的具体办法。建立政府、社会、高校、学生"四位一体"的有效监督机制，整合多方信息和数据，并定期与不定期地进行排查，如发现"异常"信息及时处理并问责，保证家庭经济困难学生数据库动态、良性运行，逐步建立家庭经济困难学生认定的政策保障体系。

（三）加强社会信用体系建设和大学生思想引导

受经济利益的驱使，假冒家庭经济困难学生现象不断出现，已逐渐成为社会关注的焦点问题。此问题充分反映了我国社会信用体系的不完善，体现了当代大学生诚信意识淡薄、社会责任感的缺失。对此，国家应尽快建立和完善基于大学生的社会信用体系、个人征信系统、学生个人信息查询系统等。通过有效的数据对接，建立信息共享数据库，形成与个人发展轨迹相关，覆盖教育、人力资源、社会保障、公共事业、银行等各个部门的全社会信用体系。同时，高校应加强对大学生的思想政治教育，帮助学生树立正确的人生观、世界观、价值观。通过诚信教育，引导家庭经济困难学生打消"滥竽充数"的思想；通过励志教育、感恩教育及心理辅导，引导学生树立自信、自强、自立意识，刻苦学习、成人成才、回报社会。

第二节 勤工助学促自立自强

一、案例回放

周宇来自山东省郓城县的一个贫困家庭。家中四口人挤在三间小屋里，母亲患有癫痫病，长期的病痛折磨，使她留下了严重的后遗症，除了一些简单的家务，什么事情也做不了，智力还不及一个八岁的孩子，分不清楚纸币的面额，也无法自己购买日常用品，而且不会辨别方向，出去村庄就找不着回家的路。奶奶年近九十，而且体弱多病，时不时就要去卫生所打针吃药。父亲因为要照顾母亲和奶奶，无法外出打工，只能在附近村里的一个砖窑厂拉砖坯。无奈屋漏偏逢连阴雨，由于窑厂不景气而关门歇业，父亲只好推着三轮车走街串巷去收废品，靠微薄的收入补贴家用。

接到大学录取通知书那天，父亲苍老的脸上露出了久违的笑容，几年的艰苦奋斗终于换来了丰硕的果实。可是，五千元的学费把一家人推入了冰冷的边缘。五千元钱或许只是富人一场饭局的埋单，可对于一个贫困家庭却是一个天文数字！村支书打来了电话，告知县政府要资助一批贫困大学生入学，这无疑是一个天大的好消息，给全家人带来了光明。2012年的9月，周宇带着资助的五千元钱和家人的希望，开始了大学生活。

入校初期，周宇因家庭经济情况导致精神压力增大，无法安心学习。他主动找辅导员，提出勤工助学岗位申请。在详细了解周宇的家庭具体情况和在校表现后，辅导员语重心长地开导、鼓励他：家庭贫困并不可怕，不经历风雨长不成大树，不受百炼难以成钢，成功总是青睐有准备的人，通过努力一切都会好起来的。在辅导员的帮助下，周宇成功获得了校内勤工助学岗位，且申请了国家助学贷款。经过一年多的刻苦学习他获得了"国家励志奖学金"，由于工作认真负责被评为"勤工助学先进个人"。

二、案例评析

（一）案例起因

周宇家庭经济特别困难，母亲患有癫痫病、智力低下；奶奶年近九十体弱多病且常打针吃药；家中的生活费用仅靠父亲收废品的收入补贴家用；家庭无力承担学费和生活费；第一年学费是由当地政府资助。

（二）案例解决

通过该生的主动来访，了解其家庭经济情况和当前思想现状等，初步判定该生因家庭经济困难而导致了心理忧虑。通过班级干部了解其在班级、宿舍中的表现，得知其不太愿意与他人沟通交流，忧心忡忡，害怕在没有资助和家里的支持下难以完成学业。全面了解该生情况后，辅导员对其进行教育引导，解决了心理忧虑、自我封闭的思想状况；通过勤工助学，磨炼了意志，锻炼了能力，并通过助学贷款解决了上学的后顾之忧。

（三）案例思考

学生勤工助学，是高校学生资助体系的有机组成部分，也是高校人才培养的有效措施。勤工助学既能提高家庭经济困难学生自我解困能力，逐步实现由外部输血向自身造血的转变，在一定程度上减轻学习和生活负担，改善学习、生活条件。同时，能培养学生的自立意识，锻炼能力和提高综合素质。但高校的勤工助学工作，还存在一些问题，主要体现在以下几个方面。

1. 勤工助学体系不健全，落实国家政策不到位。我国高校基本建立了勤工助学管理机构，但部分高校在机构设置、管理体制、人员配备、制度建设等不够健全，导致勤工助学效果不尽人意。同时，部分高校落实国家勤工助学政策不到位，没有按照高校事业收入 4%~6% 的比例足额提取家庭经济困难学生资助经费，导致在家庭经济困难学生逐年增加的情况下，勤工助学工作无法有序运转。

2. 勤工助学岗位不足，层次相对较低。在勤工助学经费欠缺、困难学生增加的反差下，勤工助学岗位数量与学生参加勤工助学的实际需求数量出现明显失衡状态。受到各高校条件制约和学生自身能力限制，传统的勤工助学仅为学生提供了一些事务性、服务性岗位，大多以办公室助理、图书管理助理、教学楼助理、宿舍楼助理、校园保洁、收发信件、家政服务等劳务型岗位居多。以实验室助理、网络协管、科研助理等智力型岗位居少。在此情况下，学生能够在锻炼吃苦耐劳优良品质的同时获得经济资助，但不能有效提升学生的综合素质。

3. 勤工助学与学生专业联系不紧密，育人功效不足。学生参加勤工助学不仅为了获得经济报酬，实现"勤工"，更重要的是能得到技能训练，提高专业技术，实现"助学"。目前，大多高校勤工助学岗位技术含量较低，没有将岗位设置与学生所学专业相结合。学生只能将时间和精力花费在体力劳动和事务性工作上，无法通过勤工助学得到专业能力锻炼，不能把所学知识应用到实践当中，不利于学生巩固专业知识、提高专业技能、培养学习兴趣和开拓创新能力，无法实现教学育人和生产劳动的有机结合，更无法实现专业学习—勤工助学—综合素质提升的良性资助育人循环。

4. 勤工助学立法不完善，学生权益缺乏保障。高校勤工助学逐渐从校内岗位向校外岗位扩展延伸，越来越多的学生因工资报酬较高而选择校外勤工助学。由于相应的法律不完善，学生法律意识淡薄，导致学生在勤工助学过程中合法权益受损现象层出不穷。如："黑心"中介以盈利为目的，利用学生急于求职的心态，收取高额手续费，介绍与承诺不符的工作坑害学生；用人单位与勤工助学学生不签订劳动合同，随意延长劳动时间、减少或拖欠工作报酬等。学生在遇到各种劳动纠纷时，往往只能忍气吞声，身处孤立无援的境地，致使部分学生不愿意参加校外勤工助学。由此，制约了校外勤工助学市场的拓展和推广。

三、对策建议

（一）加强高校勤工助学体系建设，切实将国家政策落实到位

高校是勤工助学工作的主要执行者，也是勤工助学活动能否良性运行的关键所在。首先，应健全组织机构，统筹各项工作。高校在建立勤工助学机构、配备充足专职人员、足额提取业务经费、专款专用的基础上，应强化领导，认真组织，积极协调财务、教务、人事、科研、后勤、学工、团委等各相关职能部门，为勤工助学活动开展提供指导、服务和保障，形成党政工团共同关心、教师具体指导和学生自我管理的良好局面。其次，应完善制度建设，使各项工作有据可依。高校应进一步完善《大学生勤工助学管理办法》《勤工助学经费使用管理办法》《勤工助学岗位职责》等各项制度，明确勤工助学的工作目标、工作原则、审批程序、培训制度、考核制度等事项，并根据工作开展过程中出现的新情况、新问题，及时调整、完善操作性强、与时俱进的勤工助学制度体系，为学生参加勤工助学提供制度保障。

（二）积极拓展与专业联系紧密、层次高的勤工助学岗位

勤工助学岗位的多少，直接关系到勤工助学活动开展的覆盖面。而岗位层次的高低，直接关系到勤工助学活动开展的效果。首先，高校应解放思想，整合校内资源，深入挖掘校内岗位。在原有校内岗位的基础上，结合学生的专业特点，挖掘智力型、创业型岗位。提供更多的实验室助理、网络协管、科研助理、实训基地助理等岗位，充分利用学生专业、技能优势，不断提升勤工助学活动的水平和学生综合素质。有条件的高校，可为学生提供读书吧、报亭、复印社等学生能够自主管理运营的市场化创业岗位，更好地发挥学生专业特长，做到勤工助学活动与学生专业学习、社会实践、创新创业相结合的市场化运行模式。其次，高校应加强校企合作，深入挖掘校外岗位。充分利用高校科研能力强、人才聚集的优势，加强校企沟通与合作，为学生提供具有良好保障的勤工助学岗位。根据学生专业特点，安排到企业相应岗位，进行带薪实习、实训活动。促使学生将理论知识与实践相结合，在获得劳动报酬的同时，认识和体验到知识的价值，从而激发学习兴趣。

（三）进一步提升勤工助学育人效果

勤工助学是高校人才培养的重要阵地之一，具有十分重要的社会现实意义。首先，加强宣传，提高认识。高校应把勤工助学提高到教育、培养、锻炼学生的层面，坚持"以人为本、育人为目标"的理念，积极宣传勤工助学的重要意义，通过形式多样的宣传教育，引导学生树立自立、自强意识，转变等、靠、要的狭隘思想，形成"造血式"的激励与培养。其次，对学生进行分类指导。高校应根据不同类型勤工助学岗位的特点，对学生开展侧重点不同的关心、教育和指导工作。如：对校园保洁等劳务型岗位的学生，树立其劳动光荣的思想观念，培养艰苦奋斗、吃苦耐劳的精神；对实验室助学、科研助理等智力型岗位的学生多帮助、多讲解，使他们学会利用学习资源，多看书、多动手、多思考，增强学习能力、动手能力和创新能力；对办公室助理、学团助理等事务型岗位的学生多指导、多锻炼，注重培养他们的协调能力、管理能力、思维能力，提高综合素质。

（四）完善勤工助学法制环境

首先，充分发挥国家的主导作用，规范法制环境。国家应不断完善相关法规，为勤工助学的顺利开展创造一个良好、健康的法制环境，并监督和规范勤工助学过程中用工单位和中介机构的行为，对于出现的各种不良行为予以惩处，为学生参加勤工助学提供权益保障。其次，充分发挥高校的教育功能，普及相关法律法规。高校应加强对学生的法律知识教育，普及与学生勤工助学密切相关的法律法规和法律意识，如合同法、劳动法等。通过开展通识课、选修课、法律讲座、主题教育等形式，增强学生的法律意识和自我保护意识，使学生懂法、守法、爱法、用法，当受到非法侵害时，能有效利用法律武器保护自身的合法权益。

第三章

社会关爱　情暖人间

帮助家庭经济困难学生顺利完成学业，为国家和社会培养高素质人才，是全社会共同的责任。积极发挥社会舆论的导向和监督作用，通过对国家有关政策的宣传介绍、对高校家庭经济困难学生困境的深入关注、对高校家庭经济困难学生资助体系现状的宣传等，引导全社会团结友爱，扶贫济困，积极构建良好的社会支持系统。

第一节　社会关爱点亮她奋起的明灯

一、案例回放

鲁丽丽出身于一个普通农民家庭，母亲在家务农、父亲在外打工，弟弟妹妹都正在读中学，一家五口人过着清贫却快乐的生活。2008年弟弟患骨癌，在多个城市的各大医院治疗，花去了巨额的医疗费，家庭负债累累。家人的努力并没有挽留住宝贵的生命，2011年初弟弟离开人世。三个月后，父亲突发脑出血也离开了人世。家庭的不幸遭遇，使原本困难的家庭更加拮据。

不久，鲁丽丽收到了大学的录取通知书，这个多少年来一直魂牵梦绕的地方如今已近在咫尺。可是，望着憔悴衰老的母亲，望着渴望求学的妹妹，她的心在颤抖，她想到了放弃，但最终这个念头在母亲语重心长的教导和亲朋好友的热心帮助下打消了。2011年9月7日，鲁丽丽怀揣着左邻右舍为她凑的生活费踏上了开往学校的火车，开始了她的求学之路。

入校伊始，辅导员通过《新生登记表》初步了解了本班几个"特殊学生"的家庭情况，开始与这几名学生谈心。辅导员了解到鲁丽丽的家庭具体情况后，向她讲解了国家、学校对家庭经济困难学生的帮扶政策，并语重心长地鼓励她：每个人的父母是无法选择的，唯一可以选择的是自己脚下的路，艰苦的生活更能磨炼一个人的意志，它会让人们更加珍视学习、体贴父母，珍爱每一天的幸福生活。大学四年，她得到某家企业在学校设立的奖助学金，总额为2.4万元。在获得第一笔助学金的那一刻起，鲁丽丽暗下决心，一定要自信自立和自强，用自己的实际行动回报老师，回报社会上的好心人。四年过去了，她获得了多项校级以上奖励并考取研究生，用自己的实际行动兑现了诺言。

二、案例评析

（一）案例起因

该生来自农村，家中有三个孩子上学，属于"子女较多型"贫困家庭。后来，该生弟弟因患骨癌花去巨额医疗费使家庭负债累累；又因父亲的离世，家庭丧失了主要劳动力而经济更加拮据，属于"天灾人祸型"贫困家庭。综合以上两点，该生家庭属于"复合型"贫困家庭。

（二）案例解决

首先，该生四年来，获得了2.4万元的社会无偿资助金，帮助她顺利完成学业，并考取研究生。其次，辅导员与她进行沟通，用心交流，了解家庭情况，以理解的心态对待她遇到的问题，让她认识到周围老师和同学的关心。同时，辅导员以激发和鼓励为原则，激发她的学习兴趣、工作热情，树立远大理想，增强综合素质，积极面对人生。

（三）案例思考

在本案中，鲁丽丽是幸运的，她获得了2.4万元的社会资助金，在她求学路上起到至关重要的作用。但是，在很多高校，特别是地方高职院校，一个家庭经济困难学生能够获得如此高额的社会资助金并不多见。很多高校的社会资助工作开展情况并不理想，社会资助项目和资金较少，主要体现在以下几个方面。

1. 高校对社会资助缺乏足够重视。目前，学生资助工作在国家层面上已经形成了较为完善的运行体系。部分高校学生资助工作者形成了以国家资助为主的资助观念，认为只要将国家下达的任务落实到位就是做好了本职工作。这种传统观念导致对社会资助工作的不重视、积极性不高，个别高校出现"你来资助我欢迎，不来我也不联系"的现象。

2. 高校自身管理体制不健全。各高校均建立了学生资助管理机构，具体负责助学贷款、奖助学金评定、勤工助学等各项学生资助工作。但许多高校没有社会资助接收与管理的组织机构，有的是在校工会、有的是在校友办、有的是在学生资助管理中心，相关工作开展较为混乱，缺乏统一的管理，极大地影响了社会资助工作的开展。

3. 社会资助形式较为单一。当前，家庭经济困难学生获得的社会资助大多是以资金资助为主，仍处于一种"输血"型资助的状态。社会资助项目，大多以奖学金，或是助学金的形式体现，而像提供工作机会的资助形式较少。由于社会资助连续性不强，时有时无，只能缓解家庭经济困难学生的暂时困难。而且，这种传统的资金资助形式容易让受助者产生惰性和依赖性，不利于良好人生观、价值观、世界观的形成。

三、对策建议

（一）加强高校主动意识，争取更多社会资金

在学生资助工作中，高校具有重要作用。高校不仅是家庭经济困难学生的资助方，也是家庭经济困难学生受助的桥梁和纽带。既是资助主体，也是资助主体和客体的中间力量。高校应将争取社会资助放在政治任务的高度加以重视，将争取社会资助的效果看成学校影响力和凝聚力的最佳体现。高校应进一步丰富资助体系、扩大资助资源、加大对家庭经济困难学生帮扶力度，可以"张开嘴""伸出手"，积极主动地与社会各界广泛联系，沟通协调，寻找来源于国内、国外的企事业单位、基金会、组织、团体、个人等社会力量，争取更多的社会资源。转变由政府包办的教育思维，变被动为主动。

（二）加强高校社会资助的机构建设，规范建立规章制度

专门的社会资助机构和规范的制度建设是社会资助工作在高校层面良性运转的基础保障。高校应组建社会资助专门机构，成立以校领导为组长的社会资助工作领导小组，负责协调、管理、开展各项社会资助工作。由学校牵头，从学生资助管理中心、校友办、工会、团委、财务等部门，抽调业务精、素质高的业务人员组建社会资助工作队伍。统筹各部门原有社会资助资源，制订具体的工作目标和工作计划，积极拓展、开发业务，争取更多社会资助资源。同时，规范建立社会资助规章制度，如《社会资助项目管理实施办法》《社会资助工作人员岗位职责》等，确保各项社会资助在落实过程中有据可依，从而促进社会

资助管理工作的规范化和制度化。

（三）加强高校与企业的合作，提高社会资助的积极性

目前，社会资助力量参与高校资助体系相对薄弱，参与的深度和广度还远远不够，其原因之一在于资助具有"无偿性"。资助方在出资回报社会的前提下，也希望自己的资助不"打水漂"。那么，寻求一个多方共赢、资源共享、优势互补的结合点，显得尤为重要。政府可以利用高校科研、教学、人才等优势，鼓励社会力量参与到社会资助工作中来，形成产、学、研三位一体的资助育人模式。高校积极与企事业单位签订"定向委培"协议，创建带薪实践、带薪实习、就业创业基地。家庭经济困难学生可通过实习、实践机会，获得协议单位向学生发放不低于当地临时工平均数的资金报酬，还可以获得协议单位提供的就业岗位；协议单位也可通过企校合作获得高校的技术支持和人才供给。这样，高校实现了社会资助渠道的有效拓宽，家庭经济困难学生获得了有效资助，企事业单位获得了长远发展的有效帮助，实现了多方共赢的态势，提高社会资助的积极性。

第二节　赠人玫瑰手留余香

一、案例回放

杨华出生在沂蒙老区的普通农村家庭，家中共有四口人，全家人仅以几亩薄田维持生计，年均总收入不过几千元。其生父因操劳过度、积劳成疾患急性脑溢血，于2003年5月不幸病故；其母因患大脑炎留有后遗症，智商较低，并且患有类风湿性关节炎，不仅丧失劳动能力，甚至连生活也不能自理，为一级残疾；其继父双目几乎失明，患有严重的糖尿病，常年以大量的药物维持基本体力，因此家中欠下大量债务，生活可谓步履维艰，更无力支付她的学费和生活费。

贫困的家境并没有打倒坚强的杨华。在社会各界的大力支持和帮助下，她成功地迈进了大学的校门。2006年9月份入学不久，一次意外给杨华留下了一段深刻的记忆。军训期间，她由于慌张不慎撞在宿舍楼门的玻璃上，破碎的玻璃划破了她的面庞，同学将她送进了医院。辅导员第一时间赶到医院，得知该生家庭情况后，及时汇报给学院领导。学院领导和辅导员多次前去看望并为她

垫付了医疗费，安排学生干部照顾她的生活，关注她的情绪变化。

原本因家庭情况自卑的杨华，刚进大学就遇到这样的挫折，情绪更加低沉，对大学生活产生了许多担忧。细心的辅导员了解到她的思想变化，和她促膝长谈，耐心开导："人在一生的奋斗过程中都会遇到各种各样的困难，面对这些困难我们不能叹息，不能低沉，而是要勇敢面对，以百倍的信心迎接学习生活中的挑战。"辅导员还给她讲述了许多经济困难而坚强生活、学习的同学的例子。通过辅导员的开导，杨华受到了极大的鼓励，大大减轻了精神负担。杨华逐渐开朗起来，乐观向上、刻苦努力、勤奋进取，铲除了前进道路上的绊脚石，各方面取得了优异成绩。同时，学院通过校友资源，在生源地的一家企业为杨华争取到资助金，并为她的继父找到了相应的工作。杨华在校积极参加勤工助学，寒暑假回生源地企业打工赚钱，有效改变了其家庭经济拮据的现状。

毕业后，杨华在这家企业就业。有大学时期在企业实践、实习的经历，她对企业的各项业务很快适应并熟悉。由于对企业有深厚的感情，她工作积极、主动，爱企业如家。有一次，天忽降大雨，杨华冒雨保护企业资产，将企业损失降到最低限度。参加工作三年来，她为企业拿到三项国家专利，提高了企业的创新竞争力，她由最初的一名普通员工荣升为中层管理干部。

二、案例评析

（一）案例起因

本案例中，杨华早年丧父，母亲无劳动能力，继父常年靠服药维持，家中欠下大量外债，形成了较为复杂的家庭背景和极度贫困的家庭经济状况。受其影响，杨华形成了自我轻视、自我否定、没有自信的自卑心理和精神紧张、情绪低落、过分担忧的焦虑心理。

（二）案例解决

辅导员了解到杨华的具体情况后，针对她的性格、特点、成长背景，通过耐心的开导，帮助其树立正确的心理健康意识，提高自我心理健康保健能力，达到保护和增进心理健康的目的。学院主动承担起家庭经济困难学生与社会资助的"桥梁纽带"，帮助杨华及其家长在生源地找到寒暑假勤工助学岗位及工作岗位。在两项措施的综合效应下，杨华消除了自卑、焦虑的心理，变得乐观向上、刻苦努力、勤奋进取，家庭经济情况也得到了有效改善。杨华参加工作后，积极、主动地工作，为企业带来较高的经济效益和社会效益，达到学生个人和企业的双赢。

（三）案例思考

杨华问题的解决，心理引导起到重要作用，而社会资源提供的勤工助学岗位和就业岗位起到关键作用。但在现实中，对家庭经济困难学生家长提供就业岗位的资助形式并不多见，社会资助大多以资金资助较多。从整体来看，很多企业没有看到教育投资的潜在效益，社会各界的热情度不高，社会团体或个人捐资助学的积极性没有被充分调动起来，社会参与学生资助的广泛度不够，参与力量还很薄弱。社会资助还存在一些问题，主要体现在以下几个方面。

1. 媒体对学生资助工作的宣传不到位。国家资助政策的普及与宣传，大众媒体扮演着重要角色。但实际情况是众多媒体并没有认识到学生资助工作正面宣传的重要性，对国家资助政策、理念的解读并不感兴趣，而仅仅利用9月份家庭经济困难学生入学的状况为卖点，创造经济利益。这样，有力地迎合了部分捐资助学者出于提高知名度、扩大社会影响的目的，伤害了受助者的隐私权。导致社会资助应有的价值无法体现，媒体宣传的正能量丢失。

2. 不同地区拥有的社会资源不均衡。在经济发达地区社会公益事业发展较快，资助资金较为充足，可提供的勤工助学和就业岗位相对较多。而在经济欠发达地区，企事业单位和个人没有充裕资金支持教育事业，社会公益事业发展较慢，与发达地区差异较大。这种不均衡现象导致坐落在经济欠发达地区的高校争取社会资助较为困难，坐落在经济发达地区的高校社会资助资源过盛。

3. 不同高校的社会资助存在差异。捐助方为了扩大社会影响和自身发展的需要，往往会选择知名高校进行资助。这种差异导致越有名气的高校社会资助资源越多，没有名气的高校社会资助资源稀少，人为地制造了社会资助的供需矛盾，形成了社会资助不良运行的现象。

三、对策建议

（一）加强对慈善事业的宣传，促进社会资源的不断涌入

高校应加强以下三个方面的宣传。一是慈善捐赠会产生巨大的社会效益。从经济学角度来讲，它是基于爱心和社会责任的第三次分配。通过慈善调动和分配的社会资源是巨大的。我国贫富差距逐年拉大。2010年世界银行公布的调查数据，美国5%的人掌握了60%的财富，而中国，1%的家庭掌握了全

国41.4%的财富,成为全球两极分化最严重的国家之一。一方面积累了巨大的社会财富,另一方面产生了庞大的弱势群体。这不仅影响社会公平,而且会引发社会矛盾。所以慈善家把一部分财富转移给低收入阶层,对整个社会来说,总财富的社会效用会大大增加。二是资助高校家庭经济困难学生,是较好的投资方式。一方面,学生在企业或个人的资助下,顺利完成学业,将来为国家和社会所创造的财富是无法估量的。另一方面,企业资助学生,可以获得有关学校和学生本人的技术等方面的支持,有利于企业的发展。三是慈善捐赠对于企业和捐赠人来说,可以享受税收政策。根据《中华人民共和国企业所得税法》规定,企业发生的公益性捐赠支出,在年度利润总额12%以内的部分,准予在计算应纳税所得额时扣除。根据《中华人民共和国个人所得税法》第六条第二款规定,个人将其所得对教育事业和其他公益事业捐赠的部分,捐赠额未超过纳税义务人申报的应纳税所得额30%的部分,可以从其应纳税所得额中扣除。

(二)加强国家干预和法律法规建设,为社会资助大环境创造良好条件

切实做好家庭经济困难学生资助工作,仅靠国家投入和学校自筹的力量是不够的,国家应采取一切手段,引导、调动社会资源捐资助学、投身教育事业的力量。在《中华人民共和国高等教育法》中明确规定:国家鼓励企业事业单位组织社会团体及其他社会组织和公民等社会力量依法举办高等学校,参与和支持高等教育事业的改革和发展,鼓励企业、事业、社会团体及其他社会组织和个人对高等教育投入。《中华人民共和国公益事业捐赠法》中明确规定:国家鼓励自然人、法人,或其他组织对公益事业进行捐赠。我们还可以借鉴美国"凡是向非盈利机构(其中主要是高等院校)捐助基金款项、设备和不动产等的机构和个人都可以享受一定比例的所得税优惠"的法律规定。国家制定、完善有关法律法规,对社会资源投身教育事业发挥导向、激励和干预作用,通过财政、税收等政策倾斜,使越来越多的企事业单位、社会团体、组织和个人热衷于向高校捐资助学,从而建立一个良好的社会资助大环境,广泛吸纳社会资源,更好地发挥社会力量在家庭经济困难学生资助工作中的重要补充作用。

(三)加强顶层设计,统筹社会资源

我国的社会资助与发达国家相比还处在发展阶段,正在逐步走向正轨。但社会资助的分散、不连续、高校间差异、地区间差异等问题依然存在。国家应

大力发展第三方部门，如慈善总会、教育基金会等，加强顶层设计，统筹社会资源，强化管理，打造高效、科学、系统的社会资助机制。可以借鉴国家助学贷款、国家奖助学金的运行模式，由各省负责本省社会资助资源的管理、分配与使用。根据各高校家庭经济困难人数合理分配社会资助资源，避免企事业单位和高校单线联系而产生的系列问题。

第三编 03
坚定信念放飞理想

在汉语解释中，梦想是指意识形态下对未来的选择性期待。白国伟曾说，人类因梦想而伟大，人生因拼搏而精彩。而萧伯纳也曾感叹，人生有两出悲剧，一是万念俱灰，另一是踌躇满志。梦想是大学生努力奋斗的基本动力，但是，在这物欲横流的现实社会中，大学生自身的掌控能力下降，好高骛远，无法专注于行，在追梦过程中会遇到许多现实问题。在放飞梦想的旅途上，有人为此执着坚持，有人迷茫彷徨。有些大学生成为"语言的巨人，行动的矮子"，只说不做，徒劳无益。有些大学生只生活在当下，无梦想，无目标，无追求。北京新精英生涯总裁古典说过："当你被一群敌人包围了，记着，不要把你的目光交给你的敌人，而是你的梦想，专注于你的梦想。"高校应教育大学生，有理想、有梦想，才有望成为国家栋梁之才。要清楚自身的梦想是什么，并付诸实际行动，坚持到底，锲而不舍，百折不挠，直至击败挫折，梦想才能最终实现。

第一章

执着与彷徨

"咬定青山不放松,立根原在破岩中。千磨万击还坚劲,任尔东西南北风。"清代郑燮的这首诗着力表现了竹子那顽强而执着的品质。执着,是一种精神,一种过程,是一种对人生和事业的态度。世界上最悲哀的事情不是一个人有梦想无法实现,而是一个人找不到奋斗的目标和方向。有些家庭经济困难学生由于受不良社会现象的负面影响,对前途产生迷茫,对生活失去信心。有的人坚持目标,有的人没有目标,有的人半途而废。高校应利用丰富的内容,采取多种措施加强对学生的理想信念教育。要让学生明白,彷徨是前进道路上的绊脚石,要保持奋斗的热情,以生命不息、奋斗不止的精神,以远大的抱负和坚韧不拔的意志,奋勇前进,努力实现自己的人生目标。

第一节 站在青春的十字路口

一、案例回放

政法学院学生徐晨,来自山东菏泽成武县一个贫穷农村家庭。在他小时候,父亲双目失明,长期治疗花掉了家里的所有积蓄,并欠下了巨额外债。福无双至,祸不单行,他上小学时,父亲的病情进一步恶化,母亲的精神受到巨大打击。家庭困苦潦倒,是上学还是养家,他百般煎熬,不知怎样选择,彷徨与迷茫令他抑郁不堪。从小目睹家庭的灾难,他变得自尊心极强又十分敏感,贫困的家境让他很自卑。经过激烈的思想斗争,最后他想明白了,只有考上大学,才是解决家庭困难的长久之策,才能出人头地,改变家庭现状。最后,经过努力学习,考上了心目中的大学。

通过国家助学贷款、申请勤工助学岗位解决了学费和生活费问题。在学习和生活上，他严格要求自己，学习成绩优异。在班级中担任班长一职，还是院学生会主席。他先后获得国家励志奖学金、朝阳银光杯优秀大学生、市福利院雷锋志愿者、校优秀学生、校优秀团干部等荣誉称号。他所带领的班级先后荣获校十大先进班集体标兵、十大优秀团支部标兵。一切似乎都非常顺利。

转眼进入大三，不幸再次降临到这个本就艰难困苦的学生身上，他被查出患有结核性腹膜炎腹水，需要休学治疗，至少一年。听到这一消息，他如雷轰顶。已经进入大三，离考研还有一年，设计好的学习、考研和就业计划全部被打乱，怎么办？他再次站在人生的十字路口，陷入痛苦之中，感到前途渺茫，精神消沉到极点。

面对日渐消瘦的徐晨，辅导员及时与他进行了谈话，疏解心结，缓解压力。告诉他目前最重要的是先把病治好，身体健康是根本、是基础。未来的路还很长，不能一遇到困难和挫折就放弃对理想的追求。"旺仔，加油！"同学们也纷纷鼓励徐晨，并在学习和生活等方面为他提供帮助。徐晨在老师和同学们的帮助和鼓励下，重新调整自己的计划。在治疗期间，他暂时放弃了到企业锻炼的计划，专心学习。一方面，自学新学年专业课程，另一方面积极备战考研。一年后，他顺利通过各门课程的考试，并考取北京一所名牌大学的研究生。徐晨用自己的实际行动向家庭经济困难同学证明"成功，路在脚下"！

二、案例评析

（一）案例起因

徐晨的父亲患病治疗，花去家中积蓄，家庭贫困。由于特殊的家庭背景，导致徐晨的性格既自强、又自卑。准备考研与就业时，他身患严重疾病入院治疗，打乱了他的学习、考研与企业锻炼计划。自己的期望值过高，既想找到理想的工作又想考上名牌大学研究生，压力较大。以往各方面表现优秀，在前进的道路上，很难接受挫折和失败。受综合因素的影响，他对前途失去信心，陷入迷茫。

（二）案例解决

学校为徐晨办理了助学贷款，安排了勤工助学岗，解决了他的学费和生活费问题。辅导员及时对他进行心理疏导，引导他正确处理学习、实践、治病和考研的关系，在他迷茫时，为他指明了方向。同学们在学习和精神上给予他鼓励和帮助。徐晨意志坚强，通过自我科学规划、刻苦努力，最终实现了考研愿望。

（三）案例思考

像徐晨这样的学生，个性追求完美，各方面表现优秀，当遇到挫折和困难时，极易受伤害，所谓物极必反，患上心理综合症，主要表现为：行为上患得患失，遇事瞻前顾后，优柔寡断；心理上常常莫名其妙地烦躁、孤独、无助、压抑，情绪不稳定。对此类学生，高校应高度重视，及早发现问题、分析问题，找到合理有效的解决方案，为学生减负减压。

三、对策建议

（一）做好学生的思想引导工作

高校辅导员是大学生思想政治教育工作的主要力量，是大学生日常生活的管理者，也是大学生成长成才道路上的引路人。对于心智发育尚不完全成熟的大学生来说，他们在生活和学习中极易遇到心理问题，尤其是随着经济的多元化发展，价值取向的日益丰富，大学生面临着愈来愈复杂的选择。当遇到挫折时，许多大学生会产生困惑、迷茫，不知道如何选择与应对。这就需要辅导员以学生为本，深入了解学生的心理发展情况。当学生出现心理问题时，辅导员能够及时发现并给予科学的指导，通过心理健康教育辅导、心理健康知识培训等方式加强心理干预，促使学生心理健康发展。辅导员应系统地整理历届考研生的事迹材料，针对考前心态、学习方法、学习基础、学习态度等问题进行有序的梳理，向学生传达有效信息，并通过各种方式和办法，为学生解忧排难，减压减负。

（二）教育学生掌握科学的学习方法

大学生正处于学习的转变期，中学时代的学习方法已不能完全适应大学教育的要求。然而，很多大学生未做好由中学到大学的过渡，致使在学习上产生各种各样的心理问题。十几年的教育经历让学生习惯并依赖于老师的管教和束缚，而大学宽松自由的学习氛围让很多学生迷失自我，不知所措并产生厌学、弃学的念头。同时，大学的学习需要涉猎更多的科学知识和文化知识，更注重自主学习，多样的挑战使初入大学的学生产生沉重的学习负担和严重的心理压力。此时，辅导员要及时了解学生在学习上暴露出的问题，经常与学生沟通交流，通过开展学习方法指导讲座、学习经验交流会等方式帮助学生树立正确的学习目标，掌握科学有效的学习方法。辅导员应根据自己丰富的心理学知识和自己以往的经验，充分掌握考研学生的心理变化，对学生表现出来的过度焦虑、烦躁等消极心理给予正确的引导，通过与学生单独谈心或召开主题班会等形式帮助学生保持积极、乐观的心态，树立信心。

（三）教育学生掌握科学的心理调适方法

帮助学生分析、理解产生心理困扰的原因，掌握基本的心理调适方法，引导学生面对学习和生活中的不如意、不知所措，能用恰当的心理调适方法进行自我调整，养成积极自我调适的良好习惯。像本案例中，对待与徐晨类似的学生，要教育他们以平常心看待考研与就业，正确认识自我，充分评价自己的能力与条件。要学会以积极平和的心态接受现实，学会自我放松，掌握各种调节方法，如：调息放松法、意象法、系统脱敏法等消除焦虑。大学生能否有效自我管理是实现自己生涯规划的重要保证，要教育学生重视生涯规划，增强自我教育、自我规划和自我管理的能力。

（四）树立典型榜样，激励学生成才成功

榜样的力量是无穷的，高校要加强考研学生之间的联系，促进专业知识与考试技巧的交流，增强归属感与安全感，营造一个松弛有度、爱意浓浓的学习环境。共同体验考研的幸福感，以考研为目标，体验考研过程的快乐与美好，成功结果的激动与欢悦。当然，要因人而异，对症下药，研究分析学生的个性心理特点，有针对性地开展教育和引导工作，及时解开学生心中的疙瘩，帮助学生确定个人发展目标和方向，为学生们提供必需的各方面信息，注重提高学生的自主能力，从自身做起，从现在做起。

第二节　执着助力梦想

一、案例回放

张翔是2012级的一名学生，来自于农村贫困家庭。初入大学的他，身体较胖，体态略显臃肿，经常成为同学们关注的对象。由于肥胖，他缺乏自信，性格也较内向、腼腆，在与老师或同学交谈时，常会显得局促不安。

校园大学生秋季运动会开始了，同学们都在踊跃报名，他受到体重等因素影响，踯躅不前。田径场锣鼓喧天，参赛的同学尽情享受着驰骋赛场的激情和快乐，并取得骄人的成绩。张翔从小喜欢跑步竞赛，此时他只能悄悄地躲在一个角落里观看，心中既充满向往，又感觉万分沮丧。辅导员发现了这一问题，与他进行了交谈,并鼓励他改变自己,帮助他制订了体育锻炼计划。

张翔暗下决心,坚持跑步减肥。刚刚开始的时候,臃肿的体态使他无法像其他同学一样纵情地奔跑,他每跑一步都要气喘吁吁。在常人看来非常轻松的一百米,在他脚下却显得那么的遥远,那么漫长。短短几分钟便早已汗流浃背,上气不接下气。在赛道上,每当看到有同学超过自己时,他心中有羞愧、有失落,还有一丝丝的不甘与羡慕。他曾想过放弃,但是老师与同学们的鼓励以及自己对成功的强烈渴望不断地激励着他,"咬咬牙,再坚持,成功就在眼前!"

从此,运动场上增添了一抹坚持的身姿。他在空闲时间奔跑在田径赛场上,烈阳融不化他的执着,风雨阻断不了他的坚持。每一次坚持,都有所收获,有所进步。不仅是身体上的锻炼,更是意志的磨砺和理想的塑造。经过一段时间的艰苦训练,健硕的肌肉取代了原来的赘肉,开朗的笑容取代了阴郁的心情,妄自菲薄、踟蹰不前的心理也早已经不复存在。让时间打磨出来的坚韧不拔、乐观沉稳和坚强、自信的性格,成了他不断奋斗前行的动力。随后,在校运动会等赛事上,他踊跃报名,积极参与,在10000米长跑中,取得了良好的成绩。自信心激发了学习热情,大大提高了学习效率,期末考试成绩明显进步。在日常生活中,他积极参加班级活动,性格也开朗了很多,人际交往能力有了很大的提高。面对家庭困难和身体上的缺陷,他也曾彷徨过,但他不忘初心,执着向前,终于实现愿望。

二、案例评析

(一)案例起因

学生初入大学,往往意味着接受一个崭新的环境和崭新的自己。案例中的张翔刚入学,由于身体肥胖原因产生自卑心理,不能自信地参加各种活动,经常妄自菲薄、踟蹰不前。性格上的腼腆也让他在与老师或同学交往时,常会显得局促不安。学习也因身体上的原因受到一定的影响。

(二)案例解决

在老师与同学们的鼓励下,他认识到自己的不足,制订训练计划并付诸行动,下决心改变自己的形象。他把训练作为信念去坚持,作为磨炼意志、强化心志的契机。在锻炼的过程中,他升华了思想,提高了学习成绩,收获了友谊。

(三)案例思考

学生之事无小事,任何一个在别人看来微不足道的小事,很可能会成为学生学习、心理等方面的障碍。有的是学习、生活之中的琐事，有的是学生自身的原因，如身体上的缺陷等。这些学生往往心理素质差、意志力薄弱。尤其是家庭经济困难学生，他们的心灵往往更加脆弱，面对挫折和新环境自我调节能力不强，当现实与期望达不成一致时，他们更容易产生心理问题。像案例中的张翔，就是因为身体的肥胖而造成他的不自信。因此，辅导员要全面了解学生的心理特点，了解学生的成长规律，将"理想目标"教育与学生实际相结合，做到事无巨细，为学生提供全方位服务。

三、对策建议

（一）引导家庭经济困难学生正确认识自我，积极适应大学生活

辅导员要教育学生，及时调整自我，变彷徨为执着，努力调适由于环境改变而带来的心理压力。在意识到自身的不足之后，切忌妄自菲薄，自怨自艾。要通过自我努力去改变自己，完善自己。同时也要清醒地认知到：金无足赤，人无完人，不能过分地纠结于缺点，忽略优点，从而导致自卑等消极观念和情绪的产生。

（二）引导家庭经济困难学生坚定信念，努力实现理想目标

高校应教育学生，不能盲目地学习、生活，要对自己坚持的梦想设下既定的目标，并坚定不移地完成。只有设立目标计划，并永不动摇内心的坚持，才能取得成功，荣享胜利的果实。要志向高远，放开眼量，不满足于现状，也不屈服于一时一地的困难与挫折，更不要斤斤计较于个人私利的多与少、得与失。从周总理中学时期立下的"为中华之崛起而读书"的志向，到李四光、钱学森、邓稼先等老一代知识分子，青年时期就立志用自己的聪明才智报效祖国。树雄心、立壮志，是关系大学生一生前途命运的重大课题。

（三）引导家庭经济困难学生树立大方向，不断实现小目标

崇高理想的实现需要一点一滴地奋斗。通往理想的终点是遥远的，但起点就在脚下，在一切平凡的岗位上，在扎扎实实的学习和工作中。古人说：合抱之木，生于毫末；九层之台，起于垒土；千里之行，始于足下。实现崇高的理想，要从我做起，从现在做起，从平凡的工作做起，从小事做起。华罗庚认为，雄心壮志只能建立在踏实的基础上，否则就不叫雄心壮志，"雄心壮志需要有步骤，一步步地，踏踏实实地去实现，一步一个脚印，不让它有一步落空。"

第二章

梦想于心　专注于行

梦想是信仰，是活着的灵魂。一个人能走多远，看他的灵魂能支撑多久。生活就是要不断地超越，不断地实践，不断地重复，把喜欢的事做好，把能做的事做精，耕耘才有收获，付出才有回报。梦想不是梦，不是嘴皮子的功夫，是一场心灵与现实的斗争，坚持走下去，才能见前方曙光照人。

第一节　矢志报国　青春无悔

一、案例回放

刘启蒙出生在日照莒县的一个贫困的农村家庭，自小黄继光、董存瑞一个个高大的英雄的形象在他的记忆中留下了深刻的烙印，成为军人的种子在他的心中萌发。直到高考填报志愿时，他终于等来了成就梦想的机会，他毅然报考并顺利成为某大学的国防生。

经过大学一段时间的训练，刘启蒙发现理想与现实之间存在着许多差距。外表瘦弱、体质差、恐高，身体上的缺陷让他明显落后于别人，而难以忍受的高强度的训练更让他对自己的军人梦产生了怀疑，甚至产生了放弃的念头。随后，他对待训练开始不认真、不积极。辅导员了解到这些情况后，开始找他谈话。通过交流了解到，这位瘦小的大一新生有着极强的自尊心，还有不服输的性格，心中怀有远大理想，"报效国家、献身国防"的信念从他穿上军装开始，就深深地烙在心中。辅导员对他进行了开导，用往届优秀毕业生的事例激励他，帮助他重新树立自信心，还找到大二的学长帮他进行体能训练。

经过一段时间的调整，刘启蒙重新找回自己的理想与梦想。他认识到，作为一名军人，最大的障碍就是体质差，因此，他加倍努力训练。在一次军姿训练中，骄阳似火，流金铄石，因体力不支，他晕倒在地，但稍作调整又重新归队训练。在刘启蒙眼中，坚持可以击溃一切困难，面前的痛苦不过是过眼烟云。正是凭着这种毅力，刘启蒙的体质很快得到质的飞跃。攀爬12米的云梯，对任何人来说都是一种难以承受的考验，每次训练完后，两条腿都如同灌了铅般沉重，疼痛瘀青是最常见之事。经过艰苦不懈的努力，现在他已成为一名素质过硬的国防生排长，并且连续两年被评为"济南军区优秀国防生"。

作为一名国防生，集训是经常性的。每次训练少则三五天，多则二三十天，自然会落下很多专业课。为了专业学习不掉队，他训练回来有时连训练服都来不及脱，就拿个马扎和台灯在楼道里开始学习。"众人皆睡而我独醒"，一学就到凌晨两三点。功夫不负有心人，他学习成绩和综合测评成绩优秀，曾多次获得国家励志奖学金、英才奖学金。学习发明两不误，在大二上学期，他还与几名科技创新爱好者共同创立了后备军官学院砺剑协会，并担任理事长一职，在他的细心带领下，砺剑协会从寥寥几人发展到100多人。

为了提高自己的专业技能，暑假他都会待在闷热的实验室里进行研究和发明创造，不惧环境的艰苦，亦不惧生活的枯燥。为凑齐零件，他的团队骑自行车几乎翻遍了整个城区。天道酬勤，在全省以及学校科技创新与发明比赛活动中，他所发明的产品多次得到评委的认可，并多次获得奖励。

二、案例评析

（一）案例起因

刘启蒙出生在一个经济贫困的农村家庭，由于从小受黄继光、董存瑞等英雄人物事迹的熏陶，立志长大后要做一名军人，因此，在高考填报志愿时，他毅然选择了国防生。然而，当他来到大学，既不能适应大学生活，也不能适应国防生艰苦的训练。极强的自尊心让他继续"痛苦"地坚持着，但这种坚持是一种折磨，不仅仅是肉体上的折磨，也是心理上的挑战。他虽然严格要求自己，然而刻苦训练并没有得到满意的成绩，于是他对自己的梦想产生了怀疑，并开始自暴自弃。曾经坚韧勇敢倔强的他，遇到了前所未有的迷茫。

（二）案例解决

"流血流汗不流泪，掉皮掉肉不掉队。"这是该校每一个国防生常说的话，是他们不断激励自己前进的口号。但是，刘启蒙身体瘦弱，体质较差，高强度的训练对于这个瘦小的刚刚进入大学校门的学生来说无疑是一种考验与挑战。面对这一切,他经历过彷徨与迷茫,承受了别人没有受过的苦与累。难能可贵的是,他在老师的指导下,及时正确地定好位,明确自己的目标与信念,坚定自己的理想,选择了一套真正符合自己的训练方法,并通过自己的努力,获得成功。

辅导员的教育与引导在他的思想转化过程中起到了重要作用。辅导员正面引导,告诉他军人的职责、梦想的意义。以毕业国防生的事迹感化、激励他,引起他的共鸣。同时,辅导员还找来各方面表现优秀的大二学生,面对面、手把手地进行指导。刘启蒙不仅认识到自己的问题所在,重新燃起希望,找回梦想,同时也找到解决问题的办法和途径。

(三)案例思考

理想信念是人的世界观、人生观、价值观的集中体现。梦想,是学生学习、生活、工作的动力。一个人如果没有梦想和理想,就不会有事业的成功和人生的辉煌。然而,在现实生活中,由于青年大学生的视野还不是很开阔,看待问题、认识问题和处理问题还缺乏足够的理性,当遇到困难和挫折时,往往对自己的梦想和理想产生怀疑,甚至放弃自己当初的选择。刘启蒙的梦想算不上是华丽的,但是,这却是一个真实的、一个真正能够激励他前行的梦想,是一种无尽的动力,一种永恒的力量。在实现梦想的过程中,他是快乐的,是幸福的,但当遇到困难和挫折后,他又无所适从,非常失意,对儿时的梦想产生了动摇。后来,在老师的帮助和指导下,他战胜了困难,成为一名坚强而优秀的国防生。

这个案例提醒学生教育管理工作者,如何帮助学生树立理想和梦想,如何把它作为学生学习和生活的动力,以什么样的方式去体现教育的效果等,是高校大学生思想政治教育工作应该着重解决的问题。

三、对策建议

(一)加强理想信念教育,帮助学生树立正确的人生价值观

《孟子·告子下》中强调:"天将降大任于斯人也,必先苦其心志,劳其筋骨,饿其体肤,空乏其身,行拂乱其所为。"理想信念是一个人世界观、人生观和价值观的体现,是人们生存发展的精神动力和力量源泉。随着中国经济的快速发展,社会结构呈现出多元化的趋势,多元化的文化、日益复杂的价值观带来了诸多矛盾与问题,这使思维活跃的大学生极易受到多方面的冲击,也让他

们在实现梦想的道路上面临着越来越多的机遇和挑战。大学生是社会主义事业的建设者和接班人，是实现中华民族伟大复兴的重要力量。因此，高校要着重加强大学生的理想信念教育，坚持用马克思列宁主义、毛泽东思想和中国特色社会主义的伟大理论成果武装头脑，贴近实际、贴近生活、贴近学生，帮助学生树立正确的人生理想、人生态度、人生责任。同时，还要引导学生正确认识个人与集体、与社会、与国家的关系，将个人的成长成才与社会主义建设结合起来，培养学生崇尚劳动、自强不息、艰苦奋斗的优良品质。

（二）培养学生自信力、坚强的毅力，构筑精神支柱

不忘初心，方得始终。学生结束了高中高压式的学习，自认为面对的是相对安逸轻松的生活，有许多学生会降低学习标准，放松自己的理想和追求，往往产生诸多思想和心理问题。高校应教育家庭经济困难学生，永远都不可忘记自己的本心，放弃自己当初的选择与信念。只要不曾丢失自己的梦想，即使一时遇到困难和挫折，也能成为生活的强者和事业的成功者。要重视学生的心灵教育，注重培养学生的意志品质，培养学生积极健康的审美情趣和坚定的理想信念，引导学生多读书、读好书，用与时俱进的科学知识和文化知识武装头脑。

心之所向，无所不成。兴趣是最好的老师，辅导员要教育家庭经济困难学生，遵循内心的想法，追寻自己的梦想，生命不息，奋斗不止。要让学生认识到，大学生圆梦的最终目的，并不是为了满足谁的期望，也不是为了获取鲜花掌声，而是专注于自己内心的思想，翻越层层高山，达到自己的理想和目标。培养学生健康完美的心理人格是思想教育的重要内容，因此，高校应关注学生的心理健康，提升学生的心理素质。首先要使学生正确认识自我，掌握自我认识、自我评价和自我调控的方法，学会适时调整压力和情绪，以积极乐观的态度对待生活中的磨难与波折；其次，要完善心理咨询服务，全方位"监控"学生的思想动态，积极开展个性化心理咨询，对学生的心理问题进行科学的干预与指导，将心理危害的程度降到最低点；最后，还要积极开展科学有效、丰富多彩的心理素质拓展训练，让学生在灵活多样、生动活泼的活动中敞开心扉，走出心理问题的阴影，在团队合作中获得分享的喜悦。

既然选择了远方，便只顾风雨兼程。经历"千军万马过独木桥"的高考，大学生怀着对大学生活的无限向往与憧憬，步入了大学校园。然而现实与想象有着较大的差异，甚至有着强烈的反差。面临全新的环境，大学新生一时适应不了大学的生活与学习节奏，很容易产生沮丧、苦恼、失落等情绪，进而产生

生活与学习上的诸多矛盾。高校要教育、引导学生尽快适应大学生活，顺利完成由"高中生"到"大学生"的角色转变。要让学生认识到，在实现梦想的途中一定是荆棘满布，放平心态，从最基层做起，厚积薄发是走向成功最有效的方法。短暂的困难不应该成为前进的障碍，要继承先辈吃苦耐劳的精神，开拓创新，勇于担当。与其苟延残喘，不如纵情燃烧像个战士一样去奋斗。中华民族历来提倡艰苦朴素、自强自立，继承和发扬优良的民族传统，促进国家文明建设，既是责任也是使命。

第二节　做西部的美丽彩虹

一、案例回放

小刘出生于一个偏僻而贫穷的山村，自小刻苦努力考上了某所大学。从贫困的小村来到高楼大厦林立巍峨的城市，面对琳琅满目的商品、惊人的物价，小刘感觉自己像被扔进了太空，失去了重心。走进校园，大路两边到处都是汽车、电瓶车、自行车，小刘看呆了眼，这比镇上庙会时存车处的车辆要多得多。已是初秋，同学们都穿着各式各样的外套，可小刘身上还是单薄的小衫，脚上妈妈亲手缝制的布鞋与名牌运动鞋显得格格不入，她感觉同学们都在看她，都在用异样的眼光审视着她。她感到自己生活在另一个世界。

人总有一种寻求躲避的本能。来校后，小刘逐渐失去了在山村时的开朗与活泼，她把自己封闭在虚幻的角落里，通过心理上的成功与幻想来安慰自己。各式各样的课外活动她置之不理，老师讲课她也昏昏欲睡，舍友喊她一起吃饭，她也总是以各种理由推脱。第一学期的学业水平测试成绩远远落后，小刘的自尊心受到严重打击。班里的团支书了解到了小刘的情况，报告给辅导员，通过与老师商定，决定举办一次"励志与圆梦"活动。团支书带领着小刘等同学参加了此次活动。通过活动小刘了解到，有许多和她一样的贫困大学生，没有在贫困中退缩，而是勇敢面对，并通过自己的努力，在学习、创新创业等方面取得优异成绩。小刘的心为之一震，她仿佛突然惊醒，自己上大学的初衷，面朝黄土背朝天的父母，她如此的消沉、颓废对得起谁！

于是小刘开始疯狂地阅读各种书籍，充实自己的大脑；积极参加各种有意义的活动，锻炼自己的能力，她不再孤独，因为她知道在自己困难的时候，有老师、同学支持着她、鼓舞着她、帮助着她。

时光荏苒，大学四年稍纵即逝，又到了该离别的季节。此时，西部计划的号角吹响，2012年7月，小刘怀揣着对西部的美好憧憬，走进了学校西部计划志愿者的队伍，在该校近80名的西部志愿者中，她被选举为"2012年大学生志愿服务西部计划服务队"的团支部书记。西去的列车，载着她的梦想与执着，同时也载着她对未来生活的美好向往，开进了新疆这片广袤的土地。到疆后，小刘被分配到国家级石河子经济技术开发区管委会进行志愿服务，在平凡的服务岗位上，她始终严格要求自己，秉承"奉献、友爱、互助、进步"的志愿者精神，勇挑重担，乐于奉献，不怕苦，不怕累，圆满完成各项工作任务。

2013年12月，小刘成功受聘于开发区经发局工作。2014年6月，她顺利完成转正申请，成为了一名新疆人，一名石河子优秀年轻干部。

二、案例评析

（一）案例起因

小刘由原来的经济"贫困"蔓延到"精神"贫困，是由于没能及时调整好心态所造成的。家庭经济困难学生心理承受能力差逐渐成为社会问题，他们从家乡的佼佼者来到大学的校园，竞争更加激烈，面临贫富差距和能力差距，他们往往失去了自信，迷失了自我。案例中的小刘就是从小山村的佼佼者来到高楼大厦林立的大城市，她感到孤独、自卑，日渐颓废，迷失了自我。特别是考试成绩落后，更加挫伤了她的自信心。

（二）案例解决

为了解决类似小刘这样学生的问题，辅导员举办了"励志与圆梦"等系统活动，通过参加活动，增进同学之间的了解，提高小刘等家庭经济困难学生对"贫困"的正确认识。同学们给小刘提供各方面帮助，在新的集体生活中让她感受到大家庭的温暖，渐渐树立起自信心，获得面对生活的勇气和不懈追求的动力。她甘愿奉献，积极报名参加支援西部计划，秉承"奉献、友爱、互助、进步"的志愿者精神，在西部建功立业，并取得可喜的成就。

（三）案例思考

随着经济全球化日趋加深，各种社会思潮和价值观念冲击着大学生的思想，特别是给家庭经济困难学生带来深刻影响。如何解决大学生理念信念方面出现的诸如政治信仰迷茫、价值趋向扭曲、社会责任心缺乏、心理素质薄弱等问题，是高校大学生思想政治教育工作的首要任务。高校应教育学生坚定中国特色社会主义的理论自信、制度自信和道路自信，锻炼学生体能，磨炼学生心志，发挥"正能量"的教育、引导作用，积极有效地引导学生形成正确的人生观、价值观。

三、对策建议

（一）教育学生要有精神追求

毛泽东曾经指出："人是要有一点精神的。"理念信念是人们所信仰、所向往和所追求的目标。学生如果没有精神追求，生活会浑浑噩噩，人生无目标，学习无动力。要教育家庭经济困难学生，每个人在自己的人生道路上，都有自己的理想选择和精神追求。要改变家庭经济不富裕、生活贫困的状况，必须树立较高的志向和抱负，坚定理想信念，以积极乐观的态度和顽强的意志，努力学习，奋力拼搏，勇敢地朝着自己的理想目标前进。

（二）教育学生要志存高远

邓小平曾经指出："我坚信，世界上赞成马克思主义的人会多起来的，因为马克思主义是科学。"青年一代"立志"就要"立大志"，高校要教育家庭经济困难学生，要将自己的理想信念寄托于人类未来发展的崇高理想和事业上，牢固树立共产主义一定能实现的信心与决心，将个人的发展与人类的共同理想和追求相结合，与当前中国特色社会主义建设事业相结合，与人民的需要相结合。要坚信，大理想才有大作为。

（三）教育学生发扬艰苦奋斗精神，到祖国最需要的地方建功立业

高校要教育学生，发扬中华民族艰苦奋斗的优良作风，根据国家和人民的需要，主动请缨，自觉到艰苦的环境中磨炼意志，砥砺品格，施展才华。家庭经济困难学生由于得到国家资助、学校和社会的教育与关爱，更应懂得感恩和报国。辅导员要关注学生内心的想法和需求，鼓励学生将感恩情怀化作追梦的动力，以广阔的视野，豪迈的气魄，自觉到祖国和人民最需要的地方去建功立业。勇于从我做起，从基层做起，善于从小事做起，梦想于心专注于行，用实际行动成就美好的未来。

第三章

中国梦 我的梦

当代大学生是社会群体中一个比较特殊的部分,他们在思想行为和心理素质等方面具有有别于其他群体的显著特点。特别是家庭经济困难学生,受到家庭经济条件和受教育条件的不利影响,面对社会上不同的价值观和文化思潮的冲击,他们不可避免地遇到了理想信念、心理素质、价值观念上的问题。这些问题是难以回避的,辅导员要科学合理地加以解决。要加强中国梦的教育,社会主义核心价值观教育,培养学生健康的思想理念。

第一节 险入歧途

一、案例回放

文学院的小丽来自临沂市的贫困乡村,艰苦的生活让她倍加珍惜大学学习的机会。刚刚跨入大学校门,她就立志要好好学习,渴望通过自己的努力改变人生。她有自己的日程表,科学安排每天的时间,各项事务处理得井井有条。每节课她都认真听讲,几乎每天早上第一个进入教室学习,晚上往往是最后一个离开教室。她积极参加学生社团活动,积极为同学服务。由于各方面表现优秀,她被同学推举为班长。这是她最开心的一段时光,她高兴于自己的付出得到了老师和同学们的认可。

然而,好景不长,意外的事情发生了。大二的一个周末,她上街买东西,遇到了一个特别热心的叔叔,对她问东问西,还和她一起探讨人生的意义。她感觉这人说话在理,出于礼貌,便和他聊了起来。这个叔叔和她聊了很多,还问她生活上有没有遇到啥困难。当得知她家庭经济情况并不是很好后,还主动提出他所在的组织可以帮助她，并邀请她抽时间到他们的集体听听课，会有很大收获。分开时，叔叔要了她的联系方式。从此以后，陌生的叔叔隔三岔五地给她打电话，嘘寒问暖，还经常让别人给她捎小礼物，有时是一本书，有时是一件学习用品。时间久了，小丽倍感温暖。处于好奇，也处于报恩，有一天小丽打算到该组织去看看。

小丽来到一个小院，屋内坐满了人，不乏有像她这样的年轻女孩。叔叔告诉她，这是一个积极向善的群体，教人向善、帮人解脱烦恼。第一节课，她听得很入迷。临走时，叔叔告诉她集体为她筹集了 3000 元学费，让她放心使用，并邀请她经常来听课。物质上的资助，生活上的照顾，再加上课堂上的引导，小丽很快陷入难以自拔的境地，她加入了"组织"。为了参加"组织"的学习，她开始旷课。"组织"里所谓的听课学习，就是洗脑教育。在她加入该组织一个月后，领导人开始给她分派指标，要求她必须在一月内发展 5 名新成员，并且还向她灌输许多有损社会稳定的思想和言论。经过一个月的洗脑教育，她已经对该组织产生了信任，她把该组织所宣传的内容当成了自己的信仰。她开始感觉上大学没有意义，外面的社会充满黑暗和斗争。她开始向身边的同学宣传组织的教义，还试图拉拢同学加入。她的学习成绩直线下降，班级工作不管不问。她决定放弃考研计划，准备投身于她所谓的"崇高事业"。

老师了解到相关情况，和她进行了一次长谈。老师告诉她，并不是所有的宗教都是教人向善的，宗教并不等同于信仰，告诉她邪教的危害。由于深受该组织的影响，她的思想一时很难转变。老师让她看了相关的新闻报道，讲邪教组织的故事。告诉她如果放弃自己的理想目标和追求，是对自己、对家人的不负责。老师还与其家长进行了沟通，共同做小丽的思想工作。一个月后，在老师、同学的耐心帮助下，她慢慢认清了该组织的真正面目，并向公安部门举报了该组织。她慢慢回归到了正常的学习和生活中来。

二、案例评析

（一）案例起因

小丽是家庭经济困难学生，需要学校和别人的帮助。"叔叔"正是利用了这种心理，给小丽及时提供帮助，并向小丽灌输积德行善思想，让小丽误认为该组织是一个帮助人、关心人的健康组织。她因为接受了陌生人的帮助，误入邪教组织，并把邪教当作自己的信仰。在经过洗脑式的教育后，误入歧途。小丽学习成绩明显下降，班级工作也搁置一旁。不仅影响了学习、工作，而且给所在班级和学院带来不良影响。

（二）案例解决

小丽的反常情况引起了老师的关注。老师与她进行了推心置腹的谈话，结合真实案例和相关的新闻报道，向她说明了宗教与信仰的关系、宗教与邪教的区别、邪教的危害等。在老师的积极引导和同学们的帮助下，她认清了邪教的本质，从沉迷的邪教困境中摆脱出来，重新开始了正常的生活。

（三）案例思考

近年来，大学生中信教人数呈现出逐年上升的趋势。之所以会出现这种状况，主要有两方面原因。

1. 社会宗教信仰人员的宣传和鼓动。在当今社会，宗教正以一种迅猛的速度在我们身边蔓延。很多人因为价值观的迷失转而开始信仰宗教，宗教从而获得了迅速的发展。各种宗教团体利用这个机会加大宣传力度，一些大学生因此加入了各个宗教团体。但部分大学生对宗教缺乏正确的认识，在相关宗教人员的鼓吹下，一些只是因为一时好奇，并非真正的信仰宗教的大学生也盲目加入。

2. 家庭和生活环境的影响。家庭其他成员的宗教信仰往往会对一些大学生产生直接的影响。他们有时在家中从事各种各样的宗教活动，学生在家中耳濡目染，有的与父母一起参加宗教组织活动，接受教育，促使他们产生对某种宗教的信任感。在高校周围环境中，如果存在宗教场所，这也会诱使大学生加入宗教组织。

三、对策建议

（一）要结合大学生的不同特点开展系统科学的理想信念教育

在社会转型期，作为高校应该结合不同年级不同性别的大学生开展分阶段的理想信念教育。通过引导教育，结合实际案例，帮助学生确立马克思主义的信仰，坚定中国特色社会主义的理想信念。同时认真分析不同阶段学生的特点，因材施教，将科学的世界观、人生观、价值观内化于学生成长过程中。对于家庭贫困大学生，要把他们的理想信念塑造融入到对他们的人文关怀中，让他们深刻体会到社会主义的优越性，自觉树立科学的理想信念。

（二）教育学生科学认识信仰问题

信仰是个人对人生观、价值观和世界观的选择和持有。信仰应该是科学的，应该是符合时代潮流的。每个人都是有信仰的，因为每个人都有自己的人生观和价值观，并随着生活经历的增长，人生观、价值观变得越来越清晰明确。宗教并不一定都是信仰，要教育学生准确把握宗教和信仰的区别。

（三）针对特殊学生群体因材施教

对学生中的党员、团员，结合党校、团校教育和重大事件教育，不断巩固和坚定他们的政治信仰。对党团员之外的大学生，加强思想政治理论课的引导。对学生中理想信念淡薄的，采取鼓励其参加各类学生活动，通过学生组织的群体力量逐步引导其转变。在教育阵地建设方面，要结合现代传媒技术，抢占学生的思想阵地，通过强大的正面舆论宣传，弘扬社会主旋律，倡导科学思想理念。

（四）加强管理，杜绝各种宗教组织对在校学生的渗透

加强班级管理，科学统筹规划，加强安全防范措施，不给宗教组织以渗透空间。科学教育引导，杜绝学生将家庭的宗教信仰带入学校。通过丰富多彩的学生活动，传播社会正能量，积极构建健康的校园文化氛围。

第二节　学好外国语，做好中国人

一、案例回放

胡志南是外国语学院的一名大三学生。初入大学时，他学习认真刻苦，积极参加班级活动，是名副其实的学习标兵。此外，胡志南为人热情，乐于助人，老师和同学都非常喜欢他，还被同学们亲切地称为"南哥"。

大二上学期，学院有一个到美国某大学参加交流学习的项目。这让一直渴望出国学习的胡志南非常兴奋，因为平时喜欢看美国电影和电视剧，所以他对美国的生活十分向往。但是，高额的费用让他犯了难。胡志南出生于农村，家庭经济困难，一时拿不出这么多钱。为了凑齐这次出国交流的学习费用，父母把家里的积蓄全部拿出来，他为此还申请了助学贷款。

经过一系列的笔试、面试和资格审查，他终于顺利地获得出国交流资格。胡志南怀着一颗渴望的心来到了美国，国外的一切都让他感到无比新鲜。在美

国交流学习期间,由于缺少家长和老师的监督,胡志南丢失了良好的学习习惯,生活开始变得奢靡腐化,盲目崇拜个人主义。就这样,胡志南在堕落与迷失中结束了在美国的交流学习。

回到母校后,胡志南面对同学们的好奇,便将在美国的生活加以美化,并大肆宣传。他将美国的个人主义当作自由主义,把美国人的生活浪费腐化看作是经济发达的象征,并且把这些错误的观点向身边的同学宣传。在这个过程中,他表现出对于中国当前社会发展怀疑的态度。班委成员将这一情况反映给辅导员。老师在了解相关情况后,开始与他进行谈话。老师从两国历史的发展,近代社会的形成和两国文化的变迁等方面,向他解释两国发展出现差异的成因。老师还着重向他讲解了中国文化在全世界的传播和影响、中国经济的腾飞、中华民族的善良、和谐社会的构建等,用对比法,让他充分认识到中国的优势、中国人的优点。在老师耐心地讲解和帮助下,胡志南开始认真反思自己的观点和行为,认识到了自己的错误。胡志南向老师和同学们真诚地道歉,表示在以后的学习和生活中,一定要坚定自己的理想信念,学好外国语,做一名堂堂正正的中国人。

二、案例评析

(一) 案例起因

由于经常观看美国电影和电视剧,让胡志南对资本主义制度下美国的社会环境、生活方式产生了兴趣和向往。由于该生在思想上不能正确判别资本主义制度和社会主义制度的差异,在政治信仰上不坚定,去美国交流学习的经历,造成他盲目崇奉西方政治价值观,看不到中国特色的社会主义取得的伟大成就。他对美国的宣传和盲目崇拜,在同学中产生一定负面影响。

(二) 案例解决

无限放大的个人中心主义、奢靡的生活、所谓的自由与开放,让他对国外的生活产生了无限向往之情,甚至开始怀疑社会主义道路。针对这一问题,辅导员利用思想疏导法、对比教育法等对其进行教育,引导他纠正错误观念,逐步树立起正确的价值观念。

(三) 案例思考

当代大学生思想政治状况的主流是好的。他们与党中央保持高度一致,对祖国的未来充满信心。但是,也存在一些不良倾向和问题:个人主义突出,以自我为中心；政治信仰迷茫，缺乏社会责任。诚信意识淡薄，投机心理严重。在大学生世界观形成的过程中，需要学校和老师的有效引导，树立起科学的社会主义价值观念。

三、对策建议

（一）将大学生理想信念教育与国情教育、"三观"教育、中国传统文化教育相结合

对当代大学生进行理想信念教育，不能单纯地采取说教方式，而是让学生了解国情，认识社会主义制度的优越性；培养大学生养成科学的世界观、人生观、价值观；"要与中国传统文化教育相结合，充分发挥中国传统文化在增进大学生理想信念教育吸引力、感染力的功能。中国传统文化是以成人的人格完善为价值目标，以贵和乐群为基本价值取向，以推己及人为价值思维方式，以修齐治平为人格修养的实践操作程序。中国传统文化造就了中华民族自强不息的民族性格，培养了炎黄子孙厚德载物的宽广胸怀。积极弘扬和培育民族精神，培养大学生爱国情怀，使他们高度认同建设中国特色社会主义的共同理想，坚定振兴中华民族的信念，有利于大学生群体与社会群体的融合，树立符合中国社会现状的理想信念。"[①]

（二）以中国特色社会主义理论体系教育为核心，坚定学生政治信仰

政治信仰是在一定的政治环境影响下，通过对政治认知对象的了解和深度认知的基础上，产生的情感共鸣以及与其认知相一致的、政治行为倾向的综合的认同体系。对于身心发展都比较活跃的大学生来说，形成正确的政治信仰至关重要，高校教育者要高度重视政治信仰的教育。要对大学生进行马克思主义的熏陶和教育，让学生了解中国特色社会主义道路形成的历史背景和理论依据，了解中国共产党人建设新中国的艰辛历程和伟大成果，增强民族自尊心和自信心。

（三）组织学生参加社会实践，充分发挥社会实践的育人功能

加强对学生社会实践活动的科学组织，搭建第一课堂和第二课堂教育相结合的实践平台，创造条件让学生深入到社区、街道和广大农村，开展支医支农支教等实践活动，不断接受实践的锻炼。同时积极利用各种社会资源，在学生

---

① 刘峰：《大学生理想信念教育的探索与实践》，载《今日财富》，2010年第1期。

开展实践调研的过程中，丰富理想信念教育的形式和内容，实现潜移默化式的理论教育效果。积极开展对家乡和祖国各区域的调研考察活动，以他们的亲身经历，感受家乡和祖国的巨大变化，用实实在在的例证，增强大学生对国家的认同感和自豪感。①

---

① 刘峰：《大学生理想信念教育的探索与实践》，载《今日财富》，2010年第1期。

第四编 04
言必信行必果

　　诚信是社会最基本的道德规范。然而，在当今中国，社会对诚信的要求与社会中诚信缺失现象之间的矛盾日益突出。在高校校园，一些家庭经济困难学生对诚信的认识、态度和行为不容乐观，这些问题主要体现在诚信观念、诚信意识、诚信行为、诚信档案等方面。高校要加强对学生的教育和引导，教育学生身体力行，领文明之先风，把科学认识上的求真精神和做人方面的务实精神结合起来，做到知情意行的统一，引导学生做一个勇于担当、诚实守信的合格公民。

第一章

人之所助者，信也

诚信是社会道德的范畴，是公民的第二张"身份证"，是中华民族的传统美德之一。在当今社会中，部分人诚信美德的缺失引起了社会各界的普遍关注，它不仅是社会生活中人们讨论的一个热门话题，而且引起了学界对诚信意识培养的重视。大学生是国家未来建设的栋梁，是国家未来发展的后备力量。高等院校培育并资助家庭经济困难学生的目的主要是助其成才，而成才必先成人，成人之基乃诚信。因此，高校要教育家庭经济困难学生，积极主动地培养自己的诚信意识，从我做起，诚信待人，诚信做事。

第一节 有其言无其行，君子之耻也

一、案例回放

陈斌，男，大一学生，来自重庆某贫困山区，属于经济欠发达地区，并且家里孩子多，负担重，经济困难。家中姐姐为了供弟弟上学主动放弃学业，并要求和父母一起外出打工，挣钱给弟弟交学费。姐姐的做法激励了陈斌，他积极进取，学习刻苦，发奋努力。在班内他是学习的佼佼者，从小就立下志向，一定要以自己的努力来改变自己和家人的命运，让家人过上美好幸福的生活。苍天不负有心人，高考时，他以全村最优异的成绩考入了某名牌大学。接到通知书的那一刻，陈斌和家人都激动不已。陈斌觉得自己的努力没有白费，考入名牌大学，这是人生美好的开始。

但进入"高手云集"的大学校园后，他很快就发现自己不再是"一枝独秀"，并且与那些见多识广、多才多艺的同学相比，自己在学习上仅存的优越感也已荡然无存。很快,一个学期过去了,学校组织期末考试。上大学之前谈到考试,陈斌向来是喜上眉梢,因为这是证明自己能力和水平的最好机会,然而现在他心里没了底,他不确定自己能不能取得满意的成绩,可是他知道要想拿到奖学金,就必须拿到好成绩。隐约中,他脑海中浮现出一个念头——打小抄,他觉得这是一个"双保险"的办法。但是,自己在考试诚信承诺书上已经签了名,违背诺言又何以做人?一向表现良好的陈斌,陷入进退两难的境地之中,整日惴惴不安,无法静下心来好好复习。他近日的反常表现被舍友看在了眼中,并及时报告给了辅导员李老师。李老师在了解情况之后,与陈斌进行了谈话,陈老师没有批评责备他,而是从侧面问及他的父母工作状况及家庭情况,询问他生活上有没有什么困难,有没有什么需要老师帮助解决的。李老师旁敲侧击地告诉他,成绩、奖学金固然重要,但更重要的是诚信,因为它是做人的根本。

经过和李老师的交流,陈斌意识到了自己的错误,把那些做好的小抄撕得粉碎。从那以后,他静心复习、认真备考,并在期末考试中取得了班级第三的好成绩。

二、案例评析

(一)案例起因

陈斌出生在经济欠发达地区,属于贫困山区,家里兄弟姐妹多,家庭负担重,经济困难。父母无力同时供养多个孩子读书,姐姐主动放弃求学机会,和父母外出打工供其上学,这使陈斌背上了沉重的心理包袱。中学时期学习成绩好,高考成绩优秀,陈斌成为全家、全村的骄傲。但来到大学校园激烈竞争的环境中,他产生不自信的心理,担心考试成绩不好,动了作弊"邪念"。

(二)案例解决

同学的关心是问题解决的前提。同宿舍同学发现陈斌产生考试作弊的想法和行为后,及时报告辅导员,将问题扼杀在摇篮中。辅导员李老师耐心细致的教育和引导,给了陈斌认识错误、反思错误的机会,让陈斌意识到考试作弊和失去诚信的后果及危害。试想,倘若李老师在找到陈斌后直接进行批评教育,势必使其产生反感情绪,甚至是反抗情绪。通过谈话交流,不但有利于问题的解决,而且减轻了陈斌的心理负担。

(三)案例思考

在学习方面,诚信缺失最突出的表现是各种考试舞弊现象。诚信精神的缺乏，不仅是对学生人格的一种践踏，同时也是对高校严谨求实治学精神的一种沉重打击。在高校校园中，有许多学生存在考试作弊的想法，部分家庭经济困难学生为了获取奖助学金，更容易犯此类的错误。他们往往对考试作弊后果的严重性缺乏正确、足够的认识。一旦作弊受到纪律处分，出于爱面子等原因，他们往往出现过度后悔、自责等心理问题。加强考试诚信教育、加大学生作弊惩罚力度、加强失信后果宣传等无疑是学生教育管理工作中的一项重要任务。

三、对策建议

（一）对家庭经济困难学生进行诚信教育，把握好诚信教育的导向标

诚信是中华民族的传统美德。大学生是高校诚信教育活动的主体，其诚信品质的形成得益于理论与实践的共同作用。在对家庭经济困难学生进行诚信教育时，要做到社会与个人价值相互统一，既把握好教育的方向，贴近社会发展形势，又能从学生道德、思想和心理等实际情况出发，加强对学生诚信规范和道德底线的要求，针对学生本身具有独立性、自主性和差异性等特点来确立教育目标的高度。在诚信教育过程中，要实事求是，切忌高喊空大的口号。要以学生能够看到、听到，能切身体会的失信实例为基本点，在此基础上强化学生对失信后果的内在感受。

（二）对家庭经济困难学生进行诚信教育，体现诚信教育的时代性

对家庭经济困难学生进行诚信教育，应当思考在当前时代背景下怎样培养诚信意识并真正践行之。而要做到这一点，就必须强化时代的要求，诚信教育内容、教育方法与时俱进。众所周知，中华民族悠久浩瀚的几千年文明中蕴含着丰富的诚信教育思想，对政治、经济、文化等各方面发展的作用不可或缺。然而，随着时代的发展，社会对诚信教育内容已经提出了新的要求。这就要求教育工作者，在教育过程中，以优秀的诚信内容为立足点，响应时代的号召，融入现代化的内涵。

（三）对家庭经济困难学生进行诚信教育，加强诚信理论到实践的转化

诚信，从本质上而言是人的品格修养，它的培育既需要理论的灌溉，更需要行为的践行。坚持灌输理论与行为践行的有机统一，是提高学生自我诚信修养的主要途径。学生诚信人格的形成必须遵循"诚信观念的树立重在教育，诚信美德的形成贵在明善，诚信规范的遵循旨在修道"的规律，强化个人的自我道德修养，就是要使诚实守信这一基本道德规范深入到学生的思想、学习、生

活和交往中，由道德认知上升为道德情感，转化为道德意志，从而产生自觉的道德行为。① 学校在开展理论教育的同时，还应认真组织校园诚信实践活动，积极拓展诚信教育的第二课堂。作为高校诚信教育推行者的教师要以身作则，时时事事讲诚信，在教学、科研和生活等方面，为学生树立诚信的榜样，用榜样的力量去影响和感化学生。

第二节 自助报亭与诚信考验

一、案例回放

小宇是大一的学生，来自偏远的山村，家里的经济极为困难。父亲因癌症去世，弟弟还在上学，全家就靠几亩田地的微薄收入生活。小宇上大学的费用是全村人东拼西凑的。小宇进入大学以后，身边的同学大都衣着光鲜，在宿舍里同学们谈论各种衣服、化妆品，小宇感觉自己就像是一个异类，与大学里的环境格格不入，班级组织的各种活动她很少参加，慢慢地她与同学们的关系越来越疏远。

辅导员在了解到这些情况后主动与其交谈，在交谈的过程中发现小宇是个自尊心特别强的学生。小宇告诉辅导员，近期班级评选家庭经济困难学生资助金，她没有申请，她认为申请贫困补助会被别人取笑。辅导员意识到，对这类学生进行帮扶，最恰当的方式是采取造血式的资助。因为在这些学生看来，直接资助是对他们自尊心的一种伤害，他们更乐于接受自己辛勤劳动后的成果。当辅导员告诉小宇学校有份"自助报刊"工作时，她显得十分激动。辅导员告诉她，学校定期会提供一定数量的报刊，她只需把报纸放在学校报刊亭，然后放个投币箱，过往的同学取报刊时，把钱放进投币箱内。她每天去取一次钱，月底给报纸杂志社上缴成本费就可以了，利润归自己。听完这些小宇高兴极了，因为这份工作很简单。

她很快上了岗。但第一个月，她只收回了成本费，因为发现有部分同学拿了报刊却没有投钱币。她把这种情况告诉了辅导员。辅导员做了两块诚信宣

---

① 孟三爱：《大学生诚信教育有效性的伦理学思考》，载《湖北广播电视大学学报》，2007年第8期。

传展板,并制作了诚信故事宣传折页放在了报刊亭。第二个月,小宇开始有了利润。第三个月,几乎所有同学取报刊都投了钱币,小宇的利润已相当可观。她不仅能按时交上学费,而且利用赚来的部分钱在学院设立了一个爱心基金,为那些更需要帮助的同学奉献自己的一分爱心。

二、案例评析

(一)案例起因

小宇从小生活在单亲家庭,缺乏父亲的关爱,造成了她性格的缺陷。由于家庭经济贫困,想通过自己的努力去改善,但又找不到适当的解决办法,处于两难境地。辅导员为她推荐了自助报刊亭的销售工作,但由于有些同学不讲诚信,工作开始时她只收回了成本,工作付出没有得到应有的回报,对她心理产生了一定的负面影响。后来在辅导员与小宇的共同努力下,采取有效措施,使销售状况有了较大改善。

(二)案例解决

小宇属于家庭经济困难学生,她经过自己的努力,通过经营自助报刊的办法,解决了经济困难问题,交上了学费。并且她感恩意识强,在解决个人经济困难问题的同时,在学院设立了爱心基金,帮助其他同学。在本案例中,矛盾问题的焦点是有些学生不讲诚信,拿报纸不投钱币,给小宇的报刊经营带来一定的困难。辅导员发现问题后,通过制作诚信宣传展板、诚信故事折页等方法,培养学生的诚信意识,问题最终得以解决。

(三)案例思考

1. 家庭经济困难学生性格上的自闭性,导致辅导员在诚信教育过程中,难以发挥他们自身的力量。小宇性格腼腆,平时不善言辞,缺乏自信,不懂得如何与人交流。单亲家庭导致她的自卑和封闭,使她一直缺乏良好的交际能力。在高中以学习为主的时期,这种能力上的缺乏体现还不明显。但到大学阶段,在学习、生活独立性和自主性较强的时期,这种性格上的缺陷就变得十分突出。与人交往少,思想、学习和生活上的交流就会相对减少。像本案例中,小宇虽然发现有的同学不投币而取报,也知道这是同学不讲诚信的表现,但如何通过自己的努力、说教或宣传,改变这种态势,在她看来特别困难,因此只能向辅导员求助。

2. 如何提高学生的诚信自律意识是高校诚信教育中的一大难题。设立自助报刊亭，在无人监管的情况下，做到投币取报，这是对学生是否具有诚信意识，是否具有诚信自律能力的一个很好的检验办法。通过本案例我们发现，学生诚信观念的树立、诚信习惯的养成靠学生自身的力量是很难实现的，需要学生自律意识的觉醒、学校的管理和老师的教育，形成合力，才能达到较好的效果。

三、对策建议

（一）注重家庭经济困难学生诚信道德认知水平的提高

诚信道德认知，指的是人们对于诚信作为调节个人与社会和他人关系的理论、原则和规范的了解和掌握。[①] 培养家庭经济困难学生的诚信品格，要提高他们的诚信道德认知水平，从个人成败得失等方面加强对诚信的认知和认可。提高学生对诚信内涵的认知，让他们认识到诚信是为人之本、立业之基、立国之要。

（二）加强培养家庭经济困难学生的诚信道德情感

诚信道德情感，是人们基于一定的诚信道德认知，按照一定的社会道德准则，去对照、衡量、评价自己和他人诚信言行时所产生的情感体验。[②] 例如，针对生活中表现出的道德行为不自觉所产生的喜好或憎恶等情感态度。如果不能对善恶是非产生强烈的爱憎分明感情，就不能对诚信产生正确的认识，并进而践行正确的诚信行为。培养大学生的诚信道德情感要从学校和家庭经济困难学生本人两个维度来进行。

（三）磨炼家庭经济困难学生的诚信道德意志

诚信道德意志，是指在诚信认知和诚信情感相统一的基础上，履行诚信道德义务中表现为克服困难、障碍而做出的努力和坚持精神。[③] 诚信认知是诚信意志的基础，诚信情感是诚信意志的方向标。诚信意志可以加强对诚信认知的理解，也可以规范诚信情感并使之水平提高。比如一些大学生明知作弊不对，但为了获取好成绩还是抵不住诱惑；明知拖欠贷款有损诚信，但在工作后却恶

---

① 杨江水：《道德养成规律与大学生诚信品质培养》，载《黑龙江高教研究》，2007年第4期。
② 杨江水：《道德养成规律与大学生诚信品质培养》，载《黑龙江高教研究》，2007年第4期。
③ 杨江水：《道德养成规律与大学生诚信品质培养》，载《黑龙江高教研究》，2007年第4期。

意拖欠等。在这些困难考验面前，意志是诚信行为的天秤，稍有松懈可能会倾向反方。这要求学生要不怕艰苦，经受住各种考验和诱惑，坚守诚信。

（四）强化家庭经济困难学生的诚信道德行为

在对大学生进行诚信教育时，不要一味地停留在课堂，而应该提供更多的考验诚信行为的社会实践活动的机会，并引导学生在这些活动中做出正确的诚信判断，而后通过多种方式，对其正确的行为判断进行强化，并固化为道德行为习惯。

第二章

诚信与尊严

诚信是人类区别于动物而形成文明社会的最重要的标志之一。诚信是中华民族的传统美德,是当代大学生应必备的基本素养和成人、成才的基本准则。解决大学生诚信问题,杜绝非诚信行为,保证社会的持续稳定、和谐发展,需要高校采取多项措施,用诚信知识去教育,用中华民族优良传统去感化,用制度去规范。

第一节 人背信则名不达

一、案例回放

李丽,女,大一学生,来自偏远山村,父亲残疾,家庭经济困难,被学校认定为家庭经济困难学生,并得到学校的资助。在学习和生活上她是个要强的人,有远大的理想,很在乎他人对自己的看法。上大学后,丰富的课外活动让她感到自卑,因为除了学习外,她感到自己什么也不会。她变得沉默,不愿融入集体,她觉得周围的人都看不起她这个家庭经济困难学生。生活和学习中她独来独往,同学们很难见到她的笑容。她总是觉得周围的人在指点自己,对于他人的玩笑总会很敏感,觉得自己在同学面前总抬不起头,更无所谓尊严。

李丽为了改变这种局面,为了自己的自尊心,为了能在同学面前有面子,为了"让同学能看得起自己",她学着用物质去包装自己,掩盖她的贫困。她拿着父母辛苦积攒的血汗钱和学校发放的资助金买时尚的衣服、昂贵的化妆品,请同学吃饭,买礼物,开生日派对,这让她的自尊心得到满足。她用学校收费等各种理由不断骗亲人的钱来挥霍,甚至用伪造的"富二代"身份交男朋友,满足她的虚荣心。但让李丽不解的是，她并没有因此而拥有真心朋友，相反，连舍友也渐渐疏远她。在同学眼中，她成了一个流于外表、高傲、物质的人，在辅导员眼中她由一个志向远大的优等生变为一个逃课、挂科、混日子的学生。

辅导员多次与她交流，告诉她家庭经济贫困不是学生的过错，是家庭客观原因造成的。作为穷人家长大的孩子，更应理解父母的艰辛，珍惜父母的劳动成果。艰苦朴素是中华民族的优良传统，而不是其他同学嫌弃的因素。要通过刻苦学习，诚信做人，通过内在的优秀品质的美来体现自己，才能在同学中树立威信。辅导员还与其舍友进行了谈话，告诉同学们要多帮助、理解李丽。经过辅导员和宿舍同学的交流、帮助，李丽最终认识到自己的错误，也获得了辅导员和同学们的原谅。

二、案例评析

（一）案例起因

此案例属于家庭经济困难学生心理问题典型案例。李丽敏感，自尊心强，独来独往，不与他人接触，这是典型受冷落或性格孤僻心理倾向。产生这种心理倾向的人在与他人交往过程中，经常发生摩擦和情感损伤，引起孤独感、压抑和焦虑；同时缺乏人际交往技巧，把它与物质挂钩，封闭自己的感情世界，这些使她经常处于要求交往而又害怕交往的矛盾之中，最终迷失在自己制造的物质泡影里，走向沉沦。

（二）案例解决

李丽问题的有效解决，主要受益于辅导员老师的引导和同学的关心。辅导员在发现李丽的问题之后及时找其交流，并对其进行正确的世界观、人生观、价值观的引导，使之明白尊严来自人格自身的肯定，而不是外在的物质。同学们的关心和提醒也让李丽认识到，别人的关注点是个人精神世界的丰富，而绝非她所认为的物质上的攀比。

（三）案例思考

造成家庭经济困难学生诚信观念缺失的原因是多方面的。

1. 精神的贫瘠唤起对物质的渴望。

人一旦有了自卑感，就会产生补偿的需要，就是对优越感的追求。对家庭经济困难学生而言，起决定作用的不是外在的诱导，而是对待贫困的态度。物质上的贫困并不可怕，真正可怕的是精神上的贫困。乐观向上的生活态度、坚韧不拔的意志、乐于助人的精神、开拓创新的能力、诚实守信的美德是一个人最宝贵的精神财富。

2. 社会亚文化的消极影响。

社会在进步，人们的生活水平普遍得到了提高，在社会这个大圈子里，人们的人生观、价值观也随之发生了变化。虽然社会主流文化是积极向上的，但个人主义、利己主义和西方享乐主义的思想也在某种程度上阻碍了主流文化的正面导向作用，冲击着家庭经济困难学生的精神世界，失信现象时有发生。

3. 家庭期望的压力。

大学期间，学习带给学生的心理压力相对较大。那些困难家庭的学生，他们能够进入大学已经相当不易。案例中，李丽作为一个家庭经济困难学生，她肩负的压力就比其他人要多得多。长期的压力，使她感到焦虑，并且患得患失，物质上对比让她产生了心理不平衡。敏感、要强的性格使她在亚文化环境的诱导下迷失自己。在大学里，她对很多东西都是陌生的，无知让她挫败，对事物产生错误的理解，走向歧途，失信于人。

三、对策建议

（一）对家庭经济困难学生进行教育，要强化尊严意识，培养个人魅力

很多家庭经济困难学生，由于物质上的劣势地位，往往显得更加自卑、敏感，他们总觉得不受他人尊重，自己没有尊严可言，而这种现象正是自己外表不光鲜、不亮丽所致。如文中的李丽，花大把的钱"包装"自己，希望获得他人尊重。作为辅导员，应该积极引导学生，让他们明白他人的尊重并非来自外表，而是取决于内在素质和人格魅力。

（二）对家庭经济困难学生进行诚信教育，要实施科学的措施和方法

诚信教育是道德教育的重要组成部分之一，其内在规律与践行措施存在着内在的一致性。传统的道德教育侧重于理论上的灌输，而忽视了学生的主体作用，因此，学生往往处于被动的、无意识的接受地位，这也是道德教育长期以来成效不高的重要原因。只有当学生在教育教学过程中积极主动地吸收、构建，才能对诚信的意义与价值有深刻的理解与体会。要想提高诚信教育的有效性，就必须打破以往的说教式的灌输方式，发挥学生的主体作用，激发学生积极参与的主动性。在教育过程中，注重创设问题情境，正确引导学生独立思考、主动探索，进一步增强学生的求知欲望，提高学生的自我意识，鼓励学生在日常

生活中进行自我教育、自我监督。

（三）对家庭经济困难学生进行教育，要加强诚信校园的建设，进一步增强诚信教育理念

校园是学生成长、成才的重要阵地。校园文化影响着个体素质的养成，校园的诚信氛围也同样影响着个体的诚信品质。一方面教师的诚信行为直接影响着学生的诚信水平，所以广大教师要在教学、做学问、日常生活中真正做到"学高为师，身正为范"；另一方面，要创建良好的校园氛围，结合学校实际，加强学术道德规范。要在学校营造"讲诚信光荣，不讲诚信可耻""讲诚信得益，不讲诚信受害"的校园诚信氛围。[1] 此外还应该加强和完善诚信制度的建设，建立大学生诚信档案，拓展完善评价体系，广泛建立舆论监督机制。

第二节　勿以"诚"小而不为

一、案例回放

杨帆自小在农村长大，父母靠种蔬菜大棚为生，很是辛苦。杨帆从小就很懂事，主动帮父母干家务，为他们分担忧愁，村里人对其赞不绝口，夸其懂事。他学习成绩很好，并一直担任班委。经过高中的刻苦努力，杨帆终于考上了向往的一所大学。拿到通知书的那天，杨帆和父母都激动不已，他觉得自己这么多年的努力没有白费，觉得生活是如此的美好。但看到通知书上写着学费5000元、住宿费1000元时，杨帆脸上的笑容凝固了。6000元，是这个家一年的收入。此后几天，杨帆一直闷闷不乐，他的这一变化被母亲看在了眼里，母亲安慰他，学费可以慢慢解决，让他不用过于担心。看着母亲疲惫的背影，杨帆眼中满是心疼和不忍。

有一个当老板的亲戚知道了他的情况后，提出愿意资助他上学，被他婉言谢绝了。因为他有男儿的自尊，想通过自己的努力，解决上学问题。

进入大学以后，辅导员了解到杨帆的家庭情况，主动找其交谈并告诉他学校有一系列针对家庭经济困难学生的资助政策，他可以申请助学贷款，还可以进行勤工助学。听到这些，杨帆开心极了，认为通过自己努力能为父母

---

[1] 蔡红梅：《论大学生诚信教育》，载《现代大学教育》，2006年第4期。

减轻压力。就这样,杨帆靠着助学贷款、在校勤工助学和奖学金缴纳学费并维持日常生活,四年没从家里拿过一分钱,他自己也非常享受这种自食其力的快乐。

然而,在杨帆的内心深处,一直有一个错误的认识。他认为助学贷款是国家应该给予家庭经济困难学生提供的资助政策支持,辅导员虽然反复强调要按时还款,但他一直不积极,还款总是滞后。很快,大学四年过去了,毕业时,杨帆因为优异的成绩和出众的表现,被广州的一家大型国企招聘录用。又过了两年,杨帆有了对象,感情非常好,两人决定结婚。当杨帆去银行准备办理购房贷款时,银行却告诉他不能为其办理,因为他的诚信档案中有不良诚信记录。杨帆很是诧异,心想自己这两年从未办过贷款,而且在校时期的贷款也早已还清,这失信行为从何而来?他要求银行工作人员展示具体的失信记录。银行工作人员告诉他,虽然还上了上学时期的贷款本金,但有几次偿还贷款利息滞后的不良记录,总额为70余元。贷款没有成功,不能买房,婚期只好延后,想到这些,杨帆后悔不已。一天晚上,他给辅导员打电话,让辅导员告诉在校的学弟学妹们,要牢记他的教训,不要因为小事而铸成大错,做一个按时还贷、诚实守信的大学生。

二、案例评析

(一)案例起因

杨帆出生在农村,家庭经济困难,他凭借自己十几年如一日的寒窗苦读换来了一纸大学通知书。他在高兴之余,却面临无力缴纳学费的困难。亲戚知道后想为他提供帮助,但他出于自尊而婉言谢绝,他想通过自己的努力解决自己的问题。辅导员向他介绍国家以及学校的资助政策,帮他办理了助学贷款。但由于不按时还款,出现不良诚信记录,参加工作后不能再次贷款,不能购房,被迫延期结婚,对生活造成了负面影响。

(二)案例解决

杨帆出生在农村,家庭经济收入单一且不稳定,要培养一个大学生实属不易,显然他符合国家资助贫困大学生的标准。新生入学时,辅导员及时了解到了这一情况,使其享受了一系列的国家政策。

杨帆凭借国家对困难学生的资助政策顺利完成学业,并奋发努力,成长成才,毕业后获得了满意的工作。国家的资助政策,对学生的成才发挥了积极作用。

杨帆在享受国家资助政策的同时，由于产生错误认识，贷款后还款不积极，出现不良贷款诚信记录，从而造成他无法再次贷款的后果，严重影响了他的生活。通过这件事，他认识到自己的错误，并主动给辅导员打电话，要求以他的现身说法，对在校大学生进行诚信教育，吸取他的教训，从另一方面，体现了他优秀的个人品质。

（三）案例思考

毕业以后，杨帆虽然偿还了贷款本金，但由于还贷不积极、不及时，出现了失信记录。尽管70多元钱是小事，但通过此事说明他的诚信意识不强，没有真正意识到失信会给自己带来怎样的后果。杜绝此类失信行为的发生，无疑是家庭经济困难学生教育工作中的一项重点工作。同时，国家如何建立针对全体公民的诚信系统，实现信息公开化，建立社会监督机制，是国家和地方政府的一项重要而紧迫的工程。

三、对策建议

（一）提高思想品德的教育水平，以教而育诚

对学生的诚信教育，要倚重思想品德教育及哲学、社会科学等其他课程的开展。通过继承优秀文化传统，发扬优秀传统诚信美德，正视并剖析现实社会中出现的各种不诚信、不文明现象，树立标榜诚信模范，进一步强调诚信是成人、成才之基，是做人、立业之本。通过教育，不断提高学生的诚信意识，强化对诚信意义的认识和价值理解，从而促使学生自觉践行诚信观，打造和培养中国特色社会主义事业所需的诚信人才。

（二）提升校园的诚信氛围，以氛围而化诚

校园环境包括物质环境和精神环境，其对学生的成长发展有着重要影响。学生身处良好的、积极、和谐的学习生活环境之中，才有可能形成良好品质。提升校园道德氛围的建设水平，大力营造一个良好的诚信环境，让学生能够主动地参与到诚信活动中来，启发学生的思想，陶冶学生的情操，学生的道德品质自然提升。学校应将诚信教育与学校各项建设相统一，把诚信教育的实效作为考核各项创建工作的重要指标之一，要充分利用各种舆论、各种形式，广泛开展各种诚信教育活动。切实将诚信教育融入到学生学习生活环境的各个方面，让学生真正做到对诚信肃然起敬。

（三）开展诚信教育活动，以活动育诚

面向家庭经济困难学生，高校应积极组织开展各种有意义的诚信教育活动。如举办诚信问答比赛、诚信教育的讲座、诚信教育主题的沙龙、诚信主题的征文比赛、诚信教育主题的演讲比赛、有关大学生诚信现状调查问卷、诚信教育主题的班会讨论、诚信教育案例评析、诚信案例的短信交流等。学生组织要充分发挥带头作用；学生党员、学生干部要充分发挥先锋模范作用，树立良好的诚信榜样；广大同学应该发扬互帮互助的风范，做到互相监督，共同上进，争当诚实守信的先进。

第三章

人而无信，不知其可也

古人云："人而无信，不知其可也。"人靠诚信在社会上顶天立地、安身立命。然而，当今社会政治、经济等各个领域的诚信缺乏现象屡见不鲜，这不仅阻碍了社会的持续发展，而且也损害了广大人民的利益，对高校大学生，也产生了诸多负面影响。目前，大学生失信问题比较突出，主要体现为恶意拖欠学费与助学贷款、考试作弊、虚假包装求职材料等，这些现象在国内高校较为普遍。高校要坚持标本兼治的原则，努力建设三大诚信体系。一是健全完善社会道德评价体系，提高公众对诚信的认可度；二是促进高校诚信教育制度的完善，建立系统、科学的评价体系，帮助师生树立诚信观念，并发挥高校辐射作用，在全社会营造良好的诚信氛围；三是建立诚信档案，构建"行政主管、统筹规划、校方管理、学生使用、三方共建、社会联动"的管理模式，让学生体会和认识到：对个人的诚信监督与管理，将涉及学习、工作和生活的各个方面并伴随人生各个阶段。以此促使学生践行良好的诚信观。

第一节 以诚立足

一、案例回放

王小梅，女，大学应届毕业生，在校成绩优秀。出身农村，父母均为普通农民，家境贫寒。

小梅凭借自己的努力，考入了某名牌大学，在大学读书期间，成绩也一直名列前茅，但考虑到父母都在农村务农，供自己读书压力实在太大，小梅放弃了考研深造的机会，决定就业，让父母早日过上好日子。小梅是个好强的女孩，学习刻苦努力，虽然家境贫寒靠助学贷款上学，但是从她身上看不到一点卑微，反倒比旁人更有干劲。她不仅学习成绩优秀，还积极参加学生会工作并担任主要职务，多次获得优秀学生干部、优秀学生等荣誉称号。自信以及想要改变生活状态的决心让她决定留在繁华而且更有发展机会的上海。她第一份简历就投给了一家有名的大公司，争取总裁助理的职位。当她接到面试电话的时候，既高兴又忐忑。因为她不知道面试时，自己是应该坦白家境，还是为自己塑造一对"李刚"式的父母。她在学校听同学说，现在找工作不仅要看能力还要看家境，找后门的越来越多，这是一家著名公司，又是总裁助理的职位，小梅心里没了底。

第二天面试，面对考官的问题，小梅应对自如，表现得很好。当考官问到她的家庭状况时，小梅撒了谎，说自己是从青岛来的，父母都是当地地税局的官员，想让她毕业考公务员回家工作，但她希望在上海闯一闯。考官听了，点了点头还露出微笑。小梅虽然心虚，但看见考官的表现，她觉得自己做得没错。果然，第二天她就接到了公司通知，告诉她被录用了。小梅特别高兴，告诉父母这个消息，又要了一千块钱，给自己买了一身新衣服。在公司，她依旧出类拔萃，很多工作刚上手就处理得很周全，她的能力得到了上司的肯定。

然而，关于她的家庭背景却多次露出破绽。同事听说小梅从青岛来，问她关于青岛的事情，她含含糊糊说不清。总裁要去青岛度假，想让她介绍游玩的地方，她也说不出，不禁让人怀疑。一个星期后的某天，小梅突然找到总裁，向其坦白了自己的家境，也说了自己这段时间的煎熬。她告诉老总，自己下定了决心，无论公司让她去留，她都要说出实情。听完这番话，总裁哈哈大笑，说自己早就知道了，已经核实过她的资料，但考虑到她是刚毕业的学生以及出色的工作表现，便决定给她一次改正的机会，等待她主动来承认错误。如果她能做到，便可继续留用，如果做不到，便会被解雇。至此，小梅一颗悬着的心终于放了下来，并经过自己的努力拼搏，在公司站稳了脚跟。

二、案例评析

(一) 案例起因

小梅是个从小出众的孩子，成绩优秀，为了减轻父母负担而放弃考研，直接到上海的一家大公司面试通知。为了提高被录用率，她对自己进行了包装，将自己的家庭伪装成公务员家庭，以换取别人对她的支持。她的愿望实现了，但良心上的谴责使她无法安心工作。经过一段时间的思想斗争,她终于说出了实情。出于对人才的爱惜,公司领导最终原谅了她。

(二)案例解决

其实,小梅这种现象在大学生中时有发生。他们涉世不深,对社会有许多不适应。既想融入主流社会,但又缺乏自信。他们多数是从家长或亲属的口中听说社会怎样,自身对社会了解不够,所以往往对上司和同事隐瞒实情。就像小梅,听同学说面试要靠家庭背景,所以对自己的家庭背景进行了包装。经过一段时间的工作实践,她对社会有了初步了解,并逐步认识到一个人的成功与否,起决定作用的是要看一人的实力和综合表现,所以向上司坦白了实情,并以期得到领导的原谅。领导知道实情后,体谅刚毕业的小梅,又因赏识她的才华,所以给了她一次改过自新的机会,使问题最终得以解决。

(三)案例思考

大学生伪造证件和身份的事件,在高校屡见不鲜。近年来,我国高校实施扩招的政策,提供了更多接受高等教育的机会。同时,客观上导致了大学生就业难的问题。面对严峻的就业形势,很多学生为了向用人单位展示自己的能力,增加录用概率,常常提供虚假的个人材料。近年来,媒体上多次曝光大学生在个人简历过度造假的案例。一个学校出现多个学生会主席,一个班级出现多个班长的情况屡见不鲜。这种不诚信的现象确实给社会以及学生本人带来不良影响。但通过这些事件我们也应反思:这些现象的发生仅仅是学生的责任吗?其实,不难发现这中间反映着三方面的问题:首先是部分大学生不讲诚信;二是社会缺乏监管制约机制;三是有些单位用人不当,往往看重学生取得的各类证书或者仅凭学生的学习成绩录用人员,而忽视了学生的实际工作能力。

就业过程中违约毁约,也是高校大学生不诚信的一个突出表现。面对巨大的就业压力,学生往往会产生巨大的心理压力。为了毕业后不再给家庭增加负担,他们在选择就业单位时往往比较草率,不能理性思考。一般情况下,他们会先找到一个门槛低的单位,先就业再作打算。用人单位一般会和学生之间签订人事协议,于是就会出现这样的情况:当学生遇到更好的工作单位时,他们往往会放弃最初的选择,与签订协议的单位毁约。也有的学生在跟就业单位签订协议之后选择跳槽,甚至会因为违约与用人单位发生争执。这些行为影响了学校声誉和形象,是对高校和大学生群体的伤害。更有一些学生为了能找到自己满意的工作，不择手段，或通过贿赂面试官，或攀亲戚走关系，长此以往，恶化了大学生的择业环境。

三、对策建议

（一）高校要提高思想认识，完善诚信制度约束机制

当前，很多高校对家庭经济困难学生的诚信教育存在不当之处。诚信教育理念过于陈旧，过于侧重智育而忽视德育，教师空谈理论而忽视学生的道德操作。诚信机制不完善，缺乏一套全面而系统的制度引导、约束学生的诚信行为。因此，要进一步加强对学生诚信教育机制的完善，建立健全诚信制度约束机制。使学生明确在诚信考验面前何者可为，何者不可为，并构建起对失信行为的惩戒机制。

（二）做好舆论导向，营造诚信环境和氛围

校园环境对家庭经济困难学生道德素质的培养不可或缺。高校应加强诚信教育和道德教育的宣传力度，充分挖掘一切可以利用的载体，让学生从内心深处明确诚信的重要，使其认识到诚信是一个国家生存发展的基石，是个体内在素质与修养的外在表现，也是个人成长、成才的必备素质。引导学生积极参加诚信方面的活动，让学生在活动中培养和体验诚信道德情感，充实精神生活，遵守诚信规范。

（三）建立家庭经济困难学生诚信档案，完善评估机制

建立合理有效的诚信监督与评估机制。目前，在全社会建立诚信评估机制的条件还不十分成熟。但在高校，人员相对固定，管理相对封闭，完全有条件和可能建立诚信监督与评估机制。要制定一套科学、合理、系统、实施性强的诚信评价机制，对学生在校期间的学习、生活、工作、就业等各方面的诚信情况进行综合评价，并坚持评价结果的公正性和透明度。不定期对学生在校期间的行为进行考核，以此来增强学生的诚信意识，避免诚信教育活动流于形式，使其真正落到实处。建立诚信档案，学生在校期间学业成绩、任职记录、助学贷款记录、奖惩信息等优异表现和失信行为都记录在册，并伴随个人就业流转到用人单位。让学生知道，失信行为将影响到以后的求职、交友、信贷、保险等各个领域，以此达到警示作用。同时，要建立诚信评价保障机制，将学生的诚信情况作为学生的干部职务竞聘、奖助学金的评选、推荐优秀团员入党等工作的重要参考依据。

（四）树立师德风范，重视诚信教育的全过程

高校诚信教育的有效开展绝不仅仅是某个人、某个部门、某个环节的任务，而是需要学校各个部门的通力合作、整体配合，将诚信教育贯穿于学生学习、生活、身心发展的各个方面。教书育人要突出诚信教育，教师要以身作则，树立良好的师德风范；教育管理工作要强化诚信教育，建立诚信道德规范，通过制度建设等，规范学生的诚信行为，养成良好的道德习惯。树立良好的诚信榜样，以榜样的力量去影响和感化学生。同时，教育管理工作者率先垂范，在工作和生活中要时时事事讲诚信，做到"言必信，行必果"，自觉接受学生的监督；服务工作要渗透诚信教育，以良好的服务态度、优质的服务取信于学生，处处守信用、重承诺、践约定。

第二节　以信立本

一、案例回放

秦明，24岁，大学四年级学生，来自农村，出身贫寒。

秦明凭借努力，考入一所很不错的地方大学，选择了自己喜欢的专业，对大学充满了憧憬和向往。但进入大学后，秦明发现自己和家庭经济富裕的同学相比有天壤之别。家庭条件好的同学穿名牌衣服，用名牌手机。自己却捉襟见肘，连手机都舍不得买。通过和同学之间方方面面的比较，他觉得特别没面子。有时候同学好心请他吃饭，他却觉得别人在施舍他，践踏他的尊严。所以同学、舍友之间的聚餐，他基本不参加，总是一个人独来独往，也不与同学交流，导致同学之间关系紧张，慢慢地和舍友间也渐渐疏远，在宿舍几乎成了隐形人。

经过一段时间的思考，秦明决定改变这种局面。为了自己的自尊心，为了"让同学能看得起自己"，他伪造证明材料，向学院递交了因家庭发生重大突发事件而导致极度贫困，需要助学贷款和困难补助的申请。助学贷款申请下来了，他拼命地改变自己的外在形象，穿名牌衣服，买名牌手机、电脑等，以挽回自己所谓的"尊严"。他完全不考虑贷款利息偿还的问题，认为助学贷款是福利，只管借不管还，是"免费的午餐"。他没有把申请而来的助学金用于学习，反而拿着它大肆挥霍。他没有按期偿还贷款，并企图恶意欠缴学费。其他同学都在忙着学习，通过各种途径锻炼自己，他却不思进取，整天沉迷网络，对前途没有计划,更没有规划,整日光阴虚度。

辅导员得知他的情况后,对其进行了教育和引导。告诉他每个人都要有自己的人生目标和追求。人有目标才有学习和生活的动力,才能真正体会到快乐和幸福。整日浑浑噩噩只会葬送美好前程,并使人变得空虚而消沉。经过辅导员的开导,并反思自己一年来的表现,他后悔莫及,决定重新振作,诚实做人。经过一个多月的调整,他的学习和生活步入了正常的轨道,同学之间的关系也有较大改善。

二、案例评析

(一)案例起因

秦明沉迷网络、弄虚作假、借贷不还,用国家补助满足自己私欲的行为是爱慕虚荣、不能正确认知自我、道德诚信缺失、个人主义享乐主义极端泛滥的表现。由于长期家庭经济困难,秦明形成了比较自卑而又自尊心极强的矛盾心理。在这种心理状态下,他无法和同学正常相处,同学间关系逐步疏远,从而给他带来更大的心理负担,进而影响到学习和生活。为了改变自己的现状,他没有采取积极的态度和方式,而是通过弄虚作假,制造虚假证明材料的方式,骗取了助学贷款和资助金,他在诚信的轨道上越走越远。后经辅导员的教育和自我反思与调整,学习、生活才步入正常化。

(二)案例解决

辅导员的教育与引导起到关键性作用。在商品经济的大潮下,弱势群体的心理格外脆弱。高校家庭经济困难学生,在与同学的比较中容易出现心理失衡的情况。像秦明,由于过多的忧虑,他不能快速适应环境,与人交往的能力较差,常常沉默寡言,不能与同学打成一片。他常有不合群、孤独之感,感觉自己和其他舍友没有共同语言。后来在辅导员的教育和引导下,他学会了如何学习,如何规划自己的未来,以积极的态度融入集体生活,同学之间的关系也有了较大改善。

秦明经过失败的教训后,进行了深刻反思和积极调整,在案例解决中也起了重要作用。他本想通过伪造证明材料骗取国家助学贷款和助学金后来改善自己的弱势地位。他买了名牌手机、电脑、衣服,他认为只有这样,自己才能被别人所接受、所尊重。但现实中并没有出现他要的结果,挫败感使他自暴自弃,整日沉迷于网络。经辅导员的点拨和指导,他进行了深刻反思,认识到自己的错误，重新回到现实世界，改变了原来的想法，并积极投入到学习和生活之中。

（三）案例思考

在高校，像秦明这样的现象并不少见，是由多重因素造成的。

1. 自身原因。出身于经济困难家庭的他，在面对新的环境和新的生活时，没有积极应对，而是采取了封闭、欺骗、放纵等方法，试图让自己在新的环境中获得尊重，但事与愿违，说明他的心理格外脆弱，并产生错误认知。

2. 学校原因。许多高校只注重科学文化教育，而忽视对家庭经济困难学生思想道德素质的教育，致使学生诚信意识和诚信观念薄弱。学校教育功能的弱化，导致学生心理"畸形"发展，产生了"高智商、低素质"的现象。学生的世界观、人生观和价值观得不到正确的引导，在当今相对开放的社会大环境下，渐渐迷失自我。

3. 社会原因。随着市场经济的发展，存在的弊端日益暴露，当今社会不良风气，如：攀比、享乐、个人主义盛行，并逐渐向高校渗透；腐朽、暴力、畸形等社会风气使得部分学生的人生观、价值观、世界观发生改变，导致学生道德观念发生扭曲，诚信渐渐缺失。

因此，如何帮助学生树立正确的诚信观，以改变自信心缺失、意志薄弱、人际关系紧张等现状，是高校教育管理工作者正确面对并亟待解决的重要问题之一。

三、对策建议

（一）完善机制，营造有利于家庭经济困难学生诚信形成的社会环境

法国思想家卢梭曾提出社会进步与道德堕落的"二律背反"理论。确实，在当今中国，市场经济的快速发展并没有带来人们思想道德素质的相对提高，反面出现"诚信危机"等道德滑坡现象。社会环境对高校的影响是深刻而巨大的，因此，要营造有利于学生诚信素质养成的社会环境。一是要进一步完善市场竞争机制，为诚信观念的确立创造良好环境；二是要在全社会范围内建立起以诚信为核心的符合社会主义市场经济要求的伦理道德体系；三是要加强社会主义核心价值观教育。

（二）创新思维方式，开展丰富多彩的诚信教育实践活动

在校园内开展各种形式的诚信教育主题活动，根据不同的对象，突出不同的主题，增强教育活动的针对性，使学生在形式多样、内涵丰富的活动中增强

对诚信的感悟和理解，并与生活实际紧密联系。同时，面向社会开展有条理、有针对性的社会实践活动，进一步推动社会诚信体系的建立。

（三）加强双向沟通，实现家长与学校的良性互动

家庭经济困难学生的诚信教育不仅仅是学校一方的职责，更需要家长的密切配合。家庭成员尤其是父母要注重自身诚信修养的培养、良好诚信行为的实践。要为子女树立良好的诚信榜样，从点滴做起，从小事做起，要做到言传身教，为子女优秀诚信品质的培养营造良好的家庭环境。学校还应与家长形成良性的互动，定期向家长反馈子女在校的诚信行为表现，激发家长参与子女诚信行为培养的热情，及时掌握学生的思想动态，共同营造学生诚信成长环境。

第五编 05
知恩图报

　　《牛津字典》给"感恩"一词下的定义是："乐于把得到好处的感激呈现出来且回馈他人。"《现代汉语词典》的解释是："对别人所给的帮助表示感激，是对他人帮助的回报。"感恩是一种处世哲学和生活智慧，它体现的是人们对生活的热爱和希望。对于家庭经济困难学生来讲，感恩更是学会做人，成就阳光人生的重要支点。正如科学巨匠霍金，世人推崇他，不仅仅因为他是智慧的英雄，更因为他还是一位人生的斗士。在面对苦难的时候，一颗感恩的心会赐予一个人战胜困难的勇气和力量，苦难将会成为一个人的财富，成为前进的动力。

第一章

母爱如水　父爱如山

父母儿女心，天下第一情。每个人都在父母的教育和爱护下一天天长大。是父母的爱给了自己力量和勇气，父母的爱是每个人一生中所经历的最伟大、最无私的爱。羊有跪乳之恩，乌鸦有反哺之情，父母的养育之恩值得每个人用生命去珍爱，用至诚的心去感激，用切实行动去报答。

第一节　向阳花开

一、案例回放

李阳出生在东阿县一个普通的农村家庭，身患先天性大疱性表皮松懈症。这是一种发病率不足几万分之一的先天性疾病，而且没有治愈的可能。这导致她的皮肤非常脆弱，轻微摩擦就反复起水疱，每天都要用大量的药物擦拭身体来控制病情的恶化，否则会又疼又痒。每年的医药费需要上万元，全家仅仅依靠给工地拉石料、石粉的父亲微薄的工资维持生活。一家人穿的衣服都是从亲戚家"捡"来的。为了上学，李阳舍不得多花一分钱，妈妈给她买香蕉，她都觉得浪费。为了圆女儿的大学梦，母亲咬牙决定放下家中的一切，陪着女儿来到了大学校园，照顾她的饮食起居。对于李阳这样身患疾病的特殊困难学生，学校为其开辟"绿色通道"，安排了一间单间宿舍，方便母亲照顾她。并在平时进行多方关怀：帮她申请助学金，减轻家庭负担；组织班级同学成立"小葵花"爱心服务队，在日常生活中为李阳提供尽可能的帮助，使其解除思想上、生活上的后顾之忧。

李阳学习的是会计专业，她真诚热爱着这个专业。虽然长时间的学习、运动会带来严重身体不适,如:一旦长时间用眼,便会出现眼睛红肿、看物模糊等症状;长时间写字,手上的皮肤便会脱落,疼痛难忍;长时间站立、运动时,腿部酸痛、颤抖……但她没喊过一次痛,没有怨言,没有消极的情绪,她从未停止追逐梦想的脚步,并用行动时刻奋进着。"努力不一定成功,但放弃就必定失败。"这是她对自己的要求,也是激励自己奋进的标尺。她制订了合理的学习计划:必要的课前预习,认真的上课听讲,积极的课后复习,并且合理地安排一切课余时间。"同样的时间,别人写五个字,可我有时连一个字也写不完。"身体的缺陷阻挡不住她那颗事事追求完美的心,再多的读书笔记也一个字一个字地坚持写完,整理得有条不紊;再多的错题纠正,也一道一道地整理,并整理得一目了然。苍天不负苦心人,经过不懈努力与拼搏,终于,她取得了出人意料的优异成绩:学习成绩和综合测评成绩分列全班第 2 名和第 1 名,并顺利考取了会计从业资格证书和计算机二级等级证书。她被评为 2012 年度"校十大优秀学生",荣获 2012 年度"全国大学生自强之星提名奖",荣获"校长奖学金""国家励志奖学金""国家助学金""燎原励志一等奖学金"校级"一等奖学金"等。

　　李阳从不抱怨命运的不公,她始终怀揣着一颗感恩的心。"没有母亲,就没有我的今天!"她曾多次说,母亲是她生活、求学的动力,唯有学习能改变自己的命运,唯有努力学习才能报答母亲这笔永远还不完的"亲情债"。此外,她也忘不了老师、同学们给自己提供的贴心帮助,她以自己的方式表达着感恩之情。在"李阳事迹专题报告会"上,她将自己的励志经历和生活经验毫无保留地向学弟学妹们传授,以此鼓励大家努力学习,共同进步。为了精心准备稿子,她花了整整两天的时间亲自写下每一句要告诫学弟、学妹的话。报告会结束,她成了大一新生的"知心姐姐"。虽然她的身体承受不了长时间的站立行走,但她仍然积极参加社会实践活动。"别人为我付出了许多,我也要尽自己最大努力去帮助他人。"李阳如是说。为了践行自己的诺言,在寒暑假期间她为留守儿童辅导功课,与老人聊天,为社会做一些力所能及的志愿服务工作。

　　她勇敢地与病魔决战,坚持自己的理想、努力拼搏,向命运做斗争。艰难的人生经历让她懂得好好地珍惜人生,尽情地拥抱生活。她喜欢向日葵,喜欢它的灿烂,喜欢它昂扬的姿态,她用自己瘦小的身体演绎了"向日葵"般的人生。毕业典礼那天,校长亲自为她颁发了毕业证,全场响起雷鸣般的掌声。

二、案例评析

（一）案例起因

家庭遗传因素造成李阳身体的先天不足，给学习和生活带来困难，是案例的客观因素。李阳虽身患残疾，但她有理想、有抱负，母亲永不言弃，帮助女儿追求梦想，是案例的主观因素。

（二）案例解决

母亲的精心呵护，李阳与命运抗争的进取精神，圆了她的大学梦。学校的关爱以及辅导员的指导和帮助，促使她健康成长。同学的帮助，让她时刻感受到大家庭的温暖，获得学习和生活的动力。

（三）案例思考

1. 《诗经》云，"哀哀父母，生我劬劳。"父母的爱是人生中经历的最伟大最无私的爱，母亲给了李阳最宝贵的生命，也给了她无微不至的照顾和关怀。是母爱支撑着李阳永不放弃，努力与病魔斗争；是母亲给了李阳信心去面对困难，面对人生。她和母亲相依偎一路走来，让人们感动于这世间最真挚的亲情。

2. 在因病致残的李阳身上，人们看到了她对生命的热爱，对阳光的追逐，对人生的感恩。对于爱自己、帮助过自己的人，她心存感激。她自强不息，与命运抗争，以优异的学习成绩回报母亲；她帮助学弟学妹、帮助留守儿童，以自己力所能及的力量回报学校与社会，她以自己的方式践行着"感恩"。

三、对策建议

（一）对大学生进行"孝"文化教育

百善孝为先，孔子曾说："天地之性，人为贵。人之行，莫大于孝。"孝文化作为中华民族的传统美德，可以说是几千年来社会生活中的基本道德规范，在培养人们优秀思想品德方面起到重要作用。以孝道为核心的传统孝文化，是我国传统文化的基点，维护了家庭与社会的和谐、稳定。然而，在当代大学生群体中，"孝敬父母"这一传统美德却逐渐被淡化甚至忘却。例如：有的大学生盲目追求享乐，伸手向父母要钱不顾及家庭经济条件；有的大学生对父母提要求、耍脾气、顶撞父母；更有甚者，大学毕业后成为"啃老一族"。面对这一状况，高校亟待加强对大学生的"孝"文化教育，将之作为学校德育的切入点和出发点，从感恩父母升华为感恩社会、感恩人生。

（二）以典型教育法，提高学生感恩意识

像李阳这样事迹突出、代表性强的家庭经济困难学生先进典型，是高校应该大力推广的。用身边的人、身边的事，教育引导广大家庭经济困难学生自立自强、自我教育、自我发展。具体而言，一是加大宣传力度，通过召开事迹报告会、主题班会等多种形式，大力宣传先进典型事迹，深入挖掘学生先进典型的精神内涵和时代意义，深化典型的影响力。比如李阳面向新生做"向阳花开"——李阳事迹报告会，现场300多名新生深受感动，集体起立含泪向李阳致敬。二是创新宣传形式，可以根据大学生的群体特点，采用网络、飞信、QQ、微博等方式广泛传播典型的先进事迹。也可以将典型事迹进行一定的艺术加工，改编为小品、话剧等作品，以艺术的魅力感动人、鼓舞人，增强先进典型的吸引力和感染力。例如：学生自导自演了小品《小葵花服务队，志愿者在行动》，就是以李阳的事迹为蓝本，受到了师生的称赞。三是主动向新闻媒体推荐大学生先进典型，全力配合新闻媒体进行采访报道。李阳的感人事迹，被山东卫视公共频道"今日报道""慈善真情"栏目专题报道，并引起广泛的社会反响。

第二节　父亲的背影

一、案例回放

刘丽生活在一个单亲家庭，在她5岁时，母亲因癌症去逝，从此她与父亲相依为命。父亲未上过学，靠地里的微薄收入及养猪、打零工还清了母亲生病时欠下的医药费，并支付她的学费。没有文化的父亲不会在学习上教导她如何上进，但他质朴、勤劳、善良、不折不挠供女儿上学的品德一直伴随刘丽成长的岁月，让她做到自尊、自强、自立，像蒲公英的种子一样，落到哪里，便在哪里生根、发芽、顽强地生长。父亲是她生命中最重要的老师，在照顾她健康成长的同时，教育她要成为一个知恩图报的人。

进入大学，学校知道了刘丽的家庭情况后，给她安排了勤工助学岗。在学习之余，她还做家教，从未向家里要过生活费，为的是给家里省点钱，减轻一下父亲的负担。在校她积极努力，担任院学生会副秘书长，并一直担任班级宿管委员，学习成绩优秀，曾荣获校级"一等奖学金"，荣获校级"宿管先进个

人"、校级"军训先进个人"、校级"优秀团员"等荣誉称号，并成为一名共产党员。

然而"树欲静而风不止，子欲养而亲不待"。父亲如山似海的养育之恩她还没来得及报答，噩耗传来——2010年的一天下午，刘丽接到村里婶子打来的电话，父亲在建筑工地不慎从脚手架上坠落，已紧急送往医院，由于摔伤了头部，父亲从此瘫在了床上，再也无法站起。

为了给父亲治病，也为了能照顾父亲，刘丽想到了退学打工。辅导员了解到她家的情况，一方面积极开导刘丽一定要完成学业，完成父亲的期望；一方面发动全院师生为刘丽父亲捐款治病。当捧着老师和同学们为她筹集的1.22万元捐款时，刘丽被深深地感动了，决定留在学校完成学业。

从此，父亲由家中的亲友轮流照顾。她每周回去一次，给父亲讲自己在学校的生活、学习情况，激励父亲不要气馁。2012年，刘丽毕业后进了一家大型国企，她把父亲接到自己的宿舍，每天精心照顾，公司领导和同事们也被她的事迹所感动，在工作和生活上为她提供方便，她成了公司的"小名人"。

由于心怀感恩，刘丽工作勤奋努力，在日常生活中经常热心帮助同事，得到领导认可和同事们的一致好评，参加工作第一年，她被评为单位的先进工作者。

二、案例评析

（一）案例起因

刘丽从小失去母亲，仅靠父亲一人辛苦劳作来支撑整个家庭，生活非常艰难。父亲突发事故瘫痪在床，家庭失去经济来源，本就贫困的家庭雪上加霜。刘丽作为家中独生女儿，处于继续学习还是专心照顾父亲的两难境地。

（二）案例解决

首先，刘丽入校之后，学校和老师帮她安排了勤工助学岗，引导她勤学苦读，为她提供了生活上和精神上的支持与帮助。在得知她的家庭变故后，老师和同学们又悄悄地为其捐款，默默地关心、爱护、支持她，使她得以继续留在校园，完成学业。其次，由于刘丽无法一直在家照顾父亲，亲友向她伸出了援助之手，帮助她照顾父亲，让她感受到亲人的温暖。再次，刘丽在父亲的身体力行、言传身教之下，养成了自立自强的坚韧性格，克服重重困难，顺利地完成学业。

（三）案例思考

1. 在高校校园，单亲家庭非常普遍。有的是父母一方去世，有的是父母离异。他们的家庭经济基础本就比较薄弱，再加上家庭的变故，经济情况更加困难。这些学生进入大学后，不仅要承受家庭经济困难带来的各种压力，也要承受家庭变故带来的心理创伤。重重压力之下，单亲家庭学生容易出现心理问题。

2. 目前，我国社会救助体系中还没有专门针对单亲家庭的帮扶政策。单亲家庭所产生的一系列问题，比如经济困境、子女的心理抚慰，只能是靠单亲家庭自身的努力来解决。不过随着社会认知的发展，再加上单亲家庭群体日益壮大的客观现实，在北京、上海等大城市，人们已经意识到了关心单亲家庭的重要性，纷纷成立了相关机构，从咨询与社会服务的角度来为单亲家庭服务，给予他们更多的理解、关怀和支持。社区及妇联基层组织也已开始关注单亲家庭，并建立社区社会支持及救助网络。① 但从全国范围来说，这些社会性组织机构发挥的效用仍是杯水车薪，无法形成制度性的保障。单亲家庭受益面、受益程度均十分有限。

3. 我国高校学分制不完善。为了解决经济困难，有的单亲家庭学生想通过自己的努力，缩短在校学习时间，尽快毕业就业。但目前，我国高校所实施的学分制，基本上规定了学生的固定修业年限。虽然也实行弹性学制、放宽修业年限，但真正能实现提前毕业的学生并不多见。在校学习时间和毕业时间安排方面，学生自主权相对较小。

三、对策建议

（一）要进一步加强对学生的感恩教育

当前，在一些家庭经济困难学生身上出现了感恩意识淡薄的现象。这个问题从家庭角度来讲出于以下原因：一是在繁难的生活压力下，家庭经济困难学生的父母无暇或无心与子女进行深入的沟通和交流；二是家长觉得家庭的贫困造成了子女在物质上的缺乏，对子女怀有愧疚之心，所以宁可自己省吃俭用，也要去满足孩子的要求，形成溺爱。这就使得部分家庭经济困难学生因为自己出身贫困而对父母一味埋怨，把父母的辛劳和付出当作是一种义务，对父母缺乏感恩意识。不懂得感恩父母，就更不会去感恩他人。只有深刻体会到父母对

---

① 王世军：《单亲家庭贫困问题》，载《浙江学刊》，2002 年第 1 期。

自己的爱，能够感恩父母，才能善待他人，回馈社会。因此，在高校感恩教育中，教育者必须与家庭经济困难学生的家长建立有效联系机制，使家庭教育成为学校教育的有益补充。

（二）要进一步完善社会救助体系

单亲家庭无疑是当前社会中的一个弱势群体。我国应进一步加强国家政策的支持，社会福利部门等应加强团结对单亲家庭的援助。在建立中国社会保障制度中，有必要将单亲家庭专门予以考虑，制定一些特殊的规章制度，比如为单亲家长提供技能训练和就业机会，在经济上应给单亲家庭一定的保证，适当免征单身家长的个人所得税等等。① 此外，要充分发挥基层社区、妇联组织群众基础广泛、灵活性强的优势，在帮助单亲家庭方面发挥积极作用。

另外，从案例中也可以看出，亲朋好友也是单亲家庭获得帮助的重要途径之一。从社会学的角度来看，亲友是一个家庭关系最密切的群体之一，能够主动伸出援手，为单亲家庭提供物质和情感上的帮助和支持。

（三）高校要加强对特殊家庭学生的关注

特殊家庭学生往往会产生以下问题：一是难以融入群体，人际交往能力差。单亲家庭经济困难学生由于在生活中失去了父亲（或者母亲）的关爱，往往会产生极大的不安全感、自卑感和孤独感，从而使这部分学生害怕甚至排斥与人交往，宁愿独自一人。二是心理严重失衡，仇富心理突出。单亲家庭学生在面对家庭经济好的学生时，其仇富心理会比普通的家庭经济困难学生来得更强烈。他们常常会产生，你有钱都是靠父母，而我的家庭父母有一方是缺失的，两个因素共同作用，使单亲学生更容易有不平衡的心理。② 三是严重自卑导致"爱慕虚荣"。有的单亲家庭学生，为掩饰自己因为家庭特殊和经济困难而产生的自卑感，往往会用购买高档用品、经常请客吃饭等行为来粉饰自己的家庭状况。所以在高校里，常常会出现这样一种不良现象：家庭经济困难，但是学生在校期间各项消费水平却不低，因为单亲家庭的家长出于一种补偿心理，情愿自己吃苦受累，也会想尽一切办法满足孩子的要求。

对此，高校要把心理疏导放在首位，要教育学生自强、自立、自信，使他

---

① 王世军：《单亲家庭贫困问题》，载《浙江学刊》，2002年第1期。
② 包懿：《高职院校单亲贫困生资助情况分析》，载《佳木斯教育学院学报》，2012年第11期。

们努力克服自卑感、不安全感，帮助他们走出心灵的阴霾，融入班级大环境。这是一个长期的、持续性的工作。一方面要教育学生打破传统资助工作中养成的"等、要、靠"思维定式，另一方面又要让学生感受到来自学校、老师的帮助和关怀，对未来充满希望。因此，勤工助学岗位的设置在大学生资助工作中就显得极其重要。它不只是简简单单地给学生一个工作岗位，以此减轻家里的经济负担，勤工助学本身就是一种感恩教育。参加了勤工助学的学生，通过自己的劳动实践，给自己赢得自尊的同时，也会对学校产生自发的感激之情。同时勤工助学岗位的设置使广大家庭经济困难学生通过岗位招募、上岗、考核、评比，用自己的劳动获得相应报酬，可以体验自强自立、服务社会的重要价值。

第二章

投之以桃　报之以李

古人云"滴水之恩，涌泉相报"，感恩是中华民族的光荣传统。感恩，是一个人对自己与他人和社会的关系的正确认识，不仅是一种情感，更是一种人生境界的体现，是人生观、价值观和世界观的体现。只有懂得感恩，学会奉献，才会真正懂得尊重，领会责任，人类社会才会多一分理解和宽容，多一分和谐和温暖，多一分真诚和团结。也只有具备感恩之心和健全人格，并勇于承担责任的人，才能肩负起中华民族复兴的伟大重任。

第一节　社会关爱　慈孝天下

一、案例回放

2012年9月，郑忠伟和其他新生一样来到了大学，不同的是，他背着卧病在床的母亲一起来到大学。

郑忠伟出生于一户极其贫寒的农家，一岁时父亲便去世了，大伯帮母亲抚养他长大。作为一名贫困农民的儿子，他早已懂得一粥一米来之不易，早已习惯朴实而简单的生活，对他来说一切都是那么平凡与自然。上高中前，家里还勉强过得去。在他上高一的一个周六，母亲突发脑出血倒在田间，从此瘫痪在床。母亲病倒后，大伯一人扛起了家庭重担。然而，祸不单行，仅仅一年后，同样的不幸降临在了年迈的大伯身上。面对卧病在床、生活完全不能自理的两位老人，郑忠伟在无助的哭声中寻找坚强的力量。他独自扛起了整个家，曾经深夜两点去田间收割麦子，也曾半夜十二点在农田浇地；他曾在天未亮时冒着寒风去学校参加考试，也曾在回家路上因天黑差点与车撞上……但是，这一切都没能挡住他的脚步，他一步一步摆脱命运的羁绊，朝着自己的梦想前行。

在这样艰难的环境下，他一边照顾亲人，一边自学，最后以572分的成绩考上了大学。他的事迹在热心人的帮助下，被新闻媒体广泛报道。在学校和社会的大力帮助下，郑忠伟实现了带着母亲上大学的梦想。他一边学习，一边照顾母亲，生活虽然忙碌，但他从没有耽误过一节课。他课上认真听讲，课下及时预习复习。不懈的努力换来了优异的成绩，他获得了"国家励志奖学金""一等奖学金""移动奖学金"。

在班主任的鼓励和支持下，郑忠伟积极加入班委，成为一名生卫委员。每天他都会和值日生一起做好班级卫生工作，为同学们营造整洁的学习环境。他还参加了爱心社团，积极参加公益活动，每逢节假日都要向曾经给予过自己帮助的人送上真挚的问候。他常说，自己能够带着母亲上学，得到了学校、社会各界的热心帮助，他会尽自己所能，为他人献出一片爱心，回报学校，回报社会。郑忠伟的事迹在高校和社会传为佳话，并被中央电视台播报，他被评为2012年"山东十大慈孝人物"。

二、案例评析

（一）案例起因

郑忠伟出生于贫寒的农村家庭，父亲早逝，生活本就艰辛。母亲和大伯相继瘫痪在床，郑忠伟无奈从高中辍学照顾病人。但他凭借自己的毅力，边干活，边照顾家人，边自学苦读，终于考上大学。放不下唯一的亲人，他决心背着母亲上大学。

（二）案例解决

1. 郑忠伟用自立和自强诠释了什么叫青春，什么叫成长。当贫穷遇上了疾病，当至亲遭遇了瘫痪，双重的灾难没有折断他飞翔的翅膀。他勇敢地承担起责任，顽强地同命运搏斗，执着地追求理想，最终实现了自己的大学梦。

2. 社会各界的热心人为郑忠伟遭遇的不幸而唏嘘，更为这个少年的坚强和孝心而感动，纷纷伸出援手帮他实现梦想。

3. 在学校和老师的关怀与帮助下，他不仅能够带着母亲上大学，性格也变得更加开朗，积极参加公益活动，感恩回馈社会。

(三)案例思考

1. 当郑忠伟决定辍学照顾两位亲人的时候,他自己还只是一个少年,当同龄人还在父母怀里撒娇的时候,他已经勇敢地承担起了本该由一个成年人来承担的责任。面对困难,郑忠伟选择了坚强和不屈;面对重病的亲人,他选择了不离不弃。对"90后"这一代温室中成长的大学生来说,孝顺、感恩、自强不息的郑忠伟为他们做出了良好的榜样。

2. 刚进入大学时,面对艰难生活的压力,郑忠伟虽然坚强,却变得有些沉默寡言,不善言辞、不喜交际,习惯把什么事情都放在心里。班主任及时发现了这一情况,多方鼓励支持他参加集体活动,特别是引导他积极参加公益活动,在回报社会、回报他人的过程中,自身也得到了锻炼和发展。

三、对策建议

(一)高校家庭经济困难学生感恩教育要深化为一种世界观、人生观的教育

案例中郑忠伟感激母亲和大伯养育之恩,不惜辍学也要悉心照顾他们,当自学考上大学后,亦将病母带在身边不离不弃,这是一种朴素的、自觉自发的感恩图报的意识,在"90后"大学生中是非常难得的。高校在加强感恩教育的同时,应引导学生将感恩的思想和理念转化为人生观、世界观和价值观,并在实践中践行。可以通过心理健康教育或者班主任一对一的长期指导,让学生了解、认识自己,在勇于承担责任的同时,逐步培养他们利用自身的知识和能力去回报社会的意识,不断增强其社会责任心和使命感。在班级的日常管理中要帮助和鼓励他们锻炼自身的各方面能力,让学生在深深感受到学校关怀的同时,不断注重自身思想道德和综合素质的提升。

(二)通过开展主题教育活动,不断增强学生的感恩意识

高校可以利用工作方式灵活多变、教育内容紧贴时代精神的优势,有侧重、有针对性地开展系列主题教育活动,不断强化感恩教育效果。比如结合中外传统节日,如母亲节、父亲节、感恩节、教师节等,开展以"孝""爱"为主题的感恩活动;邀请杰出校友、专家教授等现身宣讲,与学生交流互动,直扣心灵;鼓励支持勤工助学学生"每月一元捐",自愿捐赠自己的劳动报酬帮助有需要的人等,通过这些活动,逐渐唤醒和培养学生的感恩意识。

(三)拓宽育人途径,教育引导大学生践行感恩

高校应该多方拓展更多实践渠道让学生去感恩,为学生创造感恩的机会和

途径。比如有些学生不善于言语表达,可以引导学生通过一张贺卡、一封感谢信、一个电话、一个短信等,或者利用QQ、微博以及博客等一些方便有效的手段来表达自己的感恩之情;可以依托学生会、班级等各级学生组织,在开展丰富多彩的校园文化活动中传递感恩教育的内容;可以结合不同专业特点引导学生积极参加社会实践,学生不仅将专业知识学以致用,而且增加了参加感恩教育活动的兴趣;还可以通过社团等,广泛开展爱心志愿活动,让学生在实践活动中感受自身的存在价值,在服务他人和社会的过程中不断感悟感恩的意义,在行动中将个人感恩意识转化为感恩行为。

第二节 感恩在心口难开

一、案例回放

据《楚天都市报》报道,"襄樊5名贫困生,受助一年多,没有主动给资助者打过一次电话、写过一封信,更没有一句感谢的话。他们的冷漠,逐渐让资助者寒心。湖北省襄樊市总工会、市女企业家协会联合举行的金秋助学活动中,主办方宣布:5名贫困大学生被取消继续受助的资格。"[1] 被取消资助的学生中,来自湖北保康山区就读于哈尔滨某大学的段东仁(化名)是最后的知情者。当记者驱车6小时来到他偏居山区的家中时,头发花白的父亲以为暑假留校的二儿子闯了祸,从竹凳上弹了起来。段父有些愤愤不平,"我的娃不是个不懂报恩的人。他知道心疼父母,但从来也没给我们写过信。"段东仁学习特别刻苦,这让他们再苦也有盼头,"不是报恩是啥?"

"我没接到任何通知。"接受南方周末采访时,段东仁在电话中说。2006年10月,他曾与资助者通过一次信,之后再无联系。他没有手机,家里也没电话。今天,他仍称"一辈子感激阿姨,是她在最困难的时候帮了我"。"可能是我们的情感表达方式与城里人不一样。"段东仁回忆起去年跳的集体舞,也许这能让资助的女企业家们感到欣慰——当时,台下的家长与资助者,许多双眼睛泪光闪动。但对这群贫困的孩子,则是尴尬、自卑,甚至屈辱。捐赠仪式上,阿姨把装着1000元的信封递给他,问候了几句,便离去了。这项一对一交流的环

---

[1] 李剑军等:《襄樊5名贫困生受助资格被取消》,载《楚天都市报》,2007年8月22日。

节，总共不过两分钟。在他看来，农村娃的感恩方式，就是"努力活出名堂来"。他竞选当上了校科技创新协会副部长，还是学校新建展厅的解说员，接待校内外前来参观的学生、家长和领导。①

二、案例评析

（一）案例起因

作为高校校园中的一个特殊群体，家庭经济困难学生在长时间的经济重压下，往往会形成自卑、内向的性格，并导致在人际交往、参加集体活动等方面严重缺乏自信，不敢表达、不会表达。所以，他们虽然清楚地知道国家、社会和学校对自己的帮助有多大，也非常想感恩，但是却不知道应该怎样去表达，只能把感恩藏在心底。

（二）案例解决

媒体的关注使全社会都聚焦高校家庭经济困难学生的感恩问题，也使学生不感恩的背后深层原因得以深度分析，从而有助于今后有针对性地开展家庭经济困难学生感恩教育工作。对于感恩的具体方式，学生和资助者有着不同的认知，只有站在彼此的立场上相互体谅、相互理解，才能够真正地实践"感恩"。

（三）案例思考

1. 市场经济的高速发展带来了社会贫富差距拉大的现实，家庭经济困难学生在成长过程中往往因贫困遭遇各种困境。他们目睹父母辛苦劳作，却依然改变不了贫困的家境，心理素质和处世方法难免会受到一些影响，在看待资助问题时也难免会出现一些偏颇。比如有些学生把接受资助当作"理所应当"的事，认为"国家的钱不用白不用""资助我的都是企业家、有钱人，做些慈善事业也应该"或者认为"是我学习成绩好，才会得到资助，这是我应得的"。甚至还有些学生将自己的成绩差、不思进取归因于家庭贫困，埋怨获得的资助少。怀有这种心态，不知感恩也就不足为奇了。

2. 案例中企业家的慈善捐助行为无疑是值得赞赏的，但是捐助实施的方式却有待商榷。不仅是在这一个案例中，我们经常从各类媒体上见到家庭经济困难学生接受资助的镜头和画面：那些接受资助的大学生排成一排，站在媒体的

---

① 潘晓凌、成希：《襄樊"感恩门"事件追踪贫困大学生被终止资助背后的心理困境》，载《南方周末》http://www.southcn.com/，2007年8月30日。

闪光灯和摄像机面前，手里捧着一个大大的红包，上面写着接受资助的数额。为了得到资助，他们需要配合各类采访，在公开场合向领导、企业老板等表达自己深切的感激之情。他们一再地被推到公众的视野之中，作为"贫困生受资助"的典型，被人们传为"美谈"。这对于本来就存在自卑心理的家庭经济困难学生无疑是雪上加霜，对他们敏感的内心是一种温柔的伤害。

三、对策建议

（一）加强对家庭经济困难学生的感恩教育

就目前而言，高校感恩教育某种程度上属于一种由于中小学教育缺失而大学补偿型德育，① 因而，不能要求一蹴而就，要注重循序渐进，从基础开始，首先着力于培养大学生的感恩意识，将本应是在小学、中学时候进行的感恩教育补偿回来。加强大学生感恩教育，积极引导大学生学习和弘扬我们中华民族传统美德，并将之与弘扬新时代精神有机结合，激发家庭经济困难学生的感恩之心和报恩之情，使感恩意识内化成为自身的一种信念和行为准则。

（二）加强对家庭经济困难学生的心理辅导

通过专业的引导和帮助，如：在新生入校时开展心理健康普查、建立家庭经济困难学生心理档案、进行团体辅导、举办心理讲座和心理沙龙等，及时掌握家庭经济困难学生的心理健康状况，及时解决他们存在的心理问题，引导其以积极的、阳光的心态面对各种挫折和困难。一方面，要让学生认识到经济上的贫困只是暂时的，只要自立自强、勇于奋斗，经济贫困是完全可以战胜的。不要把贫困仅仅当作一个包袱，更要把它当作一种促人上进的精神动力。要好好把握来之不易的上大学的机会，学好知识、逆境成才，心怀感恩、回报社会。另一方面要引导家庭经济困难学生正确认识社会和他人对自己的帮助，这绝不是一种居高临下的施舍，而是出于真情实意的善举。要帮助这些学生转变心态，消除自卑，树立战胜困难的信心，认识到感恩是一种健康的心态，更是一种积极的生活态度。

（三）让家庭经济困难学生有尊严地受助

我们在各级各类助学金的评选和认定过程中，首先要确保评选工作公平、

---

① 梁勤儒：《丛飞事件的反思——从学生工作的角度谈高校的感恩教育》，载《青年研究》，2006年第2期。

公正、公开,把助学金评给最需要的学生,使助学金的资助效用最大化。其次,在评选和认定的过程中一定要注重人文关怀,注意保护学生隐私。特别是一些企业捐助后,希望知道自己捐助的学生是谁,钱用到哪里去了,这属于正常要求,但考虑到学生的感受,可以考虑把受助者名单和详细资料信息控制在一定范围内。当然家庭经济困难学生也要不断调整自己的心态,对接受资助有正确的认识。

第三章

铭记母校　勿忘师恩

母校是学生成长的摇篮，给了学生最需要的知识、最实用的学习技巧，把学生最宝贵的青春放大。而母校老师们奉行"春蚕到死丝方尽，蜡炬成灰泪始干"的传统师德，默默耕耘在三尺讲台，用心血和智慧精心哺育着莘莘学子。在学生的成长中，无不凝结着教师的辛勤劳动。学生应牢记母校与师长的恩育，荣校报国，矢志不渝。

第一节　知恩之殇

一、案例回放

10月19日晚上11时，要熄灯了，大学喧闹的宿舍楼渐渐安静下来。406宿舍的男生都准备考研，在苦读一天之后，也准备就寝。班主任刘老师抽查夜不归宿者，他推门进来："人都在吗？""都在。"传来室长的回答。"好，大家休息吧。"刘老师准备离去……

然而，正在这宁静的一天就要结束的时候，一件令整个学校震惊的事情发生了。

"啊……"伴随着尖叫，宿舍门被猛地推开，里面跑出人来，沿着楼梯上下一阵惊呼。左邻右舍的学生们纷纷涌了过来，只见刘老师浑身是血倒在地上，人事不省。等到120赶来时，证实刘老师被刺为重伤。而小李事发后一直呆立在原地未动，直到警方赶到才被带走，他使用的是一把水果刀。

谁也没有料到，一向斯文老实的小李向班主任挥出了刀。同寝室的同学目击了整个过程，他说："前后就是几分钟的事情。"之前小李和刘老师发生了口

角,他听到了如下的对话:

小李问:"以前每次评助学金都有我,为什么这次没有评给我?"

刘老师说:"因为班里的小张同学家里突然出了变故,父亲车祸去世了,这次把助学金评给了他。而且上次你用助学金的钱请客吃饭,一次就花了一半多的助学金,这样还怎么再评给你!"

"刘老师准备出去,小李用手去拉刘老师,不让他走。刘老师把他推开,他就突然拿出什么东西来向刘老师身上刺去。"仍在惊恐中的小卢回忆说。

事后经了解,小李家境贫寒,父亲打工致残失去劳动能力,哥哥辍学把上大学的机会让给了他,家中仅靠母亲操持几亩薄田糊口度日。在助学贷款政策下,小李顺利来到大学,之后班主任了解到他的家庭情况,积极帮他申请助学金。然而在大三时由于交了女朋友,出于"要面子"想法,把当时得到的助学金请朋友吃饭为女朋友庆贺生日。得知他的行为,班主任刘老师取消了他本次的助学金评选资格。此时正值女朋友提出与他分手,他将此事迁怒于班主任,迁怒于没有评上助学金,一时冲动,铸成大错。

二、案例评析

(一)案例起因

小李家境贫寒,在国家助学政策帮助下顺利上了大学。因为爱面子,挥霍助学金为女友庆祝生日,导致被取消了评助学金资格。女友分手,迁怒老师,认为是老师不评给他助学金所致,冲动下挥刀将老师刺为重伤。

(二)案例解决

小李进入大学后,在班主任的帮助下申请到助学金,从而能够顺利进行学业。体现的是国家助学政策,学校、老师对小李这样的贫困学子的悉心关怀与帮助。虽然小李因为自己认识偏颇、一时冲动,酿成了大错,但是他今后的人生路途还长,在他为自己行为恶果承担责任的同时,亲友、学校、老师、同学、全社会应该给予类似的学生以重点关注,帮助他们早日获得灵魂的救赎与新生。

(三)案例思考

1. 古人说"天地君亲师""师者如父母",今人说"教师是人类灵魂的工程师",尊师重教作为一种深厚的民族心理底蕴,是我国悠久的历史文化传统。从社会心理学看，刀砍教师需要穿越更多的道德伦理的幽暗通道。① 在本应是象征文明的大学校园里，小李冲动下制造了这起令人震惊的案件，不得不令人反思——为什么小李在拿起刀的时候，忘记了进入大学后，班主任刘老师曾经是如何热心地帮助过他？在这起案件中我们看到的是关于爱的感恩教育的失败。

2. 在小李因为爱慕虚荣，挥霍助学金取悦女友的时候，如果班主任对于小李再多一些引导教育，而不是简单取消他的评选助学金资格；或者在小李失恋后，及时发现他的心理变化，有针对性地进行开导关怀，或许这起惨案就不会发生。在校园里，如果缺少温暖的师生关系，缺乏及时的心理沟通，漠视基本的法律观念，抛弃厚重的文化传承，就等于在不知不觉中在文明的土壤里埋下了悲剧的邪恶种子。

三、对策建议

（一）注重感恩教育在师生间的交互性

最成功的教育莫过于对心灵的塑造，最深刻的交流沟通莫过于思想的交流、心灵的沟通。感恩教育可以说是一种情感的渗透和积累，成功的感恩教育需要师生在教育过程中共同感悟和体会。作为教育者，应当扑下身子，放下架子，走进班级，走进宿舍，走进学生当中。既当教育者、管理者，又当服务者、学习者，以心博心，以情换情，循循善诱。任课教师可以有意识地结合自己所讲授课程的特点，深入挖掘课程本身蕴含的感恩教育因素，通过自己的言行示范，使学生在获得专业知识的同时，"潜移默化"地获得理念、情感、意志上的教化和熏陶。高校辅导员、班主任作为学生在校期间接触最多、关系最紧密的老师，更是责无旁贷，要身体力行地去引导和教育家庭经济困难学生，帮助他们树立起感恩意识、责任意识和自立自强意识，并通过实践将感恩回报的感情和意识转化为具体行为。

（二）注重感恩教育的持续性与体系化

家庭经济困难学生的感恩教育是一个长期的过程，不可能一蹴而就，因此建立感恩教育的长效发展机制显得异常重要。首先，高校必须把家庭经济困难学生的感恩教育纳入学校德育工作的整体规划。充分发挥高校大学生思想政治

---

① 社论：《学生杀师是文明教育的悲剧》，载《新京报社》http://epaper.bjnews.com.cn/html/2008~10/30/node_1.htm，2008年10月30日。

教育的整体优势，全校各学院、各部门统一思想、协调规划、齐抓共管、形成合力，把学生的感恩教育同日常性的人生观教育、价值观教育、心理健康教育等紧密结合起来，引导学生知恩、感恩、报恩。其次，高校应该把感恩教育纳入课程体系。第一课堂在学生的教育过程中发挥着无可替代的作用，可以通过开设感恩教育课程或系列讲座，让感恩教育走入课堂，走入学生的心灵。在课程讲授过程中，要注意加强相关学科间的相互渗透，充分挖掘各学科蕴藏的感恩教育思想，将感恩教育贯穿于知识传授的全过程，贯穿于学生学习成才的全过程。再次，高校要建立感恩教育的科学评价机制。科学的评价机制具有检查、督促作用，能检验教育的实际效果，并能及时发现问题，促使教育工作不断改进和完善。对于高校的感恩教育而言，缺乏明确、清晰的评价，缺乏激励，对于心存感恩的学生来说，会对感恩产生质疑。对不知感恩的学生也没有任何的教化、制约与触动。因此，高校应该在遵循学生认识发展客观规律的基础上，结合具体的行为评价，逐步形成较为完善的学生感恩教育实效性评价体系。

第二节　创业有成　感恩母校

一、案例回放

2004年9月，寒门学子小章在助学贷款和学校资助政策下顺利进入了大学。他分外珍惜这难得的求学机会，在学校就读期间，连续两年获得学校三好学生、优秀学生干部，并获得一等奖学金，还曾获得市优秀共青团员称号。2006年，他光荣地加入中国共产党。

2007年毕业前夕，由学校推荐，他应聘到上海一家公司实习。三个月的实习期，他下工地，跑市场，吃苦耐劳，谦虚上进，一年左右的时间就被提拔为销售经理，开始带团队，并创造了辉煌业绩。2008年底，他独自一人开始到南京自主创业，成立了自己的公司。从公司成立的第一天起，他就做好了吃苦和拼搏的思想准备，来到一个陌生的城市，曾经相当长一段时间租房子、打地铺。由于他肯吃苦、能拼搏，仅五年时间，公司发展到拥有员工30多人，年产值3000万元。

为回馈母校，帮助更多的家庭经济困难学生，从2008年起，他在母校设立奖学金，赞助学生社团活动，参与学生实习、就业指导，举办创业讲座，支持母校大学生教育培养、实习、就业工作。他几乎每年都要回母校,并且公司招聘的员工均为母校近几年毕业的优秀学生,目前也均为公司的骨干。从就业到创业,小章的成功得益于他在校期间勤奋刻苦的学习和素质能力培养上的严于律己,得益于他在创业初期流下的辛勤汗水。更可贵的是,他在奠定自己事业的基础上,时刻不忘母校,用自己的实际行动感恩母校,为母校献上一分又一分真情。

二、案例评析

(一)案例起因

学校的帮助使小章得以顺利求学,心怀感激,他在上学期间努力学习,成绩优异、思想品质过硬。母校为他争取到了实习发展的机遇。创业成功不忘回馈母校,不遗余力积极推进母校的发展,为学弟学妹们做出了良好的榜样。

(二)案例解决

1. 在上学期间母校帮助他克服经济困难,得以完成学业。对他精心教育培养,积累了丰富的知识和能力储备。

2. 能够顺利就业是提高学生对母校满意度的重要指标之一。学校积极帮助他拓宽就业渠道,推荐他到公司实习就业,从而为他今后的创业奠定了坚实的基础。

3. 经济的帮助、精心的培养和推荐就业使得小章始终深深感念母校之恩,并在创业成功后,以各种方式回馈母校。

(三)案例思考

1. 热爱母校是学生良好情感的表现之一,它反映了学生个体与母校的依存关系,是学生对在校生活的亲切感、认同感和幸福感的集中体现和情感升华。[①]当前,多数家庭经济困难学生能意识到是学校的助学体系和政策为他们顺利完成学业提供了经济保障,是学校的帮助使他们可以和同龄人一样在校园里学习科学文化知识,从而能够珍惜来之不易的学习机会,自强不息、发奋成才,并能够在毕业后为社会、为母校做出力所能及的贡献。但是也有部分学生表现出对学校感恩意识淡薄,认为学校帮助学生是理所当然,自己受之无愧。

---

① 胡小东:《加强大学生爱校情感培养的途径》,载《西南民族大学学报》,2008年第8期。

2. 家庭经济困难学生感恩母校不仅仅是在校期间对母校的深切热爱，更是毕业离开母校后的实际行动。这些行为主要体现为：爱岗敬业，发扬母校精神，在本职工作中做出优秀成绩和突出贡献；感念母校恩情，积极宣传母校，自觉维护母校的声誉和尊严；时刻关注母校的发展，为母校的发展献计献策，提供力所能及的支持与帮助；关心母校学生的发展与成长，通过捐赠、资助、合作等形式，推动母校的人才培养工程建设；等等。

三、对策建议

（一）加强以人为本的教育模式

在日常的教学、管理过程中，充分贯彻"一切为了学生，为了一切学生，为了学生一切"的教育理念，从学生的成长、成才出发，坚持以人性化的教育方式对待每一位学生。特别是在对待家庭经济困难学生时，要尊重学生的家庭、个体差异，努力使本就敏感自卑的他们，深切感受到来自学校和老师的温暖关怀，从而促进自我的全面健康发展，激发学生对母校感恩之心、反哺之情。

（二）加强校史教育

加深对母校历史的了解，可以从心理上有效拉近学生与母校之间的距离。因此，学校可以通过加强对家庭经济困难学生的校史校情教育，帮助他们更好地了解学校的历史和文化，了解学校的奋斗与发展，认识到不管是一个人还是一所学校，只有自强不息才能赢得未来，从而进一步促使他们自觉地把个人的成长成才同母校的发展结合起来。同时，深入了解母校历史，也有益于增强他们作为学校主人翁的自豪感和使命感，激发其日后为母校做贡献的积极性和主动性。

（三）充分利用校友资源

校友是高校一笔丰富、生动、宝贵的育人资源。他们曾见证母校的发展，同在同一片校园中，留下青春和奋斗的足迹，留下眼泪，更留下快乐。他们的事迹，往往能引起在校学生强烈的共鸣。因此，高校要通过校庆、校友聚会、在各地建立校友会等形式，广泛联络各界、各地校友，并邀请有同样经济贫困经历、现已成功成才的优秀校友返校为家庭经济困难学生做报告，讲述自己当年如何在母校帮助下战胜贫困的心路历程，讲述自己的艰苦奋斗历程、成功创业道路，以及成功后对母校的感恩之情。通过这样的活动，为广大家庭经济困难学生树立良好的学习榜样，使之更加深刻地体会到母校对于自己的拳拳关怀、殷殷期望，如此一来，对母校的感恩回馈之情便水到渠成了。

第六编 06
业精于勤

教书育人是高校教育的根本职能，高校学生资助工作也应紧紧围绕"育人"这个中心开展。由于家庭经济、生理、心理等方面的原因，家庭经济困难学生在学业方面面临着诸多压力和困难。同时，家庭经济困难学生之间也表现出较大的差异性。有一部分家庭经济困难学生能够自强不息，努力克服困难，发奋学习。但也有一些家庭经济困难学生由于受到家庭、地理、经济和社会各种资源的限制，知识、能力、素质较低，造成认知偏激。高校建立完善的助困育人体系，加强思想政治教育和心理健康教育，做好学业导航，进行分类指导，营造良好的育人环境和灵活的管理制度，是提升家庭经济困难学生学业成绩的重要途径。

第一章

榜样的力量

榜样作为人们行动的典范，具有普遍性、多样性和示范性，榜样的力量是巨大的。在高校，许多家庭经济困难学生进入大学之后，自强不息，克服生活上的困难，发愤图强，取得优异的学习成绩，获得诸多奖学金。高校发挥榜样的力量，将他们自强不息的精神和事迹化为正能量，激励家庭经济困难学生刻苦学习，励志成才，是对学生进行有效帮扶的重要措施和手段。

第一节 "蜗居"飞出金凤凰

一、案例回放

又是考研成绩公布的时候，某高校的一个宿舍六名同学全部考取研究生，她们是梁丽静、栾琼、任思嘉、白晓倩、王霞、李培培，分别考取了湖南科技大学、太原理工大学、华东理工大学、浙江大学、天津科技大学、辽宁石油化工大学。其中，栾琼、白晓倩和任思嘉被国家211工程大学的重点学科录取，其余三人也是知名大学的重点学科。梁丽静五岁时，父亲去世。栾琼哥哥和妹妹都在上学。任思嘉父亲有尿毒症，常年住院治疗。白晓倩父母双双下岗，靠卖菜维持生活。她们四人均为家庭经济困难学生。

星期四下午，校长在校学生工作处处长、学院辅导员的陪同下来到该宿舍，寻问她们考研录取情况，未来的打算。化学化工学院毕业360人，共有两个宿舍的全体成员考取了研究生。另外两个宿舍6人考取了5人，这是考研成绩最好的学院，校领导将该院的学生宿舍作为走访的重点。

校长与同学们促膝交谈。学生向领导汇报入学后如何做好自己的学业规划，如何树立学习目标，学院的老师如何指导，自己遇到过什么样的困难、如何解决的等。从同学们的话语中，感觉不到他们因家庭经济困难而带来的压抑，反而感觉到一种积极向上的力量。校长对他们自强不息、刻苦努力的精神表示赞扬，并鼓励他们在今后的学习和工作中继续发扬这种精神，坚定理想和奋斗目标，永不言弃。

做好新生入学工作，是培养学生专业兴趣、树立良好学风的关键。刚入学的时候，辅导员通过《新生登记表》初步了解本班家庭经济困难学生的情况，而这个宿舍就有四人被认定为家庭贫困学生。辅导员为此特别关注这个宿舍，经常与学生谈心，了解她们的家庭情况，向她们讲解国家、学校的资助政策，并鼓励她们，家庭出身无法选择，但未来的路可以自己选择，国家、社会、学校会提供各方面的帮助。希望她们珍视大学美好的时光，抓好学习，体谅父母，快乐生活。

四载春秋，她们形影不离，情同姐妹，在生活和学习上互相帮助，齐头并进。同在一个班级、一个寝室，六姐妹都坚定了一个共同的理想，共同踏上了考研之路。在那些考研复习的日子里，她们每天早上一同去教室自习，晚上一起回寝室，一起谈论各自遇到的难题，相互鼓励，日复一日，不曾懈怠。"三人行，必有我师"，她们共享考研资料，采用相互提问的方式检验学习的效果，任何一道难题都是她们查漏补缺的好时机。她们所报的考研辅导班和买的辅导书不尽相同，这让她们获得了更多的学习资源，并在众多资料中去粗取精，提高效率。在学习中，她们不是"两耳不闻窗外事，一心只读圣贤书"，时常出去逛逛街，放松放松心情，劳逸结合，并且对作息时间有严格的规定，大家都不搞疲劳战术，用最饱满的精力去学习，花费和别人同样的时间，学习更多的东西。六姐妹结合自己的状况选择合适的学习方法，相互交流英语、政治复习经验，取长补短。对于以后的生活，姐妹们表示唯有准备好最持久的毅力、最自信的心态，积极面对困难、得失坦然，才能迎接属于自己的更加灿烂的明天。

二、案例评析

（一）案例起因

本案例中，宿舍内六名成员中有四人家庭经济困难，一人是单亲，一人是家里孩子多而且都在上学，一人是家长因生病没有劳动能力，一人父母下岗靠低保生活。进入大学，她们需要来自学校、学院以及老师的关怀，更需要同学、特别是同宿舍同学的理解和帮助。

（二）案例解决

六朵金花全部考研成功，首先源于学校和政府给她们提供了助学贷款、国家助学金和勤工助学岗，解决了她们的后顾之忧；其次是辅导员对她们的关心和鼓励，还有同宿舍同学在生活、学习上互相帮助，早树立学习目标，一起奋斗，相互鼓励。最终六朵金花砥砺奋进，全部实现考研愿望。

（三）案例思考

通过六朵金花这一案例我们可以看出，高校营造良好的学习、生活、育人环境非常重要。学生只要刻苦、努力，无论家庭条件如何，都能公平竞争，取得骄人成绩。同时也发现在家庭经济困难学生的教育与管理工作中存在的一些问题。

1. 学生宿舍作为高校管理的最小组织单位，在学风建设、校园稳定、自我管理等工作中起到重要作用。不同学生个体间的学习、生活习惯，会给其他同学带来正面或负面的影响。当矛盾难以调和时，有些学生会出现极端行为，给其他人带来不良影响和伤害。

2. 宿舍文化对学生起到潜移默化的作用。定期组织学习型宿舍、考研型宿舍评比活动，能让学生身临其境，感同身受，起到很好的激励作用。家庭经济困难学生需要学校和老师的帮助，更需要宿舍同学的鼓励。

三、对策建议

（一）帮助家庭经济困难学生做好学业生涯规划

高校应为家庭经济困难学生配备专门老师，开展师生"一对一"的帮扶和教育。专业老师可以从专业角度对学生的专业学习、发展以及就业进行指导，就大学生活的规划设计进行指导和帮助，并在今后的实施过程中予以监控和实时指导，提高学生的专业认同感。辅导员可以从学生的生活、工作等方面多加指导，发现问题和困难及时予以解决，促进学生和谐、全面发展。

（二）开展榜样示范教育，帮助学生树立正确的世界观、人生观和价值观

发挥榜样示范作用是大学生思想政治教育工作的重要方法之一，旨在帮助广大学生树立正确的世界观、人生观和价值观，促进学生思想道德素质、科学文化素质、身心素质的协调发展。先进典型具有鲜活性、生动性、亲切性，能让学生实实在在地感受到榜样的力量。榜样给其他学生带来的心灵震撼和极大

的共鸣,成为学生在学习、工作及生活中奋发向上、顽强拼搏的强大推动力量,能起到事半功倍的教育效果。

(三)发挥学生宿舍的带动作用

良好的宿舍文化不仅能让家庭经济困难学生感受到宿舍同学之间团结协作、相互关心、相互帮助的氛围,更重要的是得到心理上的支持。因此,高校应通过优秀学习型宿舍评比、宣传考研宿舍学生的先进事迹等树立榜样,激发学生的学习动力,弘扬互助学习、共同努力的精神。通过宿舍文化建设和活动的开展,为学生创造相互关怀、共同成长的良好环境和条件。

第二节 笃志好学

一、案例回放

徐国庆,来自山东菏泽成武县一个贫穷农村家庭,经济拮据,生活举步维艰。在他很小的时候,父亲双目失明,先后进行数次手术治疗,效果不佳,不仅花掉了家里的积蓄,而且欠下许多债务。在他上小学时,父亲再次病魔缠身,其母亲在经历了这些波折之后变得越来越脆弱,每日的生活琐事和繁重的劳动使她患上了神经性头痛和颈椎增生病,本来贫困的家庭雪上加霜。

经济上的压力,加上学习、工作各方面追求完美的性格,徐国庆终于难堪重负,病倒在床。辅导员及学院领导去医院探望,当时他脸上坚强的笑容给大家留下了深刻的印象。他是班长,热爱所学专业,勤奋刻苦,态度端正,成绩优秀,工作认真,后来通过努力成为学生社团联合会主席。作为学生干部,尽管日常活动较多,工作占用了不少学习时间,但他能处理好学习与工作的关系,每次考试成绩都排在班里前几名。在国家、学校的关怀和帮助下,他先后荣获国家励志奖学金、全省慈善朝阳助学基金、一等奖学金等荣誉,大大减轻了家庭的经济负担,让他更有信心和勇气面对大学和未来的生活。他非常珍惜国家、学校给予的资助,在支付了学费和伙食费后,他将剩余的钱用来买一些专业的书籍与课外书开阔视野,增长见识。除此之外,为了提高各方面能力,他还积极组织并参加学校、学院的各项活动,在活动中表现突出,获得多项奖励和荣誉。他利用寒暑假时间,积极组织并参加各项社会实践活动,被国家省市级媒体报道,取得了良好的成效。毕业时,他考取了北京师范大学的研究生。

二、案例评析

（一）案例起因

徐国庆从小父亲双目失明，为了治疗眼疾花掉了家里的积蓄，并欠了很多债务。小学五年级，父亲再次病倒，家中接连不断的不幸致使母亲也患上了劳作病。贫困的生活经历造就了他顽强的品格。面对丰富多彩的大学生活，他选择通过参加和组织学生活动来提高自身的综合素质，合理协调学习和工作的关系。在工作中他体会到了为同学和老师服务的乐趣，收获了成功；学习上，他成绩突出，多次获得奖学金。

（二）案例解决

徐国庆是家庭经济困难学生中品学兼优的典型代表。他家庭贫困，学习目标明确，学习动力充足，自信心强，乐观向上，并对贫困有正确的认识，能正常参与人际交往并积极锻炼自己各方面的能力。但他性格过于要强，各方面追求完美，导致其思想和心理上负担和压力过重。辅导员老师定期与徐国庆谈心，鼓励其树立正确的学习目标，并教育他理智地面对困难和挫折。与此同时，根据他的家庭经济状况，经本人申请，将其纳入贫困生数据库，并鼓励其积极申请各类助学金。在国家、学校的关怀和帮助下，他先后荣获国家、省、校各类奖学金，减轻了家庭的经济负担，让他更加自信和勇敢地面对大学生活和未来事业。

（三）案例思考

在高校，一般来说家庭经济困难学生心理压力相对较重，主要体现为以下两个方面。

1. 自卑心理影响学业成绩。家庭经济困难学生多数来自农村和城镇的低收入家庭，经济拮据，社会地位低微，就业压力大，在生活和发展中处于不利位置，容易受到歧视，进而影响学生的心理，引发自卑等心理问题。此外，他们的行为和心理还表现为：课堂上，不敢发表自己的看法，仅限于听，不懂也不问；课下不与同学、老师交流，学业成绩较差；性格内向，在众人面前不敢表现自己，不愿与人交流，导致生活中缺少朋友。

2. 榜样教育缺失。有些高校对家庭经济困难学生认识不足，出于对学生心理过于敏感、自尊心过强的考虑，不敢轻易树立先进典型，致使榜样存在单一性、短暂性和形式化的问题，减弱了学生现身说法、榜样激励在家庭经济困难学生教育与管理中的带动作用。

三、对策建议

通过对家庭经济困难学生学业的调查发现，对自己学业表示满意并回答优秀的学生仅占7.2%。① 这充分说明多数家庭经济困难学生在学业方面存在着问题，同时导致认识上的偏差。他们对自身的优点缺乏足够认识，对学习缺乏自信，甚至有些学生出现自暴自弃、混日子的现象。因此，高校应通过多项措施，加强对学生的教育和引导，提高学生的专业认同，激发学生的学习积极性和主动性。

（一）开展家庭经济困难学生自信教育，塑造健康人格

自信是个体对自己的知识、能力、行为、判断等的信任，是一种相对稳定的人格特征。家庭经济困难学生由于经济贫困而导致的自信心不足，严重影响着他们的学业发展。在家庭经济困难学生中积极开展自信教育，有利于实现高校育人目标，促进学生全面发展，帮助学生顺利完成由学校到社会的衔接。开展学生自信教育的途径和方式有很多，如：积极开展剖析自我、认识自我、重塑自我的活动，以此提高学生的自我评价能力，增强自信心。同时开展多样的校园文化活动，营造良好的校园文化氛围，让家庭经济困难学生在一个相对轻松的环境中培养自信心，塑造健康人格。

（二）发挥榜样示范作用

通过榜样人物的优秀品质，使大学生"见贤思齐"，产生良好的带动和教化作用。先进典型的鲜活性、生动性、亲切性，对学生具有极大的感染力和影响力。但同时也要注意，典型易被神话、号召多、实践少的特点也往往使得榜样的示范作用大打折扣。因此，在选树榜样时应注意：一是选择范围上要贴近学生实际，让学生能实实在在地感受到他的存在，感受到他的力量，从典型身上受到强烈的心灵震撼，并产生极大的共鸣；二是选择榜样的类型要多元化。② 选择的榜样可以是自己身边尊师重教的道德模范，可以是日常生活中循循善诱的辅导员和教师，还可以是身穷且志坚的优秀家庭经济困难学生代表。由此形成"榜样群"，对学生施加多方面影响，提高教育效果。

---

① 唐银：《高校贫困生学业成就研究——以广西大学为例》，广西大学硕士学位论文，NO：20120526，2012年。
② 殷正云：《发挥先进典型的榜样作用》，载《太原理工大学学报》，2000年第1期。

第二章

专业教育引领方向

在家庭经济困难学生学业教育中，专业教育作为一项重要内容应引起高校的高度重视。专业教育的培养目标应该包括三个方面：一是通过专业教育，培养学生的专业观念和专业认同，对未来的发展方向和就业去向、职业道德操守等都具有清醒而正确的认识；二是培养学生的学习技能和专业技能；三是培养学生的批判性思维、创新意识和创新能力。对于在学业上存在问题的家庭经济困难学生来说，能够接受完善的专业教育，顺利参与专业实践是他们摆脱怯弱心理、实现人生理想的重要途径。

第一节 思想引路 学业导航

一、案例回放

孙奇，性格开朗、待人真诚，高考成绩优秀，被录取到某大学的植物保护专业。可是新生军训刚一结束，他向学院提出申请，要求退学。辅导员通过谈心了解到，孙奇认为自己所学的是农科，毕业后工作不好找，而且就业后的待遇比较差，与其在大学里花钱上学，不如早点回家挣钱，帮助家里脱贫。辅导员将他的情况告知了他的父亲，而父亲居然赞同儿子的观点，支持他退学，认为应该跟家里的亲戚到施工队工作，工资高，能补贴家用。

孙奇出生在济宁一个贫困偏远的山区，他的父亲已经60岁了，本该是安享晚年的年纪，为了一家的生计，却跟着村里人在河南打井，年迈体弱，每月仅有1800元的收入。母亲靠养羊供他和妹妹读书，因为经济拮据，妹妹放弃上学。母亲和妹妹常年在北京打工，母亲在饭店洗碗，妹妹在KTV当服务员。由于一家人分居各地，一年仅有一次团圆机会。他的母亲为了节省来回的路费，过年期间多赚点钱，已两年未回家过年。

在掌握了诸多信息资料后，辅导员邀请学院专业老师对孙奇进行一对一的专业思想教育，对于本专业学什么、将来要干什么以及所学专业就业前景怎样等进行了详细的讲解；邀请本专业优秀毕业生和考取研究生的学生与孙奇谈自己的经历和体会，以鼓励他安心学习。通过一系列教育工作，孙奇逐步认识到所学专业的重要性，认识到自己应以长远目光来看待上大学这件事情，从而放弃了退学的想法，决心规划好大学生活，争取毕业时考取研究生。

二、案例评析

（一）案例起因

孙奇出生在济宁一个贫困偏远山区的家庭，经济条件非常差，父母在外地打工，工资微薄，属于家庭经济困难学生。为了减轻家庭经济负担，同时由于对农学专业缺乏全面了解和认识，从而产生退学念头。

（二）案例解决

孙奇的问题得以解决，一是辅导员发现问题，并及时对其进行教育和引导，帮助他实现思想和认识上的转变；二是专业老师进行专业教育，向他介绍专业发展前景、就业去向，以及邀请已参加工作的学长跟他交流，成功地打消了其退学想法；三是学校通过临时困难补助和勤工助学岗，解决了他的经济困难。另外，同学们的支持、鼓励和帮助，在他思想转变和理想目标树立过程中也起到重要作用。

（三）案例思考

1. 通过孙奇这一事件我们发现，大学生的专业思想教育需要进一步加强。学生在填写大学志愿时，对所填报的专业知之甚少，对专业学习什么、将来要干什么以及所学专业就业前景怎样都不是很清楚。新生入校后渴望得到更多更准确关于专业方面的信息，如果没有正确的教育引导，学生会产生认知上的偏差。

2. 学生专业调整机制不完善。专业设置是高校教育教学工作主动适应社会需求的关键环节。学生对所学专业感不感兴趣、适应不适应、适合不适合决定着高校人才培养的质量。有些学生在高考填报志愿时是老师或家长代替，学生对所学专业不了解或了解较少。有的学生进入高校后对本专业不适应，而高校为学生所提供的可调专业有限，同时有学习成绩等条件要求，无法实现专业调整，从而影响了学生学习的积极性和创造性。

三、对策建议

（一）抓好新生专业思想教育

专业思想教育是大学生入学教育工作的重要内容，对稳定学生的思想情绪、坚定学习信念具有重要作用。由于学生刚入学时对所学专业以及未来的发展并不清晰，渴望更加直观而且全面的了解。学校应通过学科导论课，从源头对专业进行系统讲解。开展专业导航活动，通过名师讲座、专业咨询服务、开展科技文化活动等形式，营造良好的专业学习氛围，提高学生的文化品位。

注重信息搜集和典型引路。在实际工作中，注重整理本专业毕业生反馈的就业信息和毕业后取得的成绩、遇到的困难，为学生提供参考；整理本专业学生在学习方面的成功经验；收集国家对本专业人才的需求以及就业方面的信息。将这些宝贵的内容随时充实到学生专业教育中去，帮助学生坚定信念，树立信心。[1] 定期邀请优秀校友代表回学校为学生作报告，定期展示专业教师的设计作品和优秀科研成果，以此增加学生的感性认识，加强对专业的了解，使学生增强专业自豪感。

（二）帮助大学生树立终身学习观

法国教育家保罗·郎格朗首先提出终身教育的主张，认为受教育应当是每个人一生的过程，在每个人需要的时候，随时都可以以最好的方式获得必要的知识。[2] 俗话说："活到老，学到老"，"一次教育"已经不能满足时代的发展要求。为了能让家庭经济困难学生尽快适应当今社会日新月异的科技和经济发展的需要，高校要以培养大学生专业素质、提高终身学习的能力为立足点，培养学生的自学能力，促使他们走上工作岗位后，能够在各种社会环境下，敏锐地捕捉所需信息，主动、有效地进行鉴别和检索，不断补充新知识，以提高工作的知识和科技含量。

---

[1] 朱艳红：《关于提高大学新生专业思想教育效果的几点思考》，载《高等教育研究》，2010年第3期。

[2] 吕硕、朱桂花：《建立大学生终身教育制度的探索》，载《广西教育》，2009年第15期。

（三）提高就业质量，培养学生专业自信

衡量一个学生的专业思想是否坚定，专业知识和技能是否适应当今社会发展需求，一个最直观最有效的标准和方法就是学生的就业率和就业质量。一个专业的学生就业率高，就业质量好，说明学生对专业教育听得进，学得好，稳得住。因此，提高学生的就业质量成了学校教育和培养的重点。然而对于家庭经济困难学生，如何改变他们在就业中的劣势地位，提升就业竞争力成了工作的重点。首先，帮助他们分析其在就业中处的位置，正视自身的优势和不足，帮助他们树立正确的择业观、就业观，让其以积极、健康、自信的心态面对就业。其次，学校可以以校园文化活动为载体，开展模拟招聘大赛、模拟法庭、创业计划大赛、职业技能大赛等活动，让学生在丰富业余生活的同时提升自身的就业竞争力，进而提高就业质量。同时，鼓励学生利用寒暑假到企业参加各类实践、实习和社会服务活动，提升学生优质就业率。

第二节 理论与实践的错位

一、案例回放

贾麒麟，来自于山东枣庄台儿庄的一个贫困农村家庭。父亲因病于2008年带着遗憾离开人世，家里为了给父亲治病欠下了巨额外债。母亲患有严重的精神疾病，生活不能自理。家里面还有一位伯父，已年过70，并患有疾病，丧失劳动能力，家中无任何经济来源。上大学的费用均通过当地政府的资助和助学贷款解决。

贾麒麟进入大学后学的是经济学专业，想通过自己的努力改变目前的困境。大学前两年学习成绩名列前茅，先后获得了国家励志奖学金、校级优秀贫困生、校级一等奖学金等。原本学习成绩优秀的他，大三第一学期的考试成绩下滑到班里的后十名。此时，麒麟的性格也发生了变化，原本乐观开朗的他变得情绪不稳，有时高兴，与同学谈笑风生；有时脾气暴躁，沉默寡言。面对麒麟的变化，辅导员进行了深入了解。据同学反映，除上课时间外，他基本待在宿舍，上网炒股。赚钱就高兴，赔钱就发急。

辅导员与他进行了谈话。麒麟告诉老师，为了提高专业技能，在网上下载了模拟炒股软件，借着自己优异的专业知识，很快掌握了网上炒股的技巧，获

得了不菲的收入。自己感觉具有炒股潜质，为了缓解家庭经济负担，他将模拟变成了实际行动。刚开始进入股市时，收益还可以，于是增加了资金投入，将自己仅有的3000元钱全部投入了股市。但瞬息万变的股市让他难以驾驭，不仅没有像网上那样风生水起，反而赔光了家里给的学费和生活费。股市的失利严重挫败了他的学习积极性，他开始对自己所学专业产生怀疑，经济学究竟是不是他要学的专业，是不是真的如专业老师所讲的那样能改变自己的处境？

辅导员对他进行了思想开导。首先对他优秀的专业学习成绩和专业技能表示赞扬，对他能体谅家人的辛苦并通过自己的努力改变困境的想法表示赞同。同时告诉他，贫穷本身并不可怕，可怕的是自己以为命中注定贫穷或一定老死于贫穷的思想。作为大学生，主要的任务是学习，不应该把宝贵的时间浪费在股市。同时，告诫他专业知识和社会实践之间虽然有密切联系，但也存在很大距离，更何况是瞬息万变的股市。鼓励他应该在实践中加强锻炼，用世界眼光和战略思维去审视自己的专业，在更广的领域，站在社会、国家和个人发展需求的角度，学习专业知识，掌握专业技能。针对他经济困难现状，学院为他发了临时困难补助。辅导员还为他推荐了经济学专业的老师，帮助他树立目标，进行职业生涯规划辅导和调整。麒麟认识到自己的缺点和错误，认为自己的专业知识远远未达到现实要求，决心不断拓宽专业知识面，为未来的发展打下良好基础。

二、案例评析

（一）案例起因

麒麟家庭经济困难，父亲早逝，母亲患有严重的精神疾病，生活不能自理。家中无任何经济来源。大学的费用均通过当地政府的资助和助学贷款解决。主修经济学专业的他想通过专业知识的学习实践来缓解家庭经济状况。但由于他误把书本上、网络上的知识与技能等同于自己的实战能力，误入股市，造成严重的经济损失。

（二）案例解决

辅导员及时发现该生存在的问题，并多次与他深入交流，得知该生存在思想问题和认知上的偏差后，多次对他进行开导，使他意识到自己所犯的错误。专业老师对他进行专业教育，让他意识到理想和现实之间存在的差距，认识到所掌握的专业知识不足以应对现实股市的变化，还不能完全适应市场经济的快速发展。只有不断加强学习，才能面对未来的形势与发展。老师的教育，让他重新点燃了学习热情，进一步明确了自己未来学习、努力的方向。同时，学院根据该生的家庭现实状况，为其申请了贫困生专项困难补助，解了燃眉之急。

（三）案例思考

1. 对家庭经济困难学生的思想政治教育不足。家庭经济困难学生在经济因素和心理矛盾的双重压力下，其个人取向动机更强烈，社会取向动机更弱，未来发展成为最强烈的学习动机。但面对发展中遇到的问题往往不知所措。如果高校家庭经济困难学生的思想政治教育不能及时跟进，势必会导致学生采取自我消化、逃避的方式去处理，久而久之，问题得不到及时解决进而引发学习成绩差、心理脆弱等一系列问题。

2. 专业教育不完善。很多高校的专业教育只停留在表面，只在新生入学教育中，由各个专业的系主任对本专业做基本介绍后就没有了下文。家庭经济困难学生的专业教育未形成层次和梯度，未形成专业教育的管理机制。专业教育的不完善会直接影响到学生的专业认同感、系统专业知识的学习以及大学职业生涯的规划等方面。

3. 专业实习路径窄，实践制度不完善。目前高校对学生的培养，普遍存在着重理论、轻实践的缺陷。很多专业实践性强，学生进行专业实践的路径很窄，无专门的专业实践教学基地，未形成完善的实践教学制度。导致学生参加专业实践无门，只能自己摸索实践。

三、对策建议

众多家庭经济困难学生从小就生活在物质匮乏的窘境中，家庭经济贫困让他们更早地了解到社会现实。他们从小受到的多是要摆脱贫穷就必须苦读书的教育，他们的学习动力往往强烈而持久。他们想通过努力学习获得各类奖助学金，此种读书目的的功利性给学生将来的发展带来什么样的后果是无法知晓的。因此，在家庭经济困难学生的教育和管理工作中应做到以下几个方面。

（一）加强家庭经济困难学生的思想政治教育，引导学生树立正确的人生观和价值观

家庭经济困难学生因其自身经济条件差、社会地位低、就业竞争力弱等客观因素影响，思想负担往往过重。在对家庭经济困难学生的教育引导方面，学校可通过不同的方式进行。如通过专题讲座、座谈会等形式开展自信、自尊、

自强及感恩教育，邀请品学兼优的家庭经济困难学生现身说法，引起学生的共鸣，获得认同。激发他们的主观能动性，鼓励他们正确面对困难，努力提高自身综合素质，培养乐观面对人生，坚强迎接挑战的意志。

（二）加强专业教育，端正学习目的

专业教育在大学生入学教育中是非常重要的一项内容，学生只有对自己所学专业有了深入的了解和认可，才会激发学习兴趣。专业教育应贯穿学生大学生活的各个阶段，可分层次进行阶梯式专业教育，每个年级都有教育的侧重点。如：大一、大二年级主要是让学生对自己所学专业有整体的认识，确立奋斗目标；大三、大四主要侧重于专业技能教育，提高学生的社会适应力和就业竞争力。

（三）加强实践教学，拓宽专业实习路径

加强实践教学主要从两个方面开展：一是专业教师的实践教学水平和高校专业实践基地的建设和完善。教师的专业实践能力提高可通过有计划地派教师外出进修，鼓励现有教师到企业挂职锻炼，学习现代企业先进的管理经验、服务规程和服务标准，提高实践教学的能力等等来实现。在高校专业实践基地的建设上，高校应充分利用校内资源，如实验室，研究院，大学生创业中心等。二是同时，高校还应积极与各级各类企事业单位建立广泛的联系，可通过签订订单培养和实习就业基地协议等形式与一些大的企业建立长期的良好合作关系，拓宽大学生实践能力培养渠道，以提高大学生的专业实践能力。[①]

[①] 郝晓丽、丛红群：《加强大学生专业实践能力培养的思考》，载《科技资讯》，2012年第5期。

第三章

点亮学业道路上的灯塔

面对大学新的生活,许多家庭经济困难学生经过了迷茫、不知所措的特殊阶段。有的学生适应能力强、目标明确,可以快速地适应大学生活进入平稳期;有些学生不知道如何分配时间,如何做好学涯、生涯和职涯规划,进而在学业等方面出现了一些问题。这些问题和困难的出现,往往具有深层次的原因。高校学生教育管理工作者不能单纯地从学习角度等表面现象看待,应该进行全面分析,寻找规律,发现问题的本质,从根本上解决问题,帮助学生走出困境。

第一节 人求上进先读书

一、案例回放

在新生报到的那天,董风海的父亲穿着一身旧军装蹲在报到点抽烟,引人注目,辅导员开始关注这位学生及其家庭。

董风海出生在菏泽市的一个农村家庭,经济极度贫困。在他6岁时,母亲去世,父亲通过打零工含辛茹苦地将他和哥哥养大,目前哥哥在另一所大学上学。新生初到学校,大都很羞涩、拘谨,然而他却主动地帮助其他新生,显得很成熟、热情。军训的时候,经常看到他涨红着脸一丝不苟地训练,这是一个坚强的孩子。

新环境、新生活的体验让这个热血青年兴奋不已。似乎他对所有事物都充满好奇,积极参加学校、学院举办的各种活动,竞选进入各类学生组织。课外时间,他经常参加学生会以及社团联合会举办的球类、演讲等竞赛活动。周末,他忙着参加兴趣和爱好者协会组织的校外活动……每天看到他忙进忙出,一溜小跑，似乎很难停歇下来。第一学期过后，他感觉生活得非常充实。

期末考试临近了，其他同学都紧张而忙碌地复习功课。这时，董风海才静下心来，忽然发现课堂上学到的东西，在记忆中已所剩无几。太多的会议，过多的活动占用了他太多的时间。期末考试成绩公布出来了，他有两门专业课考试成绩挂科。从入学时班内名列前茅到现在的挂科两门，董风海感觉到了压力，心情烦躁，开始变得消沉，并产生了厌学倾向。

辅导员及时发现了董风海的变化，并与他进行了谈心。辅导员首先肯定了他在学生组织和活动中的优秀表现，帮他分析了两门专业课挂科的原因。告诉他学生的首要任务是学习，学生活动只是大学生活的一小部分。参加活动应立足于巩固专业知识，开阔眼界，提高身心素质，而不是将其作为大学生活的主要任务和目的。对于学院以及学校举办的各项活动应根据专业和兴趣爱好适度选择，不要盲从。要合理安排学习、工作和活动时间，分清轻重缓急。

董风海听了辅导员老师的建议，重新调整了自己的大学生涯规划，树立了信心。现在，他的学习成绩有了明显进步，并且在省大学生科技大赛中取得优异成绩。

二、案例评析

（一）案例起因

董风海出生在农村家庭，母亲早逝，他和哥哥靠父亲打零工的收入生活和上学。艰苦的生活条件和学习环境限制了他的全面、自由发展。除刻苦学习外，他无法像城里的学生一样通过电脑、手机了解外面的世界，没有条件到国际标准化的球场打球，也很难到文化馆、科技馆浏览参观。因此，进入大学后他对一切事物充满好奇，并无目的地选择参加各类活动和学生组织，没有规划好自己的学习和生活，从而严重影响到学习，最后出现两门专业课成绩挂科的现象。

（二）案例解决

辅导员与他进行了多次谈心、交流，对他取得的成绩表示肯定，并鼓励他好好学习。通过辅导员的教育、引导，通过期末考试成绩挂科的现实教训，董风海弄清了自己的问题所在，重新规划大学生活，明确了自己的努力方向和目标。通过一学期的调整，他的学习成绩有了较大进步。

（三）案例思考

在高校，大部分家庭经济困难学生是积极向上、努力奋斗的，他们有自己明确的学习目标，有计划、有规划，并为实现自己的人生目标而刻苦学习、努力锻炼。但也有一些学生，由于思维和理论视野的局限性，学习、生活盲目，无计划，更无规划。特别是新生，由于高中与大学的教育观念和管理体制不同，很多学生在刚进入大学时出现不适应和不知所措的现象，往往走过一段弯路后，才懂得自我调整与完善。因此，辅导员要加强大学生生涯规划教育与引导，指导学生处理好学习与活动的关系、学习与工作的关系，带领他们走出迷途，步入健康成长和发展的轨道。

三、对策建议

（一）教育学生明确个人目标，做好生涯规划

丰富多彩的大学生活对学生充满了诱惑，如果学生不能合理分配自己的时间和精力，没有明确的学习目标，不知道什么时间应该做什么，更不知道将来做什么的话，其前途令人堪忧。因此，辅导员要教育引导学生，在充分了解自己的兴趣、爱好的前提下，在充分、认真分析当前环境形势的基础上，结合自己的兴趣、爱好和专业特长与知识结构，对将来的学习以及想要从事的工作做出合理性的计划安排。在大学生思想政治教育中，要进行全程化的生涯规划教育与辅导。由于各年级的学习任务和目标不同，学生对生涯规划的思想认识程度也存在一定的差别，辅导员可以结合学生的实际情况，对各年级的学生进行分类指导。如：可分为新生入学教育、专业教育、专业技能提升、毕业教育四个培养阶段对学生进行学涯辅导。可采取开设生涯规划选修课、讲座、网络辅导等多种形式，大力宣传生涯规划的重要性和可行性，让大学生在充分了解自己、认识自己的基础上，树立长远目标，做好计划和规划。

（二）教育学生正确处理学习与活动的关系

校园文化活动是为了满足学生精神需要和培养提高学生的道德修养及综合素质而举办的一系列文化活动和娱乐活动。校园文化活动以育人为主要导向，包括教学、科研、思想教育、社团活动、文化艺术周活动、文体活动等。不可否认高校校园文化活动对大学生的世界观、人生观的形成和确立、思想觉悟的提高有很大的影响。特别是在信息化时代，学习空间和学习时间的局限被打破，学习的内容和形式多元化。学习已不仅仅局限于课堂和书本，更多的是以开放性、动态性的形式体现。然而校园文化活动百花齐放，如火如荼，如果学生不能正确处理学习、工作和活动的关系，会因小失大，美好的大学光阴会被虚度。

要让学生认识到，考研也好，就业也好，都是新一轮的竞争。而竞争，主要是靠实力，实力则主要以专业知识和专业技能来体现。要学会在活动中学习，在学习中提高。

（三）引导学生处理好学习与工作的关系

在高校中，学生干部因为处理不好学习与工作的关系，导致学习成绩下滑的现象时有发生。处理好学习与工作的关系，最重要的是要做好时间的管理、精力的分配和效率的提升。因此，辅导员要加强对学生的引导和指导。在日常的思想政治教育中主要做好以下三方面的工作：首先要教育学生做好总体规划，合理规划和安排学习时间和工作时间；其次，要让学生清楚，学习是学生的天职，在学习和工作关系处理上，要分清主次；最后，提高工作效率，专心做好正在做的事，学习时不想工作，工作时放放学习。琐碎的事情抽空做，限时的事情及时做，复杂的事情想好做，重要的事情优先做。

第二节　守得云开见月明

一、案例回放

田亮是一个外表阳光帅气的大男孩，高考录取成绩班内第一。但是，在大一第一学期期末考试中，有多门功课不及格，这一现象引起了辅导员的注意。

辅导员把他喊到办公室。从进屋后，他一直低头不语。对老师的询问，也是简单回答，多一句话也不讲。辅导员发现他性格孤僻、内向，不愿与人交流。但辅导员感到，问题并不会像看到的这么简单。

辅导员找来了田亮的同班和同宿舍的同学了解情况。同学们告诉老师，刚来学校时他活泼、热情，学习积极、主动。但一个多月来他与同学的交流大大减少，沉默不语。经常上网打游戏，还时不时旷课。问他原因，他什么也不说，并且表现非常烦躁。

针对这种情况，辅导员多次对他进行开导。起初，田亮对老师存在抵触心理，后来，在老师的引导下，道出了原委。他说，最近家中发生的事情实在让他难以忍受，并且想不明白。他说，父亲是一名中学教师，而父亲的同学是该中学的校长。在去年、前年两次职称评定中，父亲的高级教师职称都没有通过，不是能力达不到，是因为有其他老师需要特别照顾。今年，本以为能通过，但校长找到他父亲，让父亲再次将名额让给了一个教学能力水平一般、将要退休的老教师。田亮父亲对此非常不理解，觉得对自己不公平，加上家里也非常需要他评上职称增加收入（田母患有心脏病综合征，急需手术）。原本按部就班、表现优秀的父亲开始牢骚满腹：什么世态炎凉，什么世间没有真正的友谊，自己的付出和善良得不到回报。父亲还借酒消愁，不停地自言自语：同学当校长又有什么用，为了同学情谊牺牲自己的利益又有谁能理解？作为校长，同学又为自己做了什么，天下哪有真正的友谊……父亲哭了，哭得那么伤心。父亲的痛苦表现不断冲击着田亮的内心，他恨那位校长，想帮助父亲，但又不知道该如何去做，生性好强的他不愿求助别人，于是他选择了网络，选择了逃避，在虚拟的网络世界里，他的心理得到了极大的满足，使他暂时忘掉了一切烦恼。

针对田亮的状况，辅导员及时与其父亲取得了联系。他父亲说："如若不是您说，我真的不知道自己对孩子的影响会那么大。"表示会配合辅导员做好孩子的说服教育工作。最终在辅导员和家长的共同努力下，田亮逐渐意识到自己对父亲行为的误解，也从网络中一步步解脱出来，转变了学习观念，恢复了正常的学习生活。

二、案例评析

（一）案例起因

该生家庭经济困难，母亲无工作，并患有心脏病综合征，家庭收入主要是靠父亲的工资。父亲是一名中学教师，也是田亮最崇拜的人，但因为职称评审多次受阻，父亲满腹牢骚，特别是借酒消愁，伤心的场面让田亮发现，引发田亮对校长、进而对社会的不满。他想帮助父亲，又无能为力，开始沉迷网络，以此逃避麻痹自己，并改变了对学习的认识和态度，最终导致学业预警，几近劝退。

（二）案例解决

辅导员及时发现了田亮的变化，并通过与同班和同宿舍同学谈话等了解到他的情况，对其进行引导，教育他要理性分析和看待父亲评职称一事，对他思想的转变起到了关键作用。在与辅导员的沟通中，田亮的父亲认识到自己的言行严重影响到儿子对学习、工作、社会，特别是对友情的看法，非常内疚，并积极主动配合辅导员做好儿子的思想疏导工作。田亮意识到自己的问题，戒掉了网瘾，恢复正常的大学生活和学习，并经过努力，把落下的功课全部补上，顺利完成了大学学业，是问题解决的重要主观因素。

（三）案例思考

1. 许多家庭经济困难学生的学业问题是由诸多因素引起的。有的是因为家庭经济困难带来的心理压力，有的是人际交往障碍而削弱对学习的兴趣，也有的是因为家庭突然变故，如重大伤亡事件或家庭关系处理不当而改变对人生观、价值观的看法。像本案例中，主要是由于父亲和校长关系恶化而引起的。高校在教育学生时，应该透过表面现象，深刻分析问题深层次的原因，这样才能使问题得到全面而圆满的解决。

2. 学生家庭教育的缺失。很多家长认为大学生思想教育工作是学校的事情，家庭只需要提供资金支持就可以了。如果家庭教育缺失，长期缺少家人的关心和交流，往往会导致学生性格孤僻、内向、胆怯，自信心严重不足。在遇到问题时，多采取逃避、自我消化、封闭的方式去处理，严重影响着学生的身心健康。

三、对策建议

（一）建立学校和家庭共同培养学生的长效机制

深入开展家庭经济困难学生的思想政治教育工作，建立学校和家庭共同培养、教育学生的长效机制。思想政治教育是社会或社会群体用一定的思想观念、政治观念、道德规范对其成员施加有目的、有计划、有组织的影响，使他们形成符合一定社会、一定阶级所需要的思想品德的社会实践活动。① 由此可见，大学生思想政治教育工作不仅仅指在学校接受的教育，还包含着社会、家庭以及一切可能的影响因素的教育。对于家庭经济困难学生，他们普遍存在着自尊心强、敏感、多疑等特点，家长可通过定期书信、电话等方式了解学生状况，鼓励学生，对学生施加正面积极的影响，培养学生养成良好的习惯。家庭教育相对学校教育，优势在于家长对子女更了解，便于开展有针对性的教育。而高校应转变教育观念，积极建立与家庭联系沟通的长效机制。

（二）实施学业预警制度，加强对家庭经济困难学生的学业检查与督促

学业预警是一种高等教育管理方式，是对学业存在问题学生的恳切忠告和严肃提醒，但不是一种处分。实施学业预警，旨在最大限度地做到以人为本，

---

① 陈万柏、张耀灿：《思想政治教育学原理》，高等教育出版社2007年版。

因材施教、因材施管,督促和帮助学生成长、成才、成人。针对家庭经济困难学生的学习问题,学校应严格实施学业预警制度,对于每学期学习成绩后30%、学分绩点达不到2.0的学生实施不同等级的预警,对于被预警的学生,学校积极搭建辅导员、班主任、学生干部三管齐下的帮扶体系。通过同学、舍友及班级的主要学生干部了解和关注该类学生的学习,发现问题及时解决;利用新媒体如微博、微信、QQ等对其学习状态进行关注;辅导员和班主任针对他们的具体情况制订个人培养计划,每周和他们谈心,及时了解这些同学的学习情况,帮助他们重新树立信心。对于被预警后取得重大进步的学生及时给予鼓励,借此提高其学习的积极性,做好学生的学业发展。

(三) 丰富家庭经济困难学生的精神生活,培养积极、乐观的生活学习态度

家庭经济困难学生的精神贫乏较之经济困难更具内隐性、深层性与根本性。因而,扶贫须先扶心,解困的重点在于解心,扶助的目的在于成才。辅导员要把精神鼓励作为家庭经济困难学生教育工作的重点,将关心隐于行动中,把教育寓于活动中,从物质上、思想上和心理上全方位地帮助家庭经济困难学生。可针对家庭经济困难学生在学习、生活中遇到的问题进行分类,分门别类组成各种兴趣帮扶小组,邀请专业老师对他们进行指导,使他们既能在其中畅所欲言、互吐心声、调节心理、提高自我、找到归属感,又可以为他们提供与人交往、接触社会的机会,丰富他们的精神生活。这样有利于培养他们积极、乐观的生活学习态度,为他们顺利完成大学学业提供精神保障。

第七编 就业与创业的选择

教育部、人力资源和社会保障部等有关部门公布的数据显示,从2005年至2014年,10年间全国普通高校毕业生从338万人增长至727万人,总数翻了一番还要多。高校毕业生就业压力不断加大,就业形势日益严峻。与其他大学生相比,家庭经济困难学生受生活环境、思想观念、个人能力等方面的因素影响,其在就业、创业过程中明显处于弱势地位,这一群体中存在的盲目、无助、期望与现实相矛盾的就业特点非常突出。如何更好地帮助和指导家庭经济困难学生顺利就业,是高校学生就业工作中的重中之重。高校应多措并举,引导家庭经济困难学生树立正确的择业观和就业观,发挥学校、社会和家庭之合力,帮助学生理性就业、顺利就业、成功就业。

第一章

压力与出路

由于贫穷,许多经济困难家庭为了给孩子交学费,东借西凑负债累累,给孩子带来沉重的心理负担,这些学生深感内疚。进了大学后,校园里贫富差距凸显,他们觉得低人一等,从而产生自卑心理。而严峻的就业形势无疑给他们带来极大的精神压力。在自卑、就业压力等心理作用下,他们常常怨天尤人,感叹世间不平;常常为自己家庭贫穷而苦恼,怨恨父母无能。然而,家庭经济困难学生一旦转变观念,将各种压力变成动力,未来发展将是另一片天地。

第一节 卧薪尝胆与弯道超越

一、案例回放

小李报名西部计划后,辅导员找他进行了谈话,了解到他有一个心酸颠簸的童年。5岁那年,由于家庭出了一些状况,一家人从黑龙江搬到了山东。离开了从小玩到大的伙伴,来到一个陌生的环境,开始时他感到非常孤独。后来,凭借自己活泼开朗的性格,在学校有了一批新朋友。由于父母外出打工,家里只有爷爷奶奶,周围没有伙伴,学校便成了他的开心乐园。但回家后,面对年迈而少言的奶奶爷爷,他又成了寡言内向的小孩。6岁那年,到了学校交书费的时候,虽然70元钱的书费并不多,但是由于父母不在身边,他只有向爷爷奶奶要。70元钱,让爷爷奶奶唉声叹气。两天后,当爷爷奶奶把东凑西借来的70元钱放到他手里时,他哭了。他人生第一次感受到生活的窘迫和对未来生活的恐惧,并下决心好好学习,将来好挣钱养家。

小李刚上大一时在学生会宣传部任职，没有相机，没有电脑，但他总能想到办法，每次都能顺利地完成老师安排的任务。大学期间，小李去过工地打工，当过餐馆服务员，也从事过校外的清洁工作。

2010年5月，小李在网上报名参加了西部志愿服务活动。经过学院、学校的审核，又经过体检等程序，最后确定到青海某团县委工作。他说："做人要有梦想，做事也要有梦想。为了梦想而奋斗，生活即使平淡，自己也感到非常欣慰，非常快乐。"

他对师妹师弟说："大学四年我很平凡，如果说大学毕业是人生转向的弯道的话，我愿在此弯道超越，把油门加在这里，超越自己的梦想，超越他人。"在志愿服务的日子里，他奋发努力，吃苦耐劳，凭着执着坚韧的精神，获得了领导和同事的认可，并于2011年光荣地成为一名中国共产党员。因工作认真，严谨细致，2013年他以青海省第一名的成绩考取选调生，现工作于青海省某县县委组织部。

二、案例评析

（一）案例起因

小李从小家境贫寒，5岁时举家从东北迁到山东，给他的童年时期带来一定的影响。自儿时起，父母外出打工，他与爷爷奶奶一起生活，缺乏父母的关爱与呵护。家庭收入微薄，由爷爷奶奶抚养并供养上大学，从小认识和感受到生活的艰难与困苦，下决心好好学习，改变现状。大学期间，小李经常做各类兼职缓解经济压力，大学课余生活格外辛苦。但是他并没有将家庭贫困作为负担，而是刻苦学习，勤于锻炼，并积极参加西部志愿服务活动，最终如愿以偿。

（二）案例解决

小李自幼能体会到家庭的困难，形成了坚强的意志。在校期间，他珍惜大学生活，一方面通过勤工俭学缓解生活压力，另一方面努力学习，认真工作，得到老师和同学们的认可。他志愿服务西部，并经过网上报名，学院、学校的审核，又经过体检等程序，愿望得以实现。

（三）案例思考

高校如何培养人，培养什么样的人，不仅关系到高校人才培养的质量，而且关系到国家的前途和命运。在高校家庭经济困难学生中，不乏一些有远大理想的学生。这些学生的理想，在其他同学看来可能不切合实际。如本案例中，由于西部计划志愿者待遇差，而工科类专业学生就业相对较好，所以小李选择去西部是备受争议的，他本人也承受着很大的压力。选择志愿服务西部这个信念不是一朝一夕确立下来的，服务西部的艰辛和困难只有经历过的人才可以体会得到，而这种信念的确立是他从小不怕苦、不怕累，树立正确的人生观、世界观，一步步发展成熟而来。像他的同学说的，他这个人热心肠，有一股子奉献的愣劲儿，本来已经和待遇不错的企业签约，但就是这一股子奉献劲，他执着地选择西部服务。他认为，有梦想，就去追求。面对同学们的质疑，他顶住压力，并且通过自己的努力，终于实现了自己的弯道超越，以青海省第一名的成绩考取了选调生。因此，如何加强对家庭经济困难学生的教育，以什么样的标准去衡量教育的实效性和教育的质量，是高校教育工作者应该思考和探讨的重要问题之一。

三、对策建议

（一）教育学生要正确认识自己，确立个人奋斗目标

在《信息管理学》中，有一个专业术语叫"选择性信息加工"，也就是说包括目标、任务、知识、技能等各方面的信息在内，具有可选择性。只有选择对自己重要的、有用的信息，才能在有限的时间内最大限度地发挥效能，助推自我成长与发展。辅导员要教育学生，特别是家庭经济困难大学生，首先要对自己有一个清醒的认识，知晓自己的特长、优缺点，在此基础上，明确自己的目标，找好自己的社会定位，履行好自己的社会角色。明确目标，便找到了人生的主流，找到了自己努力的方向。同时教育学生还要学会分解目标，使目标变得更易接受，更易达到，更易实现。

（二）教育学生坚持自己的理想，努力实现人生价值

每一个时代，都有无法超脱当下现实的大众普遍价值观。雨果有句话说：人有了物质才能生存，人有了理想才能谈得上生活。人和动物的不同之处在于，动物生存，而人生活。辅导员要教育学生，每个人自从出生便存在差异，成长环境不同，家庭教育背景不同，有各自的个性和志趣，并随着知识的获取和思维能力的提升，产生对未来美好的理性想象，即拥有自己的理想。学生应该树立远大的理想，坚持自己的理想，并将自己的理想与祖国的需要、国家的发展结合起来，只有这样，才能实现自己人生价值的最大化。

（三）辅导员要深入了解家庭经济困难学生的基本情况，建立健全学生信息档案

高校要建立高效、畅通、准确的信息网络系统。信息了解的方式、方法和途径应该灵活多样，既可以通过与班委成员的交流，也可以通过组织集体活动的方式获得；可以通过与学生家长沟通，也可以采取与学生面对面地坦诚交流的方式；等等。建立健全学生信息档案，掌握每个学生的全面信息，并进行个性化关注和指导。

第二节　从"打工仔"到"掌门人"

一、案例回放

在某高校附近的鞋邦旗舰店中，人们总会看到两个学生模样的年轻人忙里忙外，高个的热情地招揽客人，为顾客介绍鞋品，中等个头的整理货物、核算账务。或许你会认为这是打工的学生，事实上，这兄弟俩是这家店的老板，接手店面一年多的时间内将鞋邦打造成该市的明星店，总资产达30多万，在广大顾客中拥有良好的口碑。

兄弟俩的打工创业之路应该从大一说起。来到大学之后，和许多家境不好的同学一样，两人做兼职以减轻家里的负担。发传单，在饭店端盘子、洗碗，到宾馆做杂工，婚庆服务，做家教，等等，不管什么工作，两人都认认真真地完成，并且打工的同时还不忘学业，年终时都拿到了奖学金。

大一的暑假，兄弟俩想利用假期赚钱交学费，便来到青岛海尔集团下属的塑料厂做暑假工，每天12小时高强度的工作，让体育专业的俩人都有些吃不消。有了这次经历，两人陷入了深思：就这样卖死力气干一辈子，人生价值在哪？

大二开学，兄弟俩开始尝试自己做点小生意，遇到了学校附近鞋帮连锁店的杨老板，并在店里打工，杨老板很欣赏他们认真负责的做事态度。大三时，俩人和老板吃饭，交谈中老板透漏出想把店转手去其他行业发展的消息。那时，行情很不景气，杨老板也没心思经营管理鞋店，鞋邦整体在走下坡路。

辅导员听说兄弟俩要开办实体店创业，便和他们进行了沟通。在交流中老师知道兄弟俩没有考研的念头，毕业后打算直接工作，于是支持他们创业。辅

导员和他们一起分析市场形势,探讨销售对策,还告诫兄弟俩做决定要慎重,既要做好赚钱的打算,也要做好背负债务的心理准备。经过和辅导员的交流,兄弟俩更加坚定了自主创业的信心和决心。回家后,两人向家里人提出要开店的想法,但都遭到家人的强烈反对。但他们没有放弃,软磨硬泡,给家人讲道理,摆成功的例子,最后得到了家人的支持。功夫不负有心人,他们找到了批发货品渠道,就这样风雨无阻,一年多积聚了30多万的资产。

二、案例评析

（一）案例起因

两位学生的家庭经济条件不好,为了解决生活、学习各方面的困难,选择合伙开店。长期以来,体育专业学生的就业状况不好,就业前景不容乐观。在本案例中,师范类体育专业的两名学生面对巨大的就业压力,结合自己的志向和特长,选择了创业这条道路。

（二）案例解决

辅导员知道了他们的计划,并了解他们在专业、性格等各方面的特点后,帮助他们树立信心,做好思想上和心理上的充分准备。学生没有创业经历和经验,创业开始无从下手,辅导员及时给予帮助,和他们一起认真分析市场前景,了解入市有风险,做好了长期规划和前期计划。学生开始犹豫和纠结,面临几万元资本注入和精力投入,家长反对,但经各方面努力,最后得到家人的支持和帮助,问题最终顺利化解。

（三）案例思考

1. 如何推进体育专业学生充分就业,是国家、政府以及高校需要认真思考和解决的问题。由于体育专业的就业范围相对较窄,现实中的就业现状使很多体育专业学生选择考研,规避由于毕业而带来的失业风险。

2. 我国的创业政策和体制与机制需要进一步完善。现在大学生创业教育还处于起步阶段。为了鼓励大学生创业,缓解就业压力,学校、政府、社会如何共同努力,制定相应的大学生创业政策,各方形成合力,为大学生创业创造良好环境是急需解决的问题。

三、对策建议

(一) 进行体制改革，完善、调整课程体系

体育专业学生就业难的原因之一，是高校体育类招生数量多，而社会需求量小。受专业局限，学生就业面窄，从而造成学生就业困难。高校应根据社会市场需求，适时调整专业方向，并合理规划招生数量。同时，高校应优化课程设置，加入相关学科与交叉学科课程，拓宽学生知识面，优化学生知识结构，培养多规格、多层次、多门类、多功能的复合型人才，以适应市场各方面的需要，促进学生充分就业。

(二) 加强对家庭经济困难学生的创业教育

培养学生的创业意识和创业精神。要让学生充分了解所学专业的特点和所涉及的相关行业背景和就业前景，让学生体会和认识到自我创业的优势和所承担的责任，鼓励有思想、有行动、有条件的学生投入到相应的创业实践中去。教育学生要树立自信、自立意识。对自己充满信心，相信自己有能力。要具有独立的人格，具有独立思维能力，凭借自己的头脑和双手、智慧和才能、努力和奋斗，为将来的事业打下良好的基础。体育专业学生普遍有不怕吃苦、敢于冒险、善于创新、社会适应能力强等特点。根据这些优点，高校应支持、指导学生自主创业，开设创业指导课，传授创业知识，培养学生创业技能。

(三) 加强实践环节，锻炼、培养学生的就业创业能力

实践环节是提高学生创业就业能力的有效途径。高校要通过举办多种形式的创业就业实践活动，如大学生创业大赛、社团活动、创业见习、求职体验、市场和社会调查等，让学生多接触社会，了解市场，并磨炼自己的心志，提高其综合素质和能力。通过这些活动，让学生积累经验，培养他们分析问题和解决问题的能力、组织协调能力、管理能力、语言表达能力等，为未来创业就业做好心理上、思想上的准备和知识上、能力上的储备。

(四) 密切关注学生的成长和发展

对于学生创业，辅导员不能仅仅进行表面指导，要帮助学生分析问题、解决问题，有针对性地进行教育和引导。在学生创业的过程中，辅导员要加强与创业学生家长的联系，主动和家长沟通，及时反馈信息，了解家长的立场，与家长一起从不同的角度开展帮扶和指导工作，帮助学生解决创业过程中遇到的困难，提高学生创业成功率。

第二章

鱼与熊掌的选择

就业不等于扶贫,希望用人单位降低门槛,给家庭经济困难学生更多的就业机会是不现实的。高校应把解决家庭经济困难学生的心理问题、学业问题和能力培养放在首位。只有提高家庭经济困难学生的综合素质、整体能力,才能提升就业能力。高校应加强对毕业生就业观念的正确引导,使其能正确地认识自我、评价自我,在择业过程中扬长避短,摆脱好高骛远的心态,形成积极的就业态度和高尚的择业动机,以一个普通劳动者的平常心去选择适合自己未来的职业。

第一节 自我理性定位

一、案例回放

2012年9月的一天,某高校辅导员在翻阅《齐鲁晚报》的时候被一个标题吸引住了——"四名大学生50万开公司卖菜",发现"卖菜"的主角竟是他班的小强等人。这时辅导员才知道小强除了学习,还有自己的"副业",而且做得很大。但是在评助学金时辅导员已了解小强家庭情况,非常困难,资金从何而来?就影响而言,他的事情如果传播不当,可能会在班级,甚至在学校里产生诸如"大学无用论"等负面影响。综合各方面情况,辅导员和小强进行了一次深谈。正是通过这次交流,小强等同学转变了自己的观念,走向了未来的考研之路。

小强来自河北一个普通的农民家庭,有一个哥哥,家庭经济非常困难。他卖过袜子、做过团购网业务员、方便面的校园代理等各种兼职,还独自一人到苏州打工。虽忙于兼职，但是他学习成绩在班级名列前茅，还获得了"国家励志奖学金"。

辅导员把小强叫到了办公室。问："你这工科男咋还卖起了蔬菜？你是打算在农产品领域大显身手？"小强告诉老师，其实自己蔬菜生意做得并不是很好。自己非常喜欢所学专业，但因经济困难，故经常去外面打工。挣钱不是打工的唯一目的，他认为大学生迟早要进入社会，提前接触社会对自己以后的工作是有帮助的。他还拿来了自己在校报发表的文章，"让社会实践为大学路增光添彩""社会实践是个重要抓手"。

第二次谈话时，小强说自己在大学加入了很多社团来锻炼自己，如校报记者团、校广播台等，还做过各类兼职。经过一年多的锻炼，小强变得很接地气，而且有了初步的业务能力。2011年11月，当时学校邀请一些社会企业家来学校做报告，小强参加了报告会。当了解到一位社会企业家想资助一部分大学生进行创业时，他勇敢地提出申请。在这位社会企业家扶持下，小强和同学注册了公司，开始创业。在交谈中辅导员还发现，小强其实是为了挣钱上学而被动创业。虽然摆在他面前的平台很大，但是他各方面能力还不能足以应对眼前的诸多事情。毕竟还身在大学，学业和创业这个鱼和熊掌的抉择让他左右为难，心生烦恼。

辅导员建议他进行理性自我定位和分析，想想自己为什么创业，为什么从事现在的农产品创业，有没有更好的创业方向，自己更喜欢或者更适合在哪个领域做事情。

后来辅导员和小强又有过两次谈话。通过全面剖析，小强认识到，依据自己的性格和爱好，之前认为创业是最佳选择，也有了一些成功的尝试，但创业的方向必须是和自己的专业相同，在自己的专业领域进行创业。同时他也认识到，现在主要任务是抓好专业学习。经过一段时间的调整，小强把自己的努力方向定在考研，他离开了那家农产品公司。2014年4月的一天，小强从甘肃兰州给辅导员打来电话，说被兰州理工大学录取了。虽远隔千里，辅导员仍能感觉到他内心的喜悦。

二、案例评析

（一）案例起因

小强来自农村，家境条件贫困。为了改善生活状况，他开始做各种尝试。

小强的大学生活可谓相当丰富，各类兼职，做代理，外出打工，学生会社团，最后和人合伙开公司卖菜，时间都被这些"副业"所占据，由于忙于挣钱，慢慢偏离了自己原来的规划方向。这样只能挣"小钱"，没有了大事业。

（二）案例解决

辅导员在了解小强的情况后，先后多次找他谈话，让他进行理性自我定位和分析，不能贪图一时，舍本逐末。在小强进行创业和学业选择犹豫不决之时，辅导员给他提供建议参考。在小强决定考研时，辅导员又给予极大的鼓励，使其增强自信心。最终，小强成功考取研究生。

（三）案例思考

大学生放弃宝贵的学习时间去卖菜是否正确？这个问题在社会上引起广泛关注，并引发争议。大家各执一词，各抒己见。小强由于生活困难提前接触社会，并在实践中锻炼了自己的能力，为了挣钱选择了做自己并不是很了解的农产品项目进行"被动创业"，最后又选择退出。穷人家的孩子早当家，小强能够创业注册农产品公司，这种敢拼敢试的精神是难能可贵的。小强后来选择离开农产品公司也是正确的，因为他志不在此，而且条件不足，方向跑偏。小强最后选择了考研，选择了延期创业是对自己的理性认识。通过本案例我们可以看出，大学生白手创业要善于整合资源，发挥技术优势。高校的名师资源、人才资源、实验设备等是难得的创业资源。创业结合自己的专业或在自己的专业边缘进行，是学生创业的最佳选择和优先考虑的条件之一。

在大学生中不乏能力突出，走向创业道路而成功的案例。马云、俞敏洪、雷军等创业典型，成为许多大学生创业的典范。但创业毕竟是一项系统性很强的苦旅，校园中也有许多"头脑一热便去干"的创业不成功的例子。所以如何积极引导大学生进行理性创业，对大学生的创业进行指导，让创业学生少走弯路，是高校教育管理者面临的一项重要任务。

三、对策建议

（一）积极关注家庭经济困难学生个性化发展

当前大学生存在明显的个性差异和个性特征，其中包含着极大的创造性和能动性。我们应遵循学生个性特点，因势利导，帮助学生激发其内在潜质和才能，提高个性活力和创造力，这既是学生自身发展的需要，也是多元化人才培养目标的要求。对自主性较强的家庭经济困难学生进行引导，要充分发挥其主观能动性，又要引导其符合客观规律，让其创业想法由感性认识上升到理性认识。

（二）帮助学生处理好"主动就业"与"被动就业"的关系

主动就业是指大学生发挥自身的主观能动性，通过各种渠道，利用各种方法和手段，积极主动地寻找工作。被动就业则是将自己的各方面情况、条件和要求公之于众，供用人单位选择。采取不同的方式，会有不同的结果。对家庭经济困难学生而言，他们由于社会人脉资源少等原因，许多人只能被动就业，但这种选择，不是他们想要的结果。因此，高校要坚持以人为本，加强人文关怀。做好学生工作既要坚持教育人、引导人，还要关注人、帮助人。在解决家庭经济困难学生思想认识问题的同时，消除学生的发展困惑，指明其发展方向，积极主动地帮助学生就业，真正做到以人为本，促进学生全面发展。

（三）充分发挥和挖掘家庭经济困难学生的潜力

教育学生、管理学生、关爱学生，不仅是知识传授的过程，更多的是思想交流、文化传承、情感沟通的过程。家庭经济困难学生身上蕴含着巨大的潜力，高校教育管理工作者要充分发挥学生自身的作用，激发、挖掘他们的潜力，帮助他们充分认识自我，充分了解社会，树立远大的人生目标，形成自主学习、勤于思考、积极锻炼的良好习惯。

第二节　人生理想与职业选择

一、案例回放

小刚从学生会干事做到部长，再竞选为学院社团联合会主席、校社团联合会主席，反映出了诸多学生干部从青涩变为成熟的蜕变过程。从举办学生活动搬凳子、搬桌子、送文件开始，到学会组织策划活动、协调社团工作，再到懂得用人格魅力去领导人、感染人，小刚四年来的变化给大家留下了深刻的印象。毕业时，他同时考取了重庆市选调生、天津市公务员、蓬莱市事业编和山东省选调生，面对鱼与熊掌的抉择，他从多方面进行权衡，选择了省选调生，到基层任职。

小刚来自农村家庭，生活较为困难，他为了减轻家庭负担，经常晚上加班打工，并做了一份家教工作。当问及他忙于各种事务是否还有时间学习时，他总是说："在大学生活中，有三门课需要学习和锻炼，一门是专业、文化课，一门是学生工作，一门是社会实践。我现在去做家教，不仅是去挣钱，也是去上实践课进行锻炼。"辅导员开始关注这个家庭贫困、脚踏实地、机智幽默的学生。

大一时，小刚在班委竞选中当上了班长，同时他又是社团的干事，辅导员与其常有交流。

经过大二的历练，小刚各方面取得了较大的进步，具有较强的交际能力与领导能力。在学生会和社团联合会换届的时候，他想参加竞选，但缺乏自信，仍在犹豫中。辅导员找他谈话，举了大量案例来增强他的自信心。最终，他凭借自己的实力成功竞选校社团联合会主席一职。入职之后，他经常找辅导员交流社团管理等工作。在他的带领下，学校社团联合会的各项活动有序开展，并取得了骄人的成绩。

大四时，身为工科学生的小刚结合自身优势和爱好，选择考公务员。学生干部的经历让他具备了良好的综合素质，这对考公务员来说是很大的优势。几个月过后，他同时考取了重庆市选调生、天津市公务员和某市事业编。

二、案例评析

（一）案例起因

小刚来自农村家庭，家庭条件并不富裕，勤奋懂事的他在大学选择做兼职赚取生活费缓解家里的一些负担。他认为，大学是学习知识和锻炼能力的大课堂，因此参加竞选并成功担任了学生干部等职务。虽然能力比较突出，也比较能吃苦耐劳，但是在关键时期，缺乏自信，怀疑自己的能力。

（二）案例解决

辅导员对小刚进行了指导和帮助，教育他要处理好学习、工作和勤工俭学的关系，帮助他树立远大的理想和目标。针对他缺乏自信的情况，辅导员通过鼓励他竞选学院和学校的社团联合会主席来增强自己的自信心，并列举大量成功的例子进行鼓励。在经过学生干部的历练之后，小刚各方面能力明显增强，充满自信，并最终考上多省、市的公务员。

（三）案例思考

家庭经济困难学生，特别是具有学生干部经历的学生，由于他们在大学期间锻炼了组织协调、待人处世等方面的能力，能够与社会更好地对接，他们一般多为学生群体中的佼佼者。但是，由于受到年龄、家庭及社会阅历等因素的影响，他们身上也存在这样那样的问题，需要老师切实做好培养和引导，让他们克服自身缺点，提高工作能力。引导这些优秀学生准确定位，既不妄自尊大又不埋没才能，结合自身家庭因素、性格因素、人生理想等做出正确的人生规划，恰到好处地与社会接轨。

三、对策建议

（一）帮助学生找准目标，选好方向

当前社会各行各业人才需求量都很大。辅导员要教育学生，不可盲目为赶时代潮流全都一股脑儿挤到热门专业。不管学的什么专业，从事什么职业，只要在这个领域学有所成，就一定能成就一番事业。要让学生认识到，毕业以后能有多大的发展空间，并不取决于所学的专业是否热门，而是取决于在专业学习中是否已掌握了系统的专业知识和分析问题、解决问题的能力。

（二）改变贫困生资助方式

对家庭经济困难学生不但要在经济上资助，还要在知识上传授、精神上关爱、就业上指导和帮扶。高校可以通过一系列的诚信教育、感恩教育等帮助贫困学生从心底里摆脱贫困。加强经济困难学生就业指导和服务工作，通过校企合作等方式，尽可能多地给他们提供就业培训和学习的机会，提高就业能力，消除由于经济上的困难造成的求职和就业上的劣势。

（三）指导学生正确选择

辅导员要对家庭经济困难学生的选择做充分的了解，结合学生特点、岗位特点以及当前就业形势等给予学生建议和指导，引导学生做出正确选择。要加强教育，积极对学生进行思想上的引导。在做好经济资助的基础上，学校的资助工作要立足学生的主体需求，针对家庭经济困难学生缺乏自信的特性，加强对他们的人文关怀，通过各种措施激励家庭经济困难学生树立人生理想。

第三章

就业路上不掉队

随着我国高校办学规模、形式的巨大变化以及高等教育体制改革的推进，大学生就业面临着激烈的竞争与挑战。而家庭经济困难学生作为大学校园里一个特殊的群体，其就业就显得更加困难。家庭经济困难大学生签约时间滞后，签约率偏低，择业岗位偏差成为大学生就业中不可忽视的问题。这一问题已经引起了国家、社会和高校教育工作者的高度关注。高校应从学生心理健康教育、就业指导等方面对家庭经济困难学生进行指导帮助，培养能力，消除自卑，建立自信，激发自强精神，强化竞争意识，培养不畏拼搏、敢打必胜的进取精神。

第一节 走上"非你莫属"的舞台

一、案例回放

小刘出生在宁夏一个偏远地区，从小家境贫寒，父亲因欠债太多抛下了母亲和他，从此他们母子相依为命。母亲一边打工供养他上学，一边赚钱还债。小刘从小成熟懂事，理解母亲的不易。为了不让母亲吃苦受累，他曾经选择辍学打工，但经母亲多次劝导，最终他又重新回到学校，并于2010年拿到了大学的录入通知书。

由于家庭经济困难，小刘性格有些孤僻，行为有些特立独行。进入大学后，他并不像班里其他学生那样安心地待在校园，课余时间他总是想方设法去赚钱。他做过家教，发过传单，与别人合伙卖过菜。辅导员了解到他是一个十分上进的学生，由于思维方式不同，特立独行，不善于和同学交流沟通，但他又特别希望和同学们打成一片。经调查分析，辅导员认为社交圈子比较小，爱面子，是产生问题的主要原因。于是给他提出一些建议：多看一些社交类的书籍，在班级、宿舍多与同学交流，有针对性地参加校、院组织的活动，等等。随后，辅导员指导小刘参加了学校的职场逐鹿大赛，并获得了二等奖的好成绩，他的交际能力有所提升。辅导员还多次找他谈话，小刘对老师说："感觉自己欠缺的东西很多，我发现说话的确是一门艺术，以前总是以为自己感觉的就是对的，并有些执拗，现在通过和别人交流，发现不同的人喜欢不同的表述方式，有的人比较喜欢开门见山，有的人喜欢用比较委婉的方式表达。对别人只有全面了解，并建立和谐关系，才能赢得别人的信任和支持。"看到小刘的进步，辅导员感到欣慰。学校里的职场逐鹿大赛算是小试牛刀。

大四时，同学们有的考研，有的考公务员，有的联系工作，这时的小刘也感觉到压力巨大，但是他顶住压力，给自己准确定位，选择了另外一种就业方式。他找到辅导员，说："虽然我本科学的是工科，但是我更喜欢市场营销，而去参加荧屏求职就是对自己的现场营销。"小刘这时候变得自信十足，荧屏求职对于他个人来说是一种挑战，对于周围同学来说也能起到示范作用。尽管不是每个人都可以以这种方式实现就业，但是通过这件事可以传递"敢想""敢做"的正能量，对促进同学们就业也有很好的引导作用。2014年1月12日，他出现在了天津卫视《非你莫属》的舞台上，通过优秀的现场表现赢得了各位企业经理的好评，最终成功应聘咖啡之翼的股东店长，找到了一份好工作，实现了自己的价值。

二、案例评析

（一）案例起因

小刘家境贫寒，自幼和母亲相依为命，属于家庭经济困难学生。他曾经选择辍学打工以缓解母亲的压力，但在家人的劝说下，他又回学校继续学习。学校及老师通过各种方式给他提供帮助，再加上他自立自强，经常做各种创业、兼职尝试，并取得一定成绩。

（二）案例解决

辅导员根据小刘的性格特点和专业特点，引导他参加学校的职业规划大赛、职场逐鹿大赛等各项活动，提高其就业创业技能。并通过推荐阅读书目，鼓励他参加集体活动等，锻炼他的人际交往能力。在具备各方面的条件后，小刘决定参加《非你莫属》和《职来职往》等电视节目，准备挑战一下自己，并得到了老师的支持和指导。他最终站在《非你莫属》的舞台上,并通过优秀的现场表现赢得了各位企业经理的好评,最终成功应聘咖啡之翼的股东店长。

(三)案例思考

通过小刘的案例可以看出,在家庭经济困难学生中,虽然存在学业、就业、心理等这样或那样的问题,但有许多学生并没有被困难吓倒,他们敢于正视自己的缺点,通过学习和锻炼不断完善、丰富自己,并敢于挑战自我。通过学校教育、老师引导、自我努力,他们能正确认识自己,了解自己的优势,并能科学规划自己人生的努力方向,寻找自己喜欢的、适合的工作。

现在的大学生与社会接触较少,缺乏小刘这种"首创"精神,不能根据自己的能力进行准确定位。面对毕业压力,草率做出决定,不能从长计议,不敢去尝试,以至于工作以后出现各种不顺利的情况。这一案例也提醒高校教育管理工作者,在制订家庭经济困难学生教育指导工作方案时,注意处理好普遍性与特殊性的关系,将学生的个性化指导与整体性指导相结合,促进学生全面和谐发展。

三、对策建议

(一)强化师资队伍建设,加强对大学生特别是家庭经济困难学生的职业规划指导

高校要着手建立一支专业能力高的教师队伍,挑选一批实践经验丰富,具有较强的就业指导能力,并富有创新精神的教师,并通过提高学历层次、定期培训培养、校外交流学习等形式,不断提高他们的专业水平和业务能力。另外,通过合作办学等方式,充分利用有效的社会资源,如邀请校内外优秀专家学者来校为学生作职业规划指导、咨询和服务。实行本科生导师制,通过专业知识指导、参加导师科研项目研究、专业技能培训、思想生活引导等方式,不断提高学生的实战能力,提高学生就业成功率。

(二)辅导员要成为大学生职业规划教育的引导者

在职业生涯规划教育中,辅导员要树立每个学生都是可育之才的思想,教育、引导学生善于发现和发展自己的潜能,鼓励学生个性发展。心理健康在大学生个人职业生涯中作用重大,它能帮助学生在适应职业市场环境时保持一种良好的心理状态,从而成为大学生成才与成功的必备条件。因此,辅导员要加强学生的心理健康教育,根据学生不同年级、不同时期学习任务和心理特点,

进行有目的、有针对性的职业生涯教育与指导。

（三）教育家庭经济困难学生树立正确的就业观

对大学生来说，就业难在很大程度上源于就业结构的不合理。一部分学生贪图安逸享乐的观念是就业结构不合理的重要原因之一。每年都有一部分大学毕业生找不到工作，这与有些毕业生只顾眼前，不顾长远，目光短浅，急功近利，不愿意到生产建设第一线，不愿意到边远农村，怕到基层，怕就业环境差，怕缺乏发展空间，一心只求舒服的环境和丰厚的待遇有关。因此，高校要教育学生认清楚就业形势，树立良好的就业观念。让学生认识到，每个渴望自己能够成为社会有用之才的大学生，都要有到艰苦环境中锻炼的勇气和精神准备，都应着眼于长远发展。

（四）学校、政府和社会各方共同努力，营造气氛，形成合力，助推学生成才成功

政府要重视大学生职业生涯规划教育，应积极出台相关职业发展等方面的法规，将大学生的职业规划教育纳入制度化、法制化进程，保障大学生职业生涯规划教育的实施。高校要积极发挥好引导作用，采取多种措施加强大学生职业生涯规划教育，如通过课堂教学、专家讲座、学校宣传栏及广播站等多种途径大力宣传职业生涯规划知识，潜移默化地强化学生的职业生涯规划意识，让他们自觉树立职业生涯规划理念。社会团体、企事业单位和部门要建立良好的学生就业、创业、实践、实习支持系统，为大学生成才成功创造良好的环境和条件。

第二节　自信的力量

一、案例回放

小华，2008级学生。入学后，该生积极活跃，担任班委的同时，还在学生会从干事做到常务副秘书长，组织并参加各种社团活动，能力强，工作突出，得到师生的认可。进入大三后，周围同学纷纷定下自己的发展目标，有考研的，有考公务员的，也有直接就业的。但是小华此时还没有确定自己的目标，考研究生担心自己以前的成绩不是很好，考公务员担心自己考不上，直接就业又担心普通学校毕业生就业压力大。另外，他的家境并不富裕，如果上研究生的话，

会继续加重家里的负担,让父母更辛苦。加上大三学生会、社团换届,对自己的去留问题更是犹豫不决。看着周围的同学都在为自己的目标努力奋斗,此时的他显得很着急,特别烦躁。

辅导员了解到小华的情况后,与其进行了深入交流。老师告诉他,自信是一个人成功的必要条件,只有对自己充满信心,才能以积极的态度去克服困难,迎接挑战。辅导员鼓励他参加学生会竞选,目的就是让他相信自己的能力。通过对他大一大二所取得成绩的肯定,增强他的自信心,让他以最好的状态参加竞选。最后,小华成功竞选成为社团联合会主席兼学生会副主席。

辅导员与小华的家人也进行了沟通。父母表示无论小华如何选择,家人都会支持。辅导员再次找到小华,告诉他一个人的进步与发展首先需要认识自我,要清楚自己喜欢做什么、适合做什么、能干成什么。无论是考研、考公务员还是直接就业,要清楚自己的目的和目标是什么。在充分认识自我的基础上,再做出判断与选择,会增加成功的概率。小华沉下心来,认真分析了自己的性格、兴趣、优缺点等。经过自己认真分析,小华决定选择考公务员这条路。经过刻苦学习,认真准备,小华最终考取了国家公务员,成为广东海事局的职员。录取公布当天,小华给辅导员打来电话,喜悦之情溢于言表。辅导员告诉他,相信自己,你能走得更远。

二、案例评析

(一)案例起因

小华是个十分懂事的学生,他知道自己家庭并不富裕,想尽快承担起责任。他个人能力非常强,但由于职业生涯规划较迟,导致大三时在选择考研、考公务员还是就业问题上犹豫不决,产生焦虑情绪。

(二)案例解决

首先,辅导员鼓励他参加学生会竞选,通过学生会换届竞选来增强他的自信心。通过认真剖析自己,了解自己的优缺点和特长,增强对自己的认同感,消除面临多重选择时所带来的迷茫,并明确就业目标和方向。小华经过辅导员的指导、帮助和自身努力,最终实现自己的目标。

(三)案例思考

高校扩招带来的大学学历贬值问题日益显现,市场经济改革的深入、社会开放程度的加大,企业越来越关心求职者的能力。为了适应市场需求,有许多学生面临多重选择的矛盾境地。有的同学认为"鸡蛋不能放到同一个篮子里",既选择考研,又准备公务员考试,还一边找工作。也有的同学认为"当你只有一个目标的时候,才能发挥出更大的潜力",便孤注一掷地选择考研或者选择考公务员。更有人埋怨自己没有一个好爸爸,开始破罐子破摔。

小华的案例可以供我们参考。他家庭贫困,就业意向比较大,但是他目标定位比较高,想考取国家公务员。他注重分析主要矛盾和次要矛盾,没有孤注一掷不给自己留退路。大四期间,他积极就业,而且是理性就业,选择考研和考公务员,并把主要精力放在考公务员上,部分精力放在考研上,最终被广东海事局录用。在高校,有许多学生在毕业后自己去向问题上感到迷茫,存在焦虑心理,此时辅导员的引导工作尤为重要。辅导员要教育学生建立自信,引导他们在面临多种选择时,对自己的价值观念、奋斗目标、期望要求、就业环境等有清醒的认识,从而充分发挥自己的特长,激发自己的自信,顺利找到自己前进的方向和奋斗目标。

三、对策建议

(一) 辅导员要积极寻找学生身上的"闪光点"

美国哈佛大学教授威廉·詹姆士研究发现,在缺乏激励的环境中,人的潜力只能发挥20%~30%,如果受到充分的激励,他们的能力可发挥80%~90%。辅导员应勤于观察,经常主动地与学生谈心,善于发现学生身上的闪光点,鼓励和赞扬他们的每一点小小的进步,肯定他们的优点,让他们不断体验成功的喜悦。通过表扬鼓励,增强学生的自信心。爱具有交互性,在学生亲身感受和理解老师的关爱之后,他会同样甚至加倍地回报老师。他们回报的方式主要体现为尊重老师,遵守纪律,认真学习,尽可能地按老师的要求约束自己的言行。这样,可以实现学生由被动管理与教育向自我管理与教育的转变,从而增强教育效果。

(二) 要加强与学生家长的沟通,家校联合共同助力学生成才

良好的沟通就是思想和信息的交换,从而使交换的双方互相了解和信任。在日常的生活中,我们无时无刻不在进行着沟通,特别是在教育这样的行业中,沟通就显得尤为重要。我们不仅要与同事沟通、与学生沟通,还要与学生的家长沟通,深入地了解学生的家庭情况、学生受教育情况以及性格爱好等,并及时向家长反馈学生信息,学校和家庭形成合力,共同解决学生出现的各种问题

和困难。

(三) 教育引导学生提前做好职业生涯规划

合理的职业生涯规划,是迈向成功的第一步。大学生提前做好职业生涯规划,可以减少就业时的焦虑,提前做好准备,提高自己的工作效率。使自己在面临多重选择时更好更快地根据自己的实际做出最佳选择,更易获得成功。因此,辅导员要教育引导学生,从大一开始,着手规划好大学生活各阶段的学习目标,并注意处理好近期目标与长远目标的关系,科学、合理地规划人生。

第八编 08
心理透视

国家对家庭经济困难学生的经济资助解决了上学的后顾之忧，使家庭经济困难学生在经济上基本能够"脱贫"。然而，累积的贫困影响、新环境中与富裕同学的巨大差距，使得部分学生成了"心理贫困"生。诚然，有些家庭经济困难学生能够客观地面对世界，乐观地应对生活，自立自强、愈挫愈勇。但是，多数家庭经济困难学生仍需要我们的心理救助。"双困生"的心理问题集中表现在个性缺陷、环境适应不良、对情绪情感的消极处理等方面，贫困的辐射影响使得他们缺乏良好的心理弹性，生活中小小的挫折就会给他们造成极大的伤害，容易导致心理障碍。

第一章

不能承受家庭之重

通过对高校家庭经济困难学生的调查发现，家庭教育对学生的影响是深刻而深远的，教育方式不当、家庭关系不和谐以及家庭社会经济地位较低都会对学生良好个性的形成产生重大影响。较大的生活压力、较低的受教育程度容易使经济困难家庭的父母心理失衡，甚至产生病态心理，无力、无心教育子女，或采取简单、粗暴的教育方式，或错误地引导子女的学习观、人生观、价值观，直接影响到子女的心理健康。

第一节 一颗敏感的心

一、案例回放

"老师，昨天晚上小强又和舍友吵架了！这次差点打了起来……"几名大二的男生急匆匆地过来向辅导员报告。他们说："自从住在一个宿舍，小强已经多次辱骂舍友，以前我们都忍让着，没有报告老师，担心受处分，这次小强太过分了，一直骂不停，两个人差点打了起来。小强还把自己的盆子、镜子都摔了。"为了了解情况，辅导员把小强叫到办公室。

小强衣着很朴素，眼神中充满了愤怒，"老师，是他欺负我，他欺人太甚，我只不过想教训教训他……"为了让小强冷静下来，辅导员建议他去心理宣泄室进行情绪宣泄。在宣泄室里，小强大声呐喊，对假人又捶又打，这让辅导员很吃惊。在小强冷静后，辅导员与他聊起了家人。小强的家在宁夏一个贫穷的小村子，父母务农，家里有一个辍学打工的姐姐。父亲在他儿时的记忆中是威严的，脾气暴躁。他10岁那年，父亲出了车祸，一条腿落下了残疾，经常腿疼，父亲的脾气也变得更加让人难以琢磨，经常因为小事辱骂家人。母亲性格懦弱，面对父亲的粗暴行为，总是忍耐。父亲对姐姐还是比较宽容的，很少看到父亲对姐姐发火。父亲对小强比较严厉，要求也很高。如果考试成绩不理想或者在外面调皮，回家就会受到父亲的辱骂，有时还会挨打。小强从不敢反抗父亲，但在内心中非常恨他。小强感觉自己很不幸，也很无奈。小强认为只有努力学习，才能逃脱父亲的"惩罚"。

考上大学后，父亲对小强的态度缓和了很多。小强本以为大学生活是令人向往的，但是他却与同学经常发生口角，认为舍友"嘲笑"他，说他穿着没品位，死脑筋，乡巴佬！这让小强很愤怒，他会不由自主地辱骂舍友，甚至想动手教训舍友。宿舍的同学都说他太敏感，反应太强烈，别人只不过是开玩笑而已！

在辅导员的鼓励下，经过了近2个月的心理疏导和行为训练，小强不仅冲动、骂人的症状消失，而且变得自信、开朗了很多。

二、案例评析

（一）案例起因

家庭社会经济地位低和家长粗暴简单的教养方式对小强骂人、打架等攻击行为的形成有重要影响。家庭经济压力过大，使得小强父母长时间从事繁重的体力劳动，没有过多的时间和精力去教育他，也无法以循循善诱的方式进行开导，而倾向于以直接、快速的方法要求他服从命令，使用暴力的可能性比一般家庭高。小强父亲对他管教过严，母亲软弱被动，对他很溺爱。父母在情感上均与小强缺乏沟通，此种家庭教育方式为小强提供了一个攻击性行为的模仿原型，在日积月累的暗示下，当别人令他不满意时，便效仿父亲使用暴力方式来解决问题。过度严厉的教养方式也对亲子关系产生了消极影响，致使小强心中"憎恨"父亲。

父母关系不和谐严重影响了小强良好个性的形成。父母关系不和谐的大学生身体攻击倾向性高于父母关系和谐的大学生[1]。小强的父亲经常因为小事对他母亲进行辱骂、训斥等，小强虽然同情母亲，厌恶父亲的"霸道"，但父母的

---

[1] 刘轩、高正亮：《大学生攻击行为现况及影响因素分析》，载《中国学校卫生》，2013年第3期。

这种相处方式被他嫁接运用到处理同学关系之中。

过高的自尊心、消极的认知也与攻击行为密切关联。研究发现，家庭经济困难学生尤其是家庭经济困难的男同学更易出现攻击行为[①]，自尊是家庭经济困难学生攻击行为的重要影响因素，过度自尊的家庭经济困难学生更可能出现攻击行为。小强在父亲的"高压"教育下，内心非常自卑，特别在意别人对他的评价，稍有不符合他"意愿"的评价，他就感觉别人在羞辱自己，内心很受挫。与舍友小的争执，小强总倾向于放大争执的消极意义，认为是对自己的挑战，甚至是对自己的否定，有时会歪曲对方的话语。

缺乏有效的社会支持也是导致攻击行为出现的重要因素。同学间良好的人际协助作为重要的社会支持方式，能在一定程度上降低个体攻击行为的出现率。小强的舍友多数是独生子女，日常生活中习惯以自我为中心，缺乏"关照"别人的意识。

（二）案例解决

小强心理问题的解决得益于家庭、学校、个人三方面的努力。首先，辅导员对小强进行心理辅导，纠正小强的认知偏差，引导小强适应新的行为方式，增强自信心；其次，辅导员与小强的父母进行了沟通，父母认识到自己在教育小强方面存在偏差，对其良好个性的形成和未来发展产生了消极影响，因此积极、主动地改变教育方式；最后，学校加强宿舍管理，发挥舍友团结协作的精神，增强对小强的社会支持。

（三）案例思考

家庭社会经济地位对学生的教养方式有重大影响，而粗暴的家庭教养方式容易导致子女不良的性格，致使子女不由自主地习得父母的处世方式，在与人交往中表现出"霸道"等错误的行为。另外，不和谐的父母关系，如父母经常吵架、一方欺负另一方等，会增加子女的不安全感，使得子女憎恨"强势"的一方，同情或可怜弱者，进而强化子女的攻击行为。鉴于家庭环境因素对一个人尤其青少年时期人格的形成具有重大影响，因此，全社会应积极关注中小学阶段学生的心理健康状况，尤其经济困难家庭的子女心理教育情况。

---

① 罗贵明：《家庭经济困难学生攻击行为与自尊及人格关系》，载《中国公共卫生》，2010年第11期。

三、对策建议

家庭经济困难大学生，尽管随着年龄、社会阅历、教育程度、知识的增长，心理调节能力不断增强，但仍然难以消除因长期的不利成长环境和家庭贫困带来的累积性消极影响。要采取多种措施，避免各种危险行为的出现。

（一）改善家庭关系状况，为不良个性的转变提供基础保障

子女心理健康的关键在于和谐而稳定的亲子关系，亲子关系不良将导致子女的回避行为、攻击行为和犯罪行为。因此，如果学生出现由个性问题而引发的问题行为，学校应主动与家长进行沟通，让家长明白子女心理问题的产生与成长环境密切相关，改变对子女的教育方式，改善亲子关系是重要一环。如本案例中，辅导员一方面让家长尤其是父亲对小强的教育方式、对待家庭成员的方式进行深刻反思。与小强进行沟通，消除小强对父亲的"仇恨"情绪。让家长能够站在子女的角度，多为他们考虑，尽力营造温暖和谐的家庭氛围，减少家庭成员之间的敌意与对抗。另一方面，促使家长改变教育理念，加强亲子间的沟通交流。在日常生活中，父母应该多关心孩子的心理成长，主动打电话与孩子进行交流，采用合理的方式多与孩子进行心灵上的沟通。

（二）发挥家庭经济困难学生的主体作用，在认知、行为多方面实现转变

1. 转变认知方式，消除不良行为。辅导员采取理性情绪疗法帮助学生梳理错误的认知，认识错误认知所带来的消极后果，探寻积极、正确的认知，并制订计划，使学生不断纠正自己的错误想法，树立正确的理念。采取厌恶疗法，消除学生骂人、打人等不良习惯。辅导员可以先介绍厌恶疗法的原理，建议学生每当与同学有冲突、想骂人时，就使劲掐自己一下，通过身体的疼痛消除想骂人的举动。辅导员还可以就同学间冲突的性质及处理方式进行讲解，纠正该类学生对同学间冲突的消极认识，掌握积极的处理方式。

2. 全面评价自我，逐步提高自信心。自卑心理的形成是一个长期的过程，受到环境、自我认知方式等多种因素的影响。一方面，辅导员引导该类学生进行客观评价自我，寻找自己的优点，多从积极的方面认知自我。建议学生发挥自己的学习优势，把更多的精力放在专业学习上，从书中吸取精华，开阔视野，提高学业成就感。另一方面，辅导员与学生父母沟通，建议学生父母在日常生活中，尤其在众人面前，多夸奖子女，增强他们的自信心。

3. 扩大人际交往范围，拓宽视野。有些学生比较自卑，日常生活很单调，

宿舍、食堂、教室或图书馆三点一线,很难走进同学们中间,总觉得自己什么也不懂,担心别人笑话。辅导员可建议他们多参加校园中的各类体验型、培训型活动,增加与各种人接触的机会,开阔视野,积累人际交往经验。另外,建议学生通过心理学、人物传记等书籍,学习人际交往技巧、人际交往原则,并在生活中加以应用。

(三)对宿舍其他成员进行心理辅导,发挥舍友的社会支持作用

在学校中,宿舍是学生的家,舍友的支持对学生心理问题的解决具有极大的支持作用。辅导员可与宿舍其他成员进行沟通,建议舍友调整自己的认知方式和行为方式,正确认识并调整自己在与家庭经济困难同学相处之时的不合适之处并加以纠正和完善。

第二节 沉重的考研之路

一、案例回放

晓斌是一名大三男生,来自山东中部的一个小山村,父亲在工地打工,母亲患有慢性病,在家务农,姐姐很早就辍学打工。晓斌是村里第一个本科生,从考上大学那天起,晓斌就成为其他家长教育孩子的典型,家人也都因晓斌而感觉"扬眉吐气"。父母盼望晓斌毕业后能有好的出路,改善家中的贫穷状况。

晓斌对辅导员说:"感觉学习压力比较大,太苦太累,如果直接工作,也不知道自己的未来在哪里。但我也不能不找工作。自从我考上大学后,村里的孩子都拼命学习,这两年又陆续有三人考上了大学。父母要求我必须考研,只有这样才能有好的出路。即使砸锅卖铁,也要供我读研。近期家人经常打电话询问学习情况,可我一直无法静下心来,一学习就胡思乱想。还有四个多月就考试了,我可怎么办。我很害怕考不上,最近晚上很难入睡……"晓斌一边说,一边不停地搓手,额头上冒出了汗珠。

为了进一步了解晓斌的情况,辅导员通过全身放松法引导晓斌放松情绪,随后和他一起聊起了考研准备情况和家庭、职业生涯规划方面的话题。晓斌说他要报考的学校已经选好,原本制订的复习计划,现在一直无法执行下去,看到考研参考书和模拟试题就紧张、焦虑,心烦意乱,脑子里一直在想:要是考不好,怎么办?

晓斌的父亲是一个沉默寡言的人，他很严厉，不苟言笑，以前晓斌考试不好时，父亲经常训斥他。上大学后每次回家，父亲总会安排母亲给晓斌做几个好吃的菜。晓斌平时在家能和母亲、姐姐说上几句话，可至于这件事，他没有告诉她们，怕她们担心，也怕她们失望。

针对晓斌的情况，辅导员制订了帮扶计划，经过近两周的辅导，晓斌焦虑的情绪得到了明显缓解，能够静心备考，最终考取了理想学校。

二、案例评析

（一）案例起因

晓斌父母一直生活在相对封闭的农村，生活环境相对简单，对城市的竞争压力不太了解，对晓斌有一些不切实际的期望。晓斌自小学习优秀，父母在潜意识中就认为自己的儿子一定是最优秀的，将来也必须是最优秀的。进入大学，踏入社会，"优秀"的标准不再单一体现为考试的成绩。在综合素质方面，晓斌并不是优秀的，可晓斌没有跟父母沟通。为了不让父母担心，他按照父母的"优秀"标准在努力，这给他造成了更大的心理压力。他生怕考研失败，使得自己不再"优秀"，以至于失去信心。晓斌父母严厉的教育方式，缺乏良好的沟通方式，使得晓斌胆子越来越小，不愿意与父母交流。在晓斌看来，父母的期望太高，心里委屈，认为父母没有顾及他的想法。

晓斌在人生规划方面一片空白，片面地认为考上研究生就会继续"优秀"，否则就"一无是处"，看不到自己其他优势或资源。晓斌认为"考不上"就"万劫不复"，前途就会一片黑暗，过度消极地看待自己的未来，出现了糟糕至极的观念。此外，缺乏良好的自我管理。面对自己的混乱状态，晓斌只是一味地讨厌自己，恨自己不争气，压抑焦虑、烦闷的情绪，越压抑情绪越恶劣，形成了恶性循环。

（二）案例解决

首先是辅导员帮助晓斌梳理了大学生活，制订有针对性的辅导方案，使晓斌能够有的放矢地自我改变、自我成长。其次是晓斌自己的主观努力，顽强的意志。经过约两周的自我调整，晓斌的焦虑情绪得到了明显缓解。再者，父母的理解与支持，也极大地缓解了晓斌的心理压力。

（三）案例思考

考研意味着寻找更好的工作，这是众多"考研生"奋斗的动力。然而，对某些专业而言，苦读三年研究生，也许会丧失本科毕业就能获得的工作机会。另外，考研是一份劳心劳力的事情，需要极强的自我管理能力。对于家庭经济困难学生而言，由于贫困的累积影响，在压力较大时期，家庭经济困难学生容易出现心理冲突。在此特殊时期，高校应及时开展学习适应、心理调节、自我管理、生涯规划等方面的教育，帮助学生缓解心理压力。同时，帮助子女合理、理智地规划大学生活也是父母义不容辞的责任。

三、对策建议

（一）教育学生正确地看待自己的未来

不合理的理念会引发消极的情绪，导致环境适应不良。由于家庭的期望和压力，家庭经济困难学生往往对考研孤注一掷，抱有过大的期望，不能合理认识自己的价值，一旦考研失败，势必会引发极大的消极情绪，对生活悲观失望。在做学生心理辅导时，首先应纠正该类学生思想中存在的不合理认识，引导他们正确地分析个人具有的优势、资源和不足，提高自信心。其次，结合当前的就业、考研形势，帮助他们理性看待考研结果，认识到即使考不上研究生，仍有能力找到工作。只要自己不断努力，未来一定会越来越好，减轻自己对未来的焦虑情绪。

（二）教育学生学习合理的情绪管理方法，加强生活管理

一般情况下，家庭经济困难学生焦虑水平比其他学生稍高，考研如同高考，需要付出极大的精力和体力。面对考研的竞争压力和家庭的压力，家庭经济困难学生会表现出较多的焦虑现象。如果在备考过程中，心情烦躁，势必会影响复习效率。因此，辅导员在给学生做心理辅导时，一方面让该类学生进行上述认知调整，从根源上缓解他们的不良情绪；另一方面向其讲解情绪疏导、管理方法，建议他们更多地参加体育锻炼，增强体质，加强饮食营养，增强积极情绪。

（三）引导学生加强自我管理，制订自我管理计划

所谓自我管理，就是自我对本我和超我的协调，自我管理的目的在于使用社会能接受的方式满足人的生物本能和实现超我理想。自我管理是迈向成功的内在驱动力。面对考研，很多学生有自己的目标和计划，但往往计划很笼统，且缺乏操作性。对于此类学生，建议采取目标管理法和时间管理法进行自我管理。根据目标管理法，把总目标逐层次分解为一个个的小目标，制定各个具体

的复习小目标。目标管理法有利于获得成就感，增强学生的信心。采用时间管理法对日常事务进行管理，合理安排学习、生活时间。制订具体的自我管理计划，以此督促个人，并随着一个个小目标的完成，提高自我成就感。

（四）教育学生正确看待父母的期望，就考研和就业问题主动与父母进行沟通

父母的期望是家庭经济困难学生努力的动力，但过高的期望会变成学生前进的障碍。高校要教育、引导并鼓励学生主动通过电话等方式与父母沟通，获得父母的理解和支持。

（五）全社会进一步做好家庭经济困难学生的就业指导、帮扶工作

家庭经济困难学生在校期间，政府可以提供带薪兼职工作岗位，让家庭经济困难学生更早地获得工作经验，为就业做好准备。高校应针对家庭经济困难学生开展就业指导工作，为他们指明方向，答疑解惑。

第二章

校园里迷失的羔羊

在高校校园，许多家庭经济困难学生心理负担比较重，他们深知自己能够上大学，实在来之不易，力求以优异的学习成绩来报答含辛茹苦的父母。然而，在人才济济的大学中，中学时期优秀的他们即使再努力，也有可能"风光不再"。一旦进入新的环境，遇见挫折，贫困的累积效应就会损伤他们的自信心，击垮他们前进的动力，致使他们对大学生活感到恐惧，对周围人群感到陌生，对前途既怀疑又茫然，从而陷入了精神和心理困苦的境地。

第一节 "淑女"的苦楚

一、案例回放

"我的同学经常笑话我，说我忸怩作态！我受不了了！"小影找到辅导员哭诉，看起来很着急，也很痛苦。

小影出生在山东北部一个偏僻的村庄，现在读大学二年级。小影的母亲有些耳背，语言表达不太流畅，父亲常年在外打工，小影和弟弟由爷爷奶奶一手带大。爷爷奶奶都患有高血压、心脏病，一直在家务农，全家的年均收入只有一万余元。每年的收入除去日常开销和爷爷奶奶的医药费，基本所剩无几，家里的生活比较拮据。小影和弟弟是全家的希望，爷爷奶奶也用尽心思地培养他们。

爷爷奶奶思想非常保守。在小影小时候，奶奶就经常教育小影："女孩子不要在众人面前大声说话，不要抛头露面，要懂得矜持，否则长大后会嫁不出去。"家里的亲戚、邻居们尤其年纪大的长辈们经常夸奖小影是一个文静、沉稳、听话的好孩子。久而久之，小影意识到淑女就应该是这样的：文静、不张扬、听话顺从。在小学和中学阶段，小影除了上学几乎每天都安静地待在家里，不去外面与同学"疯"玩。

2009年，小影考上了大学，成了全村第一个女大学生。全家人感觉无比荣耀，村里的家长也经常以小影为例子教育自己的孩子，尤其是女孩子。可是，进入大学校门后，小影发现自己好像来到了另外一个世界。在这里，女同学并不都是"淑女"，很多人争先恐后地表现自己，甚至比男生还要强，这让小影非常震惊。大一一学年，小影都是在困惑、痛苦与孤独中度过。小影不知道怎么与同学交往，又时时害怕同学们瞧不起自己。

小影向辅导员哭诉："老师，我真的很痛苦，我很想改变自己，可我不知道该怎么做……"为了更清楚地了解小影的情况，辅导员找到了她的几个同学。据同学反映，小影是一个胆子小、容易害羞的人，平时说话声音很小，在同学面前几乎不说话，很安静，是一个很善良、宽容的人。她很乐于助人，与同学相处也很谨慎，从不与人发生争执和矛盾，即使有人冒犯她，她好像也不在意，没有反抗，也没有反对。对于同学的"赞美"之词，小影感到很委屈，她说自己与人发生冲突时，往往会选择压抑自己，不敢与人争执，害怕给人留下不好的印象，得罪别人。生活中，看到同学们兴高采烈地去购物，幸福地谈论自己的父母，小影非常羡慕，但从不提及自己的父母，担心同学们"笑话"，看不起自己。

辅导员看到小影想改变自己的主观意识非常强烈，于是鼓励小影，只要有心去调整、改变，并坚持不懈，一定能完善自己的个性，更好地适应大学生活。辅导员与小影共同制订了短期计划和长期目标。经过近半年的帮助、辅导，小影对自我有了更加积极的认识，并能大方、主动地与同学交往了。

二、案例评析

（一）案例起因

传统式的家庭教育，是小影问题产生的根源。伴随小影成长的是爷爷奶奶的隔代教育，父母的力量几乎是空白的。由于历史文化因素的影响，祖辈的价值观是落伍的，且爷爷奶奶、父母受教育程度均较低，家庭又比较贫困，在对小影教育问题上，他们没有意识，也无力去考虑学习新的、合适的教育方式、教育理念。因此，爷爷奶奶就直接把他们认为正确的思想观念灌输给小影，严重地影响了她的个性健康发展，以致不能适应现代社会生活。另外，小影对这种教育方式的遵从和思想观念的接受、邻居们的认同以及特殊的家庭环境也影响了她与外界正常的交往，使之缺乏同龄人正常的交往理念和经验，并最终导致小影羞怯个性的形成。

自我认知和自我调整的偏颇，是小影问题产生的主观原因。一方面，小影的羞怯个性属于认识型羞怯，即由不正确的认识引起的怕羞。具有此种个性特点的人经常担心自己被别人否定，特别在意别人的评价，尤其在意负面评价。他们无论做什么事，总会不由自主地怀疑自己的能力，总会有一种自卑感，常常过分夸大自己的缺点和不足，使自己总处于消沉的状态之中，过分追求一种自我安全感。因此，当其面对别人时，会过分地关注自我。越是关注自我，自己的言行越是拘谨，让人感到不自然。这种恶性循环，导致她胆小怕羞，经常面红耳赤。另一方面，小影的家乡地处贫穷、偏僻的地区，当地经济条件、生活环境的限制使得小影"目光短浅"，加之自己特殊的家庭和拮据的经济状况，使得小影自小就觉得低人一等，比较自卑。

（二）案例解决

小影主动寻求辅导员的帮助，具有强烈的自我改变意识，非常有助于小影心理问题的解决。在辅导员的帮助下，小影的家人认识到了家庭因素在她不良个性形成中的严重影响，并积极寻求改变。通过心理疏导，小影正确认识到了自己个性问题所在，积极调整了认知方式和行为方式。以小影为主体，在家人、辅导员的帮助下，经过近半年的努力，小影摆脱了羞怯的个性，变得更自信、更阳光。

（三）案例思考

一个人个性的形成是一个长期的过程，受多种因素影响，特别是家庭环境因素具有举足轻重的作用。本案例中，不良的家庭教养方式、落后的教育理念错误地引导了小影。在中小学阶段，家长、老师都聚焦在孩子学习成绩上，没人关注小影的心理健康和个性发展，导致她不良个性的加深。此外，小影本人也缺乏心理保健意识和心理健康知识，遇到问题、挫折，往往采取消极、逃避的方式应对。同时，本案例也反映了在经济困难家庭的子女教育问题上，社会支持的缺失和忽视。

三、对策建议

过去，人们常常错误地认为，羞怯只是儿童和少年的问题，随着他们逐渐长大成人，羞怯会自然退去，性格会变得大方起来。但研究表明，大约有40%的成年人认为自己羞怯。虽然羞怯是现代社会一种常见的心理现象，但是过度的羞怯，会影响一个人的正常生活。因此，必须采取各种办法，教育学生战胜羞怯心理，积极面对人生，努力培养阳光心态。

（一）改变家庭教养方式，从根源上消除认知误解

众多社会现实证明，隔代教育虽然可以减轻父母抚养孩子的压力，但不利于孩子良好个性的培养。由于年龄的影响，祖父母往往根据自己的理念来教育孩子，很少或几乎不吸取新的教育思想，多数孩子或被溺爱，或性格受压制，或被过度保护。因此，父母应作为孩子的第一教育者，承担起不可推卸的责任。本案例中，父母的教养方式对孩子羞怯行为有很大的影响。

（二）通过心理疏导，寻求合理的自我认知，实现行为改变

心理治疗专家克里斯多夫·迈洛拉汉说："我们对自身的认识也许比我们自以为知道得更多，当我们用文字将我们的害怕和焦虑梳理一番时，自己也会为之惊讶。"根据威勒斯来学院心理学家乔拉森·查克在他的《克服羞怯》一书中所说，约有2/3人的羞怯是因某一特殊原因而引起，一旦原因被找到，就能以一种更有建设性的方式去对待它①。通过心理疏导，帮助学生发现自己忧心的根源。心理疏导的措施包括：通过写日记的形式进行自我反省，寻找真正使自己害怕、忧心的根源；想象最坏的情景，并合理认识；重新认识自我和他人，增强自信心；积极学习人际交往知识，主动与人交往。在心理疏导中，辅导员应协助羞怯者寻找优点和资源。另外，帮助羞怯者对他（她）最欣赏的一个人进行重新认识，发现该人并非完美，也有很多不足之处。羞怯者在与人交往中往往表现为退缩、被动，辅导员、班主任应更多地鼓励他们参加各种各样的活动，给他们自由发展的空间。

（三）教育学生以一颗平常心接纳羞怯

家庭经济困难学生生活压力较大，引导他们拥有一颗平常心非常重要。要让学生认识到，害羞是一种人格特质，适度的害羞会增加个人魅力。不要因为心存羞怯而否定自己，贬低自己，更不要以此来挫伤自信心。教育引导学生在多重锻炼中克服羞怯，在学习和生活中培养平常心态，以顽强的决心和持之以恒的毅力，逐步克服自身存在的缺陷，努力创造美好的未来。

---

① 秦泉编：《写给青春期男孩的故事书》，江西教育出版社2013年出版。

（四）关注留守儿童的人格成长，加强隔代教育家庭的心理健康教育知识普及工作

留守儿童由于缺乏父母的贴身关爱、教育，心理往往会缺乏安全感。父母要经常通过电话等方式，让孩子感觉到家庭的温暖。全社会应多多关注留守儿童家庭，关注孩子的健康成长。高校或社区应通过各种方式向学生家长普及心理健康教育知识，使其掌握基本的心理教育和帮扶能力，共同关注青少年及儿童的心理健康。

第二节　宿舍里的贫与富

一、案例回放

兰兰是大一女生，来自云南一个偏僻的小山村。家中有一个妹妹，父母务农，父亲身患慢性病，需要长期服药，不能干重活，家中收入来源主要靠父母务农所得。在兰兰的记忆中，父母都是老实本分的人，教导自己要好好学习，争做"三好"学生。在中小学阶段，兰兰一直是老师的"得意弟子"，同学们羡慕的对象。她以考上大学为目标，不允许自己有其他分心的兴趣、活动。经过拼命的努力，兰兰终于如愿以偿，考上了一所国内名校。

在新生入学的第五周，兰兰的母亲给辅导员打来电话，强烈要求给兰兰调换宿舍，说兰兰不喜欢现在的宿舍。兰兰几乎每次给家里打电话都哭诉大学生活没意思，和舍友关系不好。辅导员找来兰兰，询问她的生活学习情况，兰兰一直说自己很好，可老师明显看到她回避的眼神。

经过深入沟通，兰兰说出了心声。她说，与宿舍中其他五位舍友相比，感觉自己就是个"笨小鸭"，不会唱歌、跳舞，也不会弹琴、画画，什么也不会。五个舍友经常三五成群地外出，她却经常孤独一人，尤其在舍友的高谈阔论声中，她感觉自己像个多余的人，格格不入。面对大学的学习，兰兰更是一脸茫然，感觉学习没有高中的成就感。看到同学们高兴地参加各类社团活动，自己什么也不会，心里很落寞。回想起高中时期的自豪感，兰兰更失落，感觉大学生活没意思。

辅导员认识到了问题所在，给她讲解了大学对学生的评价标准，帮助她及时转变认识。经过一段时间的调整，她的学习成绩有了明显提高，同学关系融

洽了，而且还参加了学生会组织，经常和其他同学一起策划各项活动，成为同学中的活跃分子。

二、案例评析

（一）案例起因

兰兰的情况属于典型的环境适应不良。新生在开始大学生活时，在学习、生活、人际交往、自我管理等方面会产生一系列问题，即为环境适应不良。兰兰出现如此表现，原因主要包括以下几个方面。

1. 兰兰天生性格内向，存在自我认知偏差，自卑心理严重。兰兰存在过分概括化的认知偏差，片面评价自我和他人。在兰兰看来，自己不具有文艺才能，就低人一等，没有看到自己的资源与优势，认为能弹会唱的同学就比自己优秀，但综合素质不仅仅指艺术才能，还包括心理素质、优良品质等，可兰兰没有认识到。

2. 贫穷落后的生活环境影响了兰兰的全面发展。兰兰生活在一个经济落后的地区，当地教育及家庭过于看重学习成绩，不注重培养学生的人际交往、环境适应等方面的能力，致使兰兰无法适应大学生活。

3. 对大学教育理解的偏颇，无法获得学业成就感。在中学阶段，兰兰的成就感来自于一次次考试后老师的表扬。而在大学中，考试并不像中学那么频繁，且大学教育重在学习能力的培养、综合素质的提高。

（二）案例解决

兰兰问题的解决得益于学校、个人两方面的努力。学校方面，辅导员、班主任和同学们通过专业发展指导、社会实践指导、朋辈辅导、专业心理疏导等多方面帮助，为她拨开了心中的"迷雾"，重树奋斗的信心。兰兰个人的努力起到了关键作用，她认识到自己心理困惑的根源，坚持不懈地进行自我改变。

（三）案例思考

家庭经济困难学生由于受到家庭客观条件的限制，对孩子没有进行音乐、美术等特长的培养。社会对"综合素质"理解的偏颇，使得家庭经济困难学生总感觉自己在别的同学面前低人一等。另外，在培养目标和培养过程方面，大学与中学存在巨大的差异，这让大学新生尤其是家庭经济困难的学生非常不适应。因此，高校进行大学新生心理保健教育、环境适应教育等必不可少。同时，中小学阶段心理健康教育的缺失所引发的大学新生的心理问题也应该引起中小学教育者及家长的高度注意。

三、对策建议

（一）加强对家庭经济困难学生的心理辅导，帮助学生进行自我管理

对环境适应不良的家庭经济困难新生往往对自我、他人和新环境有不合理的认识，造成情绪消极、行为退缩。辅导员要教育引导学生全面、合理地评价自己，在看到自己不足的同时，要看到自己的资源或者优点，合理评价他人，避免"晕轮效应"。对待面临的事情或困难，多从积极的方面进行认识。在人文素养方面，鼓励他们参加喜欢的社团，学习相关知识，开阔视野。帮助学生实现自我管理，对大学生活进行科学规划。

（二）加强新生入学教育，发挥学校的社会支持作用

1. 要加强高校家庭经济困难新生的入学教育。新生入学教育要结合学生学习、生活、适应、发展等各个方面，为学生指明方向。教育形式不仅包括学生广泛参与的讲座、活动等，而且要有主题班会、团体辅导等载体。通过广泛宣传优秀家庭经济困难学生案例，发挥榜样作用，旨在让学生摒弃"啃老""媚富"心理，激励学生靠自己的努力打拼未来。

2. 发挥朋辈辅导的积极作用。学校成立家庭经济困难优秀学生朋辈辅导服务队，通过师兄、师姐现身说法，为新生提供学习、发展、生活、交友指导，增强他们对大学生活的信心，消除恐惧感。

3. 指导社会实践，解决现实问题。家庭经济困难且适应不良的学生往往缺乏社会实践的经验，对外界产生恐惧感。因此，辅导员在为他们提供实践指导的同时，可以为他们介绍勤工助学岗位。让他们在为同学服务的过程中，感受来自不同年级同学的经历和困惑，产生"我不是另类"的体验，明白有心理困惑是很正常的，有助于减轻受挫感，并增加与人交往的机会，体会到助人的乐趣。

（三）建立融洽的舍友关系

宿舍关系是大学生生活中重要的人际关系，宿舍成员之间容易攀比、嫉妒。加强舍友之间的沟通，有助于消除误解，获得个人改变的强大社会支持力量。辅导员要教育学生舍友间坦诚相待，珍惜同学间的友谊，珍惜大学美好时光。

第三章

爱的迷失

大学生时期是青春期发展的后期,心理上处于"断乳期",在这个时期他们对情感有着迫切的需要。家庭经济困难学生由于受到社会观念的影响、个人认知的曲解等,在交友、恋爱遇到挫折时,往往出现苦闷,情绪低落,无法吐露心声,对学业失望,甚至产生了报复他人、伤害自己的想法。大学生是社会中的一员,自然会受到社会观念、社会风气的影响。高校应教育家庭经济困难学生,树立正确的爱情观、友情观,既要看到爱情的美好和友情的真挚,也要客观、理性地面对各种关系处理中出现的问题。

第一节 追寻阳光爱情

一、案例回放

2009年3月,一名叫琳琳的大四女生走进了辅导员办公室,"老师,我有点事想跟您说,希望您能帮我指条路。"琳琳看起来很憔悴,很着急。

琳琳在大二时,谈了一个男朋友叫小刚,俩人关系一直很好,没有发生过矛盾和冲突。琳琳对这个男友比较满意,期待着毕业后能够在一起生活。春节期间,小刚把琳琳的情况告诉了父母,征求父母的意见。结果父母强烈反对,认为琳琳来自封闭落后的农村,家里比较贫困,姊妹又多。小刚是家里的独子,父母是省城公职人员,家境优越。小刚的父母希望他毕业后在省城找一个"门当户对"的女孩做妻子。面对父母的反对,小刚比较郁闷。开学后,小刚把一切情况告诉了琳琳,希望琳琳能够理解他。琳琳不想放弃,要求小刚带她去见他的父母,期望能说服他们,可小刚坚决反对,说不希望惹父母生气。从此以后，小刚慢慢疏远了琳琳。最近一个月，小刚有意躲着琳琳，连电话也不接了。琳琳非常郁闷，每天都在小刚宿舍楼下等他，等来的结果还是分手。

琳琳感觉自己被抛弃了，好像一切完全被否定，生活一下子失去了方向，每日心烦意乱，与舍友也经常因为小事而争吵不休。看到同学们都忙于找工作，琳琳心急如焚，可头脑中总是出现男友绝情的情景，不能安心准备学习。琳琳请求辅导员帮忙，琳琳说自己不知道怎么做才能让他回心转意，讨厌他父母的爱慕虚荣，恨小刚的绝情。琳琳情绪特别激动，认为如果不能挽回爱情，就用硫酸毁了小刚，让他和他父母后悔一辈子。

为了缓和琳琳的激动情绪，辅导员与琳琳聊起了生活中高兴的事情，聊起了琳琳的父母和未来的生活。辅导员告诉她，爱情是人生中的重要组成部分但不是全部，人的一生既有追求美好生活的权利，也有赡养父母、教育子女、奉献社会的责任。如果一个男孩因为家庭条件的差距、父母的反对而放弃爱情的话，这不是真正的爱情或者说是他根本不懂得什么叫爱情。经过辅导员的开导，琳琳冷静了很多，也明白了许多。辅导员与琳琳讨论了目前的情况，制定了可行的方案。经过三次心理辅导，琳琳恢复了冷静、理智和自信，对自己的未来充满信心，开始高兴地找工作，最终被一家跨国公司录用。

二、案例评析

（一）案例起因

案例中小刚的父母介意琳琳的"出身"，认为她与小刚"门不当，户不对"，进而极力反对，致使俩人分手。这种鄙视让琳琳非常愤怒、悲伤，内心充满羞辱感，生活变得漫无目标，情绪极度低落，产生了报复意念。另外，琳琳没有正确认识"恋爱"的全部内涵。失恋违背了琳琳的最初意愿，造成了心理的失衡。

（二）案例解决

恋爱的一方否认或中止恋爱关系，结果都会给另一方造成一种严重挫折。造成失恋的因素很多，包括"门第不等""地位悬殊"等传统社会观念。大学生"恋爱"能够让学生学会如何与异性相处，通过恋爱健全自己的人格，促使择偶观的成熟。辅导员采用理性情绪疗法帮助琳琳纠正对失恋的错误理解，正确认识恋爱挫折，并引导琳琳在面对挫折时用成熟心态面对。心理辅导帮助琳琳解开了心结，消除了愤怒情绪。琳琳强烈的求助意识和坚持不懈的自我改变决心，在主观上帮助她走出了心理困惑。

（三）案例思考

近几年，失恋所引发的人身伤亡事件经常见诸报端。失恋对家庭经济困难学生的危害是有目共睹的，尤其是对"心理断乳期"大学生的打击更严重。家庭经济困难学生由于特殊的心理特点，在面对恋爱失败时更容易出现心理冲突，采取自伤、伤人等极端行为。因此，个体的挫折教育、不良社会风气的纠正、正确婚姻观和人生观的培养等是社会、学校、家庭共同思考的课题。

三、对策建议

（一）心理辅导帮助失恋者走出心理阴影，完善个性

1. 采用注意转移法，帮助家庭经济困难学生摆脱失恋痛苦，恢复正常情绪。注意转移法是指把注意力从产生消极、否定情绪的活动或事物上转移到能产生积极、肯定情绪的活动或事物上来。其生理机制是大脑皮层优势兴奋中心的转移。本案例中，琳琳比较喜欢听音乐，辅导员建议她多听优美、积极的音乐，不要听伤感的音乐；多走出宿舍参加体育锻炼或文娱活动，放松心情，增加正能量。

2. 采取理性情绪疗法纠正错误的、不合理的理念。理性情绪疗法认为，人的情绪和行为问题不是由某一应激事件直接引起，而是由于经受这一事件的个体对它不正确的认知和评价所引起的。琳琳之所以会如此痛苦，并非失恋本身所直接导致的，而是琳琳对失恋的错误认知所造成的。琳琳认为失恋是对自己的全面否定，是因为家里穷，自己没本事所致。男友离开自己，自己的未来就一片迷茫，没有了目标。所以面对恋爱失败，琳琳很恐惧，采取了消极的应付方式。因此，在处理类似案例时，首先应该与来访者共同探讨他存在的不合理理念，纠正他对失恋的不合理、消极认识，引导他多从积极的角度重新分析这次恋爱失败对自己的影响，积极的情绪使他能够坦然地面对失恋，面对自己，恢复原有的自信。

3. 建立成熟、积极的应付方式以应对恋爱挫折。个体在面对应激事件时常采取六种应付方式，即退避—幻想—自责—求助—合理化—解决问题。采取"解决问题"和"求助"等成熟型的应付方式有助于获得积极的情绪。高校要引导家庭经济困难学生把心思放在学业、发展上，认真规划自己的未来，用努力得到的成就、欢乐来冲淡烦恼和悲伤。

（二）高校要积极关注家庭经济困难学生的恋爱心理变化

爱情是人类非常美妙的情感，它会影响人一生的幸福。由于受到传统文化的影响，多数父母在孩子面前几乎不谈论爱情，甚至具有狭隘、偏颇的爱情观，学校教育也对爱情三缄其口。学生通过文学作品或自己的观察解读爱情，出现恋爱挫折时，也往往效仿别人的做法。家庭经济困难学生在恋爱时，往往把对方看成心中较大的社会支持力量，一旦这一力量消失，就会有较大的消极情绪反应。因此，高校要教育学生树立正确的恋爱观，揭开爱情神秘的面纱，预防恋爱挫折给学生带来的打击和伤害，预防恶性事件的发生。

（三）纠正不良社会观念，维护学生心理健康

由于传统社会文化的影响，当今社会上仍然存在"门第观念""拼爹现象"，家长往往单方面考虑子女恋爱对象的家庭经济状况、社会地位，忽略个人品质。受此影响，学生在恋爱、择偶时也会失去自己的主见，失去心仪的恋人，甚至失去一生的幸福。因此，全社会应多措并举引导良好的社会观念、社会风气，抵制不良风气，恢复社会活力，为青少年的成长营造健康的社会环境。

第二节 摆脱心头的乌云

一、案例回放

2013年4月，小红的舍友走进辅导员办公室，焦急地说："小红最近一个月有些反常，经常一个人坐着发呆，也不跟同学说话，这两个星期经常逃课。有时候，我们看到她哭，不知怎么了，问她也不说……"了解到这个情况，辅导员把小红约到心理咨询室。

小红来自贵州的农村家庭，家里的经济状况一般，母亲在家务农，父亲农闲时外出打工，弟弟正在读初中。小红自从进入大学校门后，一直干着各种兼职，餐厅服务员、发传单、家教，只要能干的活她都干。小红说："自己不怕辛苦，所挣的钱一部分用作生活费，剩余的都给了家里，希望减轻父母的负担。"小红的学费是依靠国家助学贷款，但是她没有申请国家助学金，"我不想让别人知道我家里贫穷，这会让我压力很大……"

小红是个自尊心特别强的学生，在中学时，她就是老师眼中的优秀学生，班里同学羡慕的对象，是父母的骄傲。小红家所在的县是国家级贫困县，高中

时绝大部分同学家里经济状况都差不多，小红并没有感觉自己贫困。进入大学后，经济差异逐渐凸显出来。小红把宿舍里的六个人分为三等，三个舍友家里是做生意的，比较富裕；另外两个舍友来自城镇的工薪家庭，虽不富裕，也是小康；只有她是最低等的，每日还要为生活费不停奔波。每当舍友们谈论各类时尚信息时，小红也想参与，希望能融入其中，可是她总会感觉到舍友们的不屑。每次宿舍集体活动，舍友们总会有意无意地忽略她，这让小红内心很受挫。渐渐地，她与舍友的关系变得淡漠，没有了共同话题。小红暗暗发誓要在学习上超过她们。小红学习非常刻苦，可期末考试成绩并不理想，大学里竞争的并不仅仅是学习成绩，而是综合素质，现实状况让小红很失落。从此以后，她对舍友由羡慕演变到嫉妒，直到仇恨。她恨舍友什么都比她强，恨自己出生在一个贫穷的家庭。她开始逃避同学，逃避上课，感觉自己未来没有希望。她不停地念叨，一边念叨一边流泪，觉着生活没什么意思。

面对小红的消极情绪和退缩行为，辅导员制定了综合辅导方案。经过1个月的辅导，小红已经摆脱了抑郁情绪的困扰，能够积极地学习，主动与人交流，成了一个心情开朗、态度积极的女孩。

二、案例评析

（一）案例起因

"嫌贫爱富"，这种社会观念已经蔓延到纯洁的"象牙塔"，深深影响着青年学子们的交友观。案例中小红自我感觉"贫穷就低人一等"，而她的舍友们在她面前则有一种"富人"的优越感，这让小红内心失去了平衡。在经历了与舍友交往受挫、学习成绩不理想之后，小红对舍友的羡慕逐渐演变为嫉妒，甚至憎恨，恨自己贫穷，也恨别人的富裕，恨上天的不公。失衡的心理让小红情绪极度低落，对自己的前途失去了信心，感觉自己孤立无援，日复一日地有了抑郁倾向。

（二）案例解决

本案例中，小红心理问题的解决主要得益于小红本人的主观努力。她认识到自己的问题，并逐步改进。辅导员的教育和正确引导起到关键作用，辅导员不仅鼓励和引导她努力学习，积极与同学交流，而且还帮助她制订了详细的学习计划和方案，帮助她确立了努力方向和目标。另外，家人的温暖和舍友的改变，对小红心理问题的解决也起到重要作用。

(三)案例思考

由于地域经济发展不平衡、家庭的综合实力等多种因素所引起的学生家庭经济状况差异,这种差异是客观的。但浮躁的社会风气潜移默化地歪曲了这种差异,致使家庭经济困难学生心理上出现了不平衡甚至心灵的扭曲,如果问题不能及时发现和解决,会造成同学间的矛盾和冲突,甚至会出现恶性事件。在复旦大学、中国矿业大学、清华大学出现的投毒案件,可见问题的严重性以及给学校、家庭和社会带来的不良后果。因此,如何系统地加强学生的心理健康教育,不仅是高等教育,同时也是社会、家庭以及中小学教育面临的重要课题。

三、对策建议

(一)家庭的温暖、父母的理解和信任是学生不断克服困难,发展自我的动力

高校应建议父母更多地理解、关心孩子,多从积极的角度就家庭经济、个人发展方面开导孩子,让孩子认识到父母对他最大的期望是他能快乐、健康,而不是必须要成为最优秀的人,缓解家庭方面的压力对孩子的影响。

(二)通过认知和行为的调整,重塑积极心态

1. 教育学生学会关爱他人。过度嫉妒会引发憎恨。在心理疏导时,辅导员应就"恨"的后果以及恨与嫉妒的内在关系与学生进行讨论,通过讨论,使他们逐渐认识到恨的毁灭性和嫉妒的灾难性,逐渐接受一个观点——"嫉妒生于利欲而不生于贤美"。看到嫉妒的危害和本质之后,再讨论爱的本质和效果,使学生认识到真心地赞美、关爱别人不仅有利于建立与别人的融洽关系,而且有助于自我的成长和心情愉悦。

2. 引导学生多看多读,科学宣泄情绪。几乎所有的抑郁情绪者都有语言表达减少的表现,恰当的语言训练有宣泄抑郁情绪和提高自信心的作用。因此辅导员要引导学生,大声朗读优美、思想积极的文章,每天至少30分钟,并坚持不懈。一周后,学生便会体会到朗读治疗的好处——不仅感到心旷神怡,而且心灵受到熏陶和洗礼。

3. 鼓励学生多运动。抑郁让人懒于运动,而运动可以使人心情愉悦。在进行"爱"的辅导和语言训练的同时,实施运动疗法。每天在阳光充足的地方慢跑至少30分钟。运动加光照可以增加脑血流量,人的情绪状态便会偏高,从而避免抑郁情绪的产生。

4. 纠正认知偏差，提高自信心。首先，树立对家庭经济困难、富裕的正确认识。理性情绪疗法创始人埃利斯认为，情绪不是由某一诱发性事件本身所引起的，而是由经历了这一事件的个体对这一事件的解释和评价所引起的①。对贫困的不合理、消极认知导致了此类学生的消极情绪。积极认知贫困，把贫困作为自己锻炼的契机，摒弃"啃老族"的思想，培养艰苦奋斗、自主创业的意识。其次，就大学教育的目的和学习方法进行介绍。大学里的学习强调的是学习方法的获得和思维的训练，不仅仅是知识的积累。辅导员要引导学生掌握新的学习方法，树立新的学习目标，进而提高学业成就感。另外，兼职作为一种社会实践活动不仅仅可以带来额外收入，而且可以积累社会经验，锻炼与人交往的能力等，辅导员可引导学生重新认识兼职，并积极利用兼职机会锻炼自己。

（三）全社会共同努力，形成人人关注家庭经济困难学生的良好氛围

晏子云："橘生淮南则为橘，生于淮北则为枳，水土异也。"良好的社会风气能培养学生意志坚强、刻苦学习等优秀品质。不良的社会风气会妨碍学生健康成长，对学生心灵起着潜移默化的毒害作用。因此，为了给家庭经济困难学生营造宽松的心理成长环境，同时也为了避免"富二代"啃老现象，社会、家庭、学校应该共同努力，从细节做起，共建美好、和谐的社会氛围。

---

① 张日升：《咨询心理学》，人民教育出版社2009年出版。

第九编 09
人际关系千千结

美国人际关系学专家戴尔·卡耐基说:"一个人的成功,15%由于他的学识和专业技术,而85%靠良好的心理素质和善于处理人际关系的能力。"人际关系不仅影响个人的情绪、生活、工作,更影响组织气氛、组织沟通、组织运作、组织效率及个人与组织之关系等。

大学时期是青年学生成长成才的关键时期,确立良好的家庭关系、同学关系、师生关系、朋友关系等人际关系,对于大学生健康发展具有重要意义。然而,并非每位大学生都能认识到人际关系的重要性,都能维护好各种人际关系,特别是对于家庭经济困难学生,他们由于社会、家庭经济、环境氛围、自身心理和行为等因素影响,人际交往能力出现种种不足,人际关系出现各种障碍,严重影响着大学生的成长成才。

第一章

错位的思考

"世事洞明皆学问，人情练达即文章"。洞悉世事，掌握其规律，处处都是学问；恰当处理人际关系，熟知其道理，则生活就是文章。现代社会，信息传递高度发达，人际交往和协同合作日益广泛，人际关系的处理亦日趋重要。

然而，长期以来人们把"两耳不闻窗外事，一心只读圣贤书"作为读书人的象征，甚至有人把读书与人际关系对立起来，认为人际关系和人际交往浪费时间和精力，属于不务正业，使读书人变得清高、呆板。由于受传统思想的影响，在今天信息与交往成为重要因素的现代化社会，一些大学生不懂得人际关系的重要性。

第一节 敞开心扉 拥抱阳光

一、案例回放

刘某，女，某高校商学院2009级的一名学生，来自农村贫困家庭，高考时以优异的成绩考入某高校，怀着对大学的美好憧憬开始了大学生活。她一直坚信"知识改变命运"，因此在课堂上，她一直很努力，认真听课，做笔记，埋头学习，在期末考试中取得了专业第一的好成绩。然而，她却没有认识到德智体全面发展的重要性，以"两耳不闻窗外事，一心只读圣贤书"为信条，既不与辅导员、班主任谈人生观、价值观、职业生涯规划，也不与专业老师交流学业、学术方面的问题，更不与同学在生活、学习方面进行经验的交流，特别不愿参加学院以及学校组织的体育比赛、演讲大赛等各种活动，过着教室—宿舍—图书馆"三点一线"的单调生活。在大一阶段，很多同学都积极参加的班级干部竞选、学院学生会干部的竞选、社团活动等这些锻炼大学生演讲能力、组织协调能力、在同学间增加影响力的事情,她一概不参与。因此,在大一学年综合测评时,由于老师、同学对她不够了解,所得到的评定成绩一般,加上各种活动得分为零,她的综合测评成绩只排到了班级的十几名,勉强拿到了三等奖学金。这样的结果,与她所期望的成为校级优秀学生、获得一等奖学金的目标相差甚远。她感到学校的制度对她不公,进而感到失望,心情十分懊丧,变得沉默寡言,学习的积极性也下降了许多。她的这一巨大的反差引起了辅导员老师的关注。

二、案例评析

(一)案例起因

近年来,我国教育界、学术界等逐步发现学校教育中"重智育而忽视德育、体育、美育"所带来的问题,教育主管部门在大力提倡素质教育,就如何提高学生综合素质和创新能力采取了一系列措施,并取得了一定的成效。但是在现实社会中,从小学到大学各级升学的指挥棒依然是考试分数,"学会数理化,走遍天下都不怕"的思想根深蒂固,对大学生人际关系、提高适应社会的能力、实践创新能力的认识不足,导致了一部分学生在思想认识上出现偏差,认为学习好就等于大学生活,对大学丰富多彩的生活不够了解,甚至认为与老师交往、与同学交往、与舍友处理好关系是可有可无的事情,认为参加学生组织是浪费时间。这个案例的主人翁,就是一个典型代表。

在任何一个群体中,群体成员之间存在人际关系是必然的。大学生之间存在着贫富和优劣的差异,贫富取决于家庭,而优劣差异是由不同的评价体系造成的。为引导大学生全面发展,各高校在制定大学生评价体系时,把学习成绩、参与活动、比赛奖励、创新创业、老师对学生的评价、学生之间相互评价等因素都列入评价体系。大一新生入学后,出于对大学生活的好奇,再加上老师鼓励、各学生组织的引导,许多学生会积极参加各项活动,并通过竞争进入学生会及各类社团组织,担任学生干部,从事学生管理工作。然而,该名女生在进入大学后,从未参加过学校组织的任何活动,甚至自己班级举办的活动也极少参加,每日只是埋头于学习,获得参加社会实践的分数比较低,导致综合测评分数处于末位。

（二）案例解决

详细了解学生情况。据同学反映，刘某平时不太爱说话，不喜欢与同学交流，总是独来独往，让人感觉很难接近。虽然偶尔参加一次班级活动，但表现不积极，稍微有点不顺利就会放弃。该女生家庭比较贫困，生活特别简朴。但她从来不对其他同学说，也不愿向老师反映自己的情况。据此，老师找到了问题的症结：因为贫困，所以造成了该生极度自尊和自卑的心理。因为贫困，引起自卑，因为没有见过多大的世面，所以她不善于与别人交流，害怕别人嘲笑自己；因为贫困，引起过度自尊，她不愿意让别人知道自己的情况，所以即使自己受苦，也从不告诉任何人，从不寻求帮助。

对症下药。在了解情况后，辅导员约见了这名同学，与她谈心谈话。辅导员指出，第一，同学们的家庭条件的确存在贫困和富有的差距，这种差距不是学生本人造成的，而是家庭造成的差距，但是无论家庭贫困与富有，同学们之间的人格是平等的，不应该因为自己的家庭贫困而自卑。第二，知识可以改变命运，但是知识应该是全方位的，包括适应社会的能力、实践创新的能力、为人处世的能力、竞争的能力等，除了学习课本知识之外，还要有意识地锻炼其他方面的能力。第三，每个人都是社会的一分子，必须学会与他人打交道、交朋友，敢于倾吐心声，共享喜悦，而不应该封闭自己。

学生干部的参与和帮助。辅导员还特意安排学生干部帮助她，当班级开展体育比赛、演讲比赛、春游等活动时，主动邀请这位同学参加，并赞扬她的交往能力和活动能力。

（三）案例思考

1. 在大学生第二课堂教育中，开设与人际关系相关的知识讲座，让学生认识到人际关系的重要性。人际交往是个体与个体之间的信息、情感、需要、态度等心理因素的传递与交流的过程，是一种直接的沟通方式。构建良好的人际关系，能够促进大学生的全面成长。

2. 老师要了解大学生、特别是家庭经济困难学生人际关系的现状，发现学生中存在的问题，并找到解决问题的办法。不少大学生对人际关系认识不足，处理人际关系包括同学关系（特别是宿舍舍友关系、异性同学的关系）、师生关系、朋友关系、老乡关系、与家庭成员关系等存在困难，如果认识不清、处理不当，会影响大学生的发展前途。

3. 从心理学的角度，认识大学生的人际关系。人际关系不仅是社会学问题，也是心理学的范畴。要从家庭经济困难学生存在的自卑心理去分析、解决他们的人际关系和人际交往问题。

三、对策建议

家庭经济困难学生是大学里的一个特殊群体，他们渴望和其他同学一样在知识的海洋里自由徜徉，然而生活上的困境却给他们带来了无尽的痛苦，他们敏感度高、自尊心强，将什么事情都埋在心底，给学生教育与管理工作带来一定的困难。针对这种情况，应采取以下措施。

（一）辅导员应该树立问题意识，具有职业敏感性

作为辅导员，应该及时了解学生的情况与需求，培养问题意识，具有发现学生问题的敏感性，做到早发现早引导，把问题消灭在萌芽状态。正如本案例中，对于刘某专业成绩与综合测评的落差，很快引起辅导员的关注，并及时采取措施加以解决。

（二）将解决家庭经济困难学生的思想认识问题与解决实际问题相结合

像本案例中，学生不愿意与人交流、不喜欢参加集体活动的根源之一是经济的窘迫。充分利用学生资助政策，帮助学生申请贷款、申请助学金等，切实减轻其经济压力，从根源上解决问题。二是思想认识问题。许多家庭经济困难学生对德智体美全面发展认识不足，学校应通过教育引导等各种方法，提高学生认识。三是忽视了人际关系在个人成长中的作用。高校要通过谈心教育，"零距离"对话，进行从语言到思维的双向交流，能够及时了解学生、分析学生、疏导学生负面情绪，给予正面引导。本案中，考虑到刘某自尊心比较强，辅导员把她单独约出来，与她进行贴心、细致、深入的谈心交流，引导她正确认识贫困，帮助她增强战胜困难的勇气和信心。

（三）成立家庭经济困难学生的互助组织和团体

在学校心理咨询机构指导下，成立家庭经济困难学生互助团体，具有相同经历、相似背景、相同体会的群体组织，利于团体成员之间相互倾诉、相互鼓励、相互借鉴经验、相互支持，找到归属感，舒缓情绪，减轻焦虑，缓解心理压力。

（四）家校互动，共同育人

家庭是家庭经济困难学生重要的情感支持，家庭的精神鼓励，给家庭经济困难学生带来很大的自信。当学生敏感、封闭，不愿向同学和老师敞开心扉的

时候，家人可能就是他们的精神寄托，温暖、和谐的家庭环境，父母给予正确人际交往的示范和引导，能有效促进子女建立和发展良好的人际关系。

第二节 不愿回家的男孩

一、案例回放

王某，男，某大学三年级学生。家中有姐弟二人，因家庭经济困难，他曾想不再给父母增加负担而放弃上大学，但是父母坚决不同意。于是，他立志好好读书，通过努力读书，出人头地，报答父母。在大学期间，王某学习很努力，成绩名列前茅。一天，他找到辅导员，说很害怕接到父母的电话，不愿意与家人交流，也不愿意回家见父母。他说："我曾暗暗发过誓，一定不能辜负爸妈对我的期望，做一个优秀的人，出人头地，以报答父母和姐姐的恩情。姐姐在电话中表达了老父亲的愿望，说我再过一年就毕业了，在城市找个工作安个家，让父母也过上城里人的生活。为了自己能上大学，姐姐放弃了读书去打工，父母把微薄的收入也用在了自己的学业上，全家人把全部的希望寄托在我身上。但是，现实让我感到无法实现家人的期望。如果做不到，我将如何面对我的家人，如何面对我的承诺？"

父母过高的期望值，让王某背负上了沉重的精神负担，压得他喘不上气。当他发现自己并不优秀，无法达到父母的期望时，出现了不安和焦虑情绪，不愿与父母交流，于是他选择了逃避。

二、案例评析

（一）案例起因

王某自读书以来，一直认为只要成绩优秀就能成为优秀人才，但是"理想很丰满，现实很骨感"，因为一个人的成功，不仅靠学习成绩这个单一因素，还有为人处世的能力、心理素质、社会发展机遇等诸多因素。当王某逐渐发现自己难以达到父母的期望，无法完成自己对家庭的承诺时，他消极地选择逃避家人、拒绝交往。

对农村的学生家长来说，"学而优则仕"，"上了大学就有了工作、有了一切"的老观念，还在极大地影响着学生。他们对社会现实与发展不甚了解，也没有认识到在高等教育大众化的今天,毕业生找工作难、农村大学生在城市生存难的现实。家长看到在亲戚邻居的范围内,自己的孩子无疑是最优秀的,但是他们并不了解,与来自全国各地的大学生相比,自己的孩子并不是像自己想象的那样优秀。

(二)案例解决

老师在了解情况后,从以下几个方面做工作,帮助他卸下思想包袱。第一,在今天的社会里,人的价值是通过掌握专业知识、不断全面成长、做一个社会主义建设者和对社会有用的人才来体现,而不应该仅仅认同"光宗耀祖"的狭隘的个人价值观念。第二,父母有抚养孩子的义务,无论富有与贫贱;子女有赡养和孝敬老人的责任,这是每个做子女的义务,而不是出人头地才算孝敬。第三,在高等教育大众化的今天,大学生不再是过去精英教育时象牙塔里的佼佼者;市场经济和竞争机制对大学生而言是机遇与挑战并存,自己能否在竞争中取得一席之地,要靠自己的不懈努力才能实现。

从另外一个角度,老师约他姐姐谈话,除了告诉她以上三个意见之外,还要求家长给孩子创造一个轻松的成长环境,确立一个可以实现的人生目标。

(三)案例思考

在这个案例中,由于学生的价值观认知偏差,也由于父母的期望与现实目标的巨大落差,导致了学生与父母关系的紧张,因而影响了他的正常学习和生活。通过这个案例,我们体会到,家庭经济困难学生有着"穷则思变,人穷志不穷"的前进动力,同时也存在生存的压力和个人狭隘价值观、对社会现实认识不清和竞争能力不足的问题。

我们认为,应该从以下几个方面着手解决问题。

1. 加强对学生的价值观的教育。要教育引导学生,树立对社会的责任感,而不能仅仅顾及个人在家庭中的价值。

2. 提高学生对社会现实的认识。教育学生,不能用过去的思维方式看待今天日新月异的发展变化,要紧跟时代的步伐,认真思考在高等教育从精英教育转化为大众化教育的现实中,大学生如何成长成才。

3. 加强对学生实践能力、创新能力、适应社会能力、竞争能力、抗挫折能力的培养,让学生在竞争的大潮中找到自己的立身之地。

4. 加强与家长的沟通,适时对家长进行人生观、价值观和社会现实的引导,共同完成对学生教育的责任。

三、对策建议

（一）用沟通消除"隔阂"

一方面，建议学生与父母进行交流，把社会的现实状况以及自己的能力如实地告诉父母，让父母知道自己在尽力去做，让父母放心。另一方面，要让学生明白，父母对子女的养育和子女对父母的孝敬本来就是不对等的。在还没有能力的时候，就想去偿还父母对自己的养育之情，会给自己带来无法承受的精神负担，最终会因为压力过大而引发严重心理问题。适度的压力会变成前进的动力，但是过度的压力会摧垮一个人。

（二）学生家长要转变子女教育观念

经济困难家庭一般是农民、个体经营者等弱势群体，其家长自身在人生经历上有诸多挫折和不如意，存有自卑心理，对事物比较敏感。王某的父母对大城市的竞争力没有正确的认识，会有一些不符合实际的想法，这是可以理解的。一个家庭要树立正确的育儿观念，父母的付出是做家长的义务，父母的期望应该是出于对子女的爱，而不应成为孩子沉重的心理负担。但是，父母如果过度地要求子女优秀，有过高的期望值，会使孩子背上沉重的负担，产生心理困扰，更无法实现预期的目标。

（三）实施心理调适，辅导学生人际交往技巧

根据沙利文理论："如果人际关系是心理障碍的原因，那么他们也是心理障碍的治愈因素。"因此，促进家庭经济困难学生的人际交往，可以从促进学生的心理健康入手。高校心理健康教育工作者应当给予学生积极关注，指导人际交往过程调适，辅导人际交往策略技巧。首先，开展心理健康测试。利用量表，对家庭经济困难学生进行问卷测试，让学生了解自己在气质、性格等方面的不足，辅导员可以有针对性地对学生进行心理辅导和调适。其次，进一步建立健全心理健康教育和心理咨询机制，通过专题性的心理健康教育活动，如举办"心理情景剧""心理沙龙""心理素质专项拓展"等活动，提升家庭经济困难学生的心理品质；通过个别咨询、团体辅导、电话咨询、网络咨询等咨询服务，及时疏导排解家庭经济困难学生的心理压力。特别需要指出的是，对于人际交往心理障碍比较严重的学生，可以通过"行为疗法""认知疗法"等心理治疗的技术，以消除人际交往障碍，提高人际交往能力。

第二章

带刺的玫瑰

家庭经济困难学生仅仅认识到人际关系的重要性是不够的。因为人际关系是人与人在交往中建立的直接的心理上的联系,包括亲属关系、朋友关系、同学关系、师生关系、雇佣关系、同事关系等,是一种状态,这个状态需要维护才能保持良好。人际交往和沟通,需要时间和精力,能够体现一个人为人处世的能力和技巧。而家庭经济困难学生由于社会影响因素、家庭教育缺失因素、经济困难因素、自卑心理因素等,对人际关系的维护存在困难和障碍,需要老师的教育与引导。

第一节 抱怨之"刺"带来孤立

一、案例回放

孙某,女,某高校工商管理专业2013级学生,来自鲁西一个贫困农村。很小的时候,父母外出打工,她和年迈又体弱多病的爷爷奶奶一起生活,属于农村留守儿童。她的童年没有父母的陪伴,缺少父母之爱,更不幸的是一场意外的车祸,给孙某稚嫩的脸上留下了一道深深的疤痕。留守儿童的心理阴影加上脸上的疤痕,使得孙某变的自卑,更加孤僻内向。得知考上大学后,家人怕她内心有负担,私下筹集学费。爷爷奶奶的医药费,弟弟的学费,她的学费,所有的担子都压在爸爸身上。孙某曾几次想要放弃读大学的机会,但被家人劝阻了。在这种境况下,孙某怀着复杂的心情进入大学。她暗下决心,在大学里一定努力学习,依靠自己的力量改变家庭贫穷的面貌。

步入大学后,看到周围同学时尚的衣服、高档的电子产品,物质上的反差,令她自惭形秽，担心同学们看不起她，沉重的心理压力令她焦虑。于是，她下定决心，一定取得优异的学习成绩，证明自己。她午休时间学习，晚上熄灯后，再加班学习。由于休息时间学习影响了舍友的正常休息，引起同学的不满，造成她与舍友关系紧张。而期末考试成绩并没能达到她的预期目标，孙某感到非常苦闷，抱怨命运不公：为什么我下了那么多力气，成绩还是上不去？抱怨舍友的不理解：我加班加点地学习，难道也错了吗？

二、案例评析

（一）案例起因

大学生尤其是家庭经济困难学生，在未接触大学生活时，都会满腔热血、踌躇满志。但是踏入大学校门后，发现一切与自己的想象存在较大差距，在强烈落差之下，不免产生焦虑。适度的焦虑是正常的，但是像本案例中的学生来说，巨大的心理压力，是导致人际关系出现紧张的重要原因。另外，她从高中进入大学，对大学的教学方法、学习方法还不适应，没有掌握有效的学习方法，而是以增加学习时间的方式提高学习成绩，结果事与愿违，不仅没有在学习上取得预期的效果，反而影响了与舍友间的关系。

（二）案例解决

辅导员通过班长和舍长了解到孙某的情况，主动找她谈心，对她进行教育引导。对她不与同学比物质条件、专注学习的优秀品质给予了充分肯定。同时也指出，提高学习成绩的方式方法不仅是拼时间、挤时间，更要掌握科学的方法，注重学习效率。在学生宿舍要遵守作息时间，不能影响别人的正常生活。同时，老师还召集该生所在宿舍的同学一起讨论学习方法、同学之间的友谊问题，促使学生各方达到谅解。老师发现孙某能吃苦耐劳，鼓励她加入学生社团组织进行锻炼，此举大大增加了孙某的自信心。老师还给她安排了勤工俭学岗位。对老师安排的工作，孙某都能兢兢业业、勤勤恳恳、踏踏实实地完成任务，为此获得了勤工助学先进个人称号，得到了老师、同学们的肯定，增进了与同学、老师之间的交流。当领取第一笔工资时，她第一时间告诉给了辅导员，喜悦之情溢于言表。

（三）案例思考

1. 该生存在自卑心理。进入大学后，学生来自不同地区，不同家庭，各自有不同的生活方式、价值观念，孙某担心自己寒酸的外表和拮据的消费被别人看不起，对周围的人和事常常敏感多疑，很难融入到集体中去。

2. 不能正确理解高等教育德智体美全面发展的育人目标，而是过度关心学习成绩，但是没有找到有效的学习方法，结果只能是"事倍功半"。

3. 性格内向，不敢与同学和老师交流，忽略人际能力的锻炼和良好人际关系的维护。

因此，辅导员、班主任应该加大对新生的关注，除了军训增强学生体质、锻炼学生毅力、增强组织纪律性和集体观念外，要在新生入学教育中，尽早地开展环境适应性训练、学习生活适应性教育、心理辅导等，使新生快速地适应大学生活。

三、对策建议

辅导员在对学生进行细致、深入了解的基础上，以真实和恰当的激励作为切入点，在生活以及思想上对孙某耐心引导，让她重拾信心，乐观向上，最后收获好人缘。

（一）引导学生正确认识生活环境的变化，尽快适应大学生活。教育引导学生调整好心态，变彷徨为进取，使自己逐渐走向成熟。另外，大学生尤其是家庭经济困难学生，在成长过程中会遇到诸多问题与困扰，可能会产生自卑、自我封闭等心理问题。高校要把加强大学生心理健康教育、关注家庭经济困难学生心理健康状况作为学生工作的首要任务来抓。

（二）对家庭经济困难学生的人际关系引导要注重方式和方法。辅导员可以适时为家庭经济困难学生量身定做一些主题班会，让学生了解大学育人的目的，不仅仅是为了专业成绩，更加注重综合素质的培养；辅导员充分了解学生学习生活情况，对学生的疑惑，真诚地提出自己的观点、看法。深入分析学生的内心想法，帮助学生排疑解惑，让学生尽快适应大学生活。对家庭经济困难学生，要耐心倾听他们的心声，注意捕捉细节，分析问题产生的根源，理解和同情学生，使学生信任辅导员，愿意在辅导员面前畅所欲言，毫无保留地抒发内心情怀。适时对家庭经济困难学生进行面对面沟通，一对一帮助，从生活以及学习等方面全面帮助学生，引导学生走出困境，笑对人生。

（三）辅导员要用包容和宽容的胸怀接纳学生，为学生提供锻炼、成长平台。每个人都有闪光点，积极捕捉学生优点，根据他们的长处，为学生提供展示的机会，通过活动锻炼，帮助学生找回自信，以自信带动学习，一举多得。

第二节　孤独逃避与勇敢面对

一、案例回放

罗某，男，某高校学生，出生时遭到亲生父母的遗弃，后来由好心的养父收养。养父家庭收入仅靠打理的几亩薄田和政府的补贴，家境较贫寒。刚进入大学时，他立志要在大学期间努力学习，长大后，好好报答养父养母。步入大学后，他发现周围同学花钱随意，多样消费，让拮据的他自卑不已。周围同学衣着光鲜，能歌善舞，多才多艺，罗某衣服土气，方言浓厚，普通话讲不标准，而且英语、计算机水平较差，特别是学期结束时，看到同学们取得的各种荣誉，他对获奖同学嫉妒、怨恨，刻意与他们保持距离。罗某的这种情绪严重影响了他的生活和学习。他想：这就是我的命运，无力改变。于是自暴自弃，经常逃课并沉迷网络，从虚拟的空间里找到满足感，导致学习成绩多门不及格，也放松了日常自我管理，因旷课、宿舍内务不整洁多次被通报。

辅导员主动找到他，跟他促膝谈心，谈人生的价值与目标。同时，老师还安排了一个家庭贫困、学习优秀的学生，对罗某实行"一对一"帮扶。经过一段时间的帮助，罗某从内心感受到老师的关心、同学的关爱，思想和行为上有了较大转变。后来，通过自己的努力，他获得了助学金、奖学金，重新找到了自信，与同学们关系逐步融洽。

二、案例评析

（一）案例起因

大一新生刚步入大学校门，常常出现对学习、生活不适应的状况。当罗某看到其他同学比自己物质条件优越，交往能力也比自己强时，自己感到丢人，不能安心投入到学习之中。在学习、交友方面的挫败感使他产生悲观、压抑和焦虑情绪，对同学取得的成绩产生嫉妒之心。在大学生活和学习中，看不到希望，所以借助于网络游戏来逃避现实。他没有认识到，大学阶段处于由学校向社会的迈进阶段，作为当代大学生应该学会接受现实，敢于迎接挑战，而不应该选择轻易放弃自己的人生目标。

(二) 案例解决

这样一个迷恋网络、逃课、学习成绩不及格的问题学生，引起了老师的注意。老师主动约他谈话，找到产生问题的原因。给学生讲清这样一个道理：无论家境如何，每个人都应该明确自己的人生目标，要有对自己、对家庭、对社会的责任感，越是贫困的学生越要克服困难、战胜自己，实现自己未来的人生目标，而不应该自暴自弃。

用身边的榜样带动他。一个与罗某同样家庭贫困但是学习优秀的学生，成为罗某容易接受、可以学习和效仿的榜样。具有相同家庭背景的同学与罗某有共同的语言、共同的感受，这样的结对子、交朋友，学生易接受，能达到较好的教育效果。

老师安排了勤工助学岗位，扩大了罗某的交往圈子，解决了他的经济困难。随着学习的进步、实践的锻炼，他还获得了助学金、奖学金，获得了各项荣誉，从精神上起到鼓励、激励作用。

(三) 案例思考

马克思说："经济基础决定上层建筑。"经济条件的好坏往往对一个人的社会地位、自我评价、行为方式产生影响。一个从小被亲生父母遗弃的孩子，在生活中缺少温暖和亲情，更渴望得到老师和同学们的温暖和关心。但是，由于家庭贫困导致罗某存在自卑心理，与人交往能力较差，不愿与老师交流，不愿与同学交往，把自己封闭起来，所以很难发现问题。所以，老师要细心地去发现，通过考试成绩、上课情况去了解学生的情况，以结果分析问题，并找出存在问题的症结。对于这样的同学，只要老师多注意、多帮扶，同学多理解、多照顾，他们就会重新拾起信心，开始正常的大学生活，成为一名合格大学生。

三、对策建议

家庭经济贫困不仅会给学生带来经济方面的压力，还带来一种持有家庭社会身份特征的贫困文化特征，包括语言、穿着、思维方式、行为方式、价值标准等各种有形和无形的"贫困文化符号"。因此，解决家庭经济困难学生的人际关系问题，应从以下几个方面入手。

(一) 要改变家庭经济困难学生的不良认知

首先要改变自我认知，纠正学生过低的自我评价，矫正自卑、自闭、畏惧等心理。帮助学生积极发现自身闪光点，正确认识自己、评价自己，缩短真实自我与理想自我的差距。其次,帮助学生改变对贫困的认知。能正确看待贫困,认识到家庭经济贫困不是自身的过错,可能由于家庭变故或是家庭其他特殊原因,抑或地域经济原因造成的。鼓励家庭经济困难学生正确面对现实,培养自信、自强、自立的精神,"穷且益坚,不坠青云之志",树立正确的成才观、人生观、价值观。

(二)提高家庭经济困难学生人际交往技巧

人际交往是一门科学,是一门艺术。人际关系的基础是彼此之间相互尊重与支持。要教育学生,在人际交往过程中,不能总是处于被动状态,积极互动或主动出击是非常有必要的。坚持自我价值保护原则,对肯定自我价值的他人、个体对其认同和接纳,并给予肯定和支持;对否定自我价值的他人、个体对其疏离。另外,坚持平等原则。

(三)为家庭经济困难学生提供更多的人际交往机会

学校要开展丰富多彩的校园活动,提高家庭经济困难学生参与活动的机会,体会活动的乐趣,扩大人际交往的广度和深度。

第三章

相亲相爱一家人

影响家庭经济困难学生人际关系构建的因素是多方面的,主要有社会、家庭和校园因素。不同的社会环境和社会地位,会造成不同的人际关系;家庭的经济状况、经济条件的好坏往往对一个人的社会地位、自我评价、行为方式产生影响;在家庭中受到的教育情况,家长对人际交往的认知水平和为人处世的能力将直接影响孩子;周围环境的影响,特别是老师和同学的影响,老师的指导意见和其他同学给予的评价,都会对家庭经济困难学生产生极大的影响。人际关系的构建要素之间相互影响、相互交织。

第一节 从恨到爱 母女团聚

一、案例回放

巴某,女,齐鲁某大学学生,来自甘肃农村家庭,儿时父母离异。父亲长期在外打工,母亲早已改嫁他乡,她跟爷爷奶奶一起生活。对于来自偏远地区、父母离异的学生,大家会有一个普遍的认识,与教育条件较好的山东、江苏等省份的学生相比,学习基础比较差;由于地域和生活习俗的差异,与同学相处有一定困难;由于父母离异,经济上存在困难。自开学之初,班主任就一直特别关注她,给她解决学习上、生活上的困难,给予困难补助。在老师的指导和帮助下,她很快适应了大学的环境,与同学和睦相处。但是,该生依然时常表现出烦躁、情绪不稳定和逃课现象。班主任找她谈心,深入了解情况,方才知道,真正影响她情绪和学习的原因,是她的母亲。虽然父母离异多年,母女已多年未见,但是母亲依然想着她,牵挂着她。当得知她考上大学需要学费和生活费时，母亲不断地电话联系她，要求她先认母亲，再给予学费和生活费的支持。每一次接到电话，她都心情烦躁，无心学习，甚至逃课。因为在她的记忆中，仅有父亲，没有母亲的概念。爷爷奶奶时常告诉她，是母亲抛弃了家庭，抛弃了她，令她十分厌恶母亲。

班主任与巴某以及其母亲进行了多次沟通。班主任告诉她，母亲的离去，虽然对她不公平，但也是无奈之举。无论认与不认，母亲的存在是客观事实。人世间最伟大的爱是母爱，不要因为自己的一时错误之举而铸成终生的遗憾。班主任告诉巴某的母亲，要耐心等待。在老师的劝解和撮合下，巴某不仅认下母亲，而且很快难舍难分。她不仅在经济上得到了母亲的支持，而且重新找回了母爱，打开了纠结了多年的心结，她再不会因为没有母亲而在同学面前感到抬不起头来。心情愉悦了，与同学的交往也增多了，学习成绩提升很快。还获得了奖学金，并立志考取研究生。

她妈妈对老师所做的一切表示深深的感谢，感谢老师为孩子解决了心里的困惑，并让女儿重新回到自己的怀抱。

二、案例评析

（一）案例起因

在家庭经济困难学生的人际关系中，学生与家庭成员的关系，尤其是跟父母的关系，是人际关系的重要环节。这种血缘关系，是永生存在的，处理得当，有利于孩子的成长；如果处理不当，将严重影响孩子的身心、情绪和学习。家庭贫困、地域文化差异、知识基础较差，在一定程度上影响巴某与同学的人际关系。由于她母亲处理母女关系手段不当，影响到她的情绪，进而严重地影响到她的学习和对人世间各种关系的看法。

（二）案例解决

班主任一方面与学生沟通，另一方面与学生家长联系，从家庭人际关系的认识着手，从双方思想深处解决问题。

在与学生的沟通中，班主任教育她如何构建良好的母女关系。告诉她无论父母是否离异、关系好坏，父母永远是自己的亲人。母女关系不应因父母的婚姻状况而改变，应该理解母亲对自己的思念和关心。爷爷奶奶的认识，也许是出于儿媳改嫁，而对其有看法，这种看法是偏激的，是不正确的。老师分析家庭各方关系，对学生进行教育，对问题的解决起到关键作用。

班主任跟她母亲通过电话进行了沟通。班主任告诉她，她所谓的"爱心"已经影响孩子的学习和正常生活，作为父母，无论孩子认不认母亲，无论是否离异，都应该无条件地付出，尽到养育孩子的义务，而不应该在孩子情绪抵触的情况下，以"认母亲"为条件给予帮助。认不认母亲，是孩子的权利，做母亲的应该是感化而不能强求。随后给她提出建议：第一，不要给孩子提出认母亲的问题，要切实解决孩子的学费、生活费，尽到一个母亲应尽的责任。让孩子感受到母爱，解决她当下的实际困难。第二，经过一段时间的沟通后，在孩子可以接受的情况下，可来学校探望。按照老师的建议，她母亲给她寄来了学费、生活费，经常打电话问候其学习、生活情况。经过一个多月的沟通交流，巴某不再有抵触情绪，母亲从千里之外来到学校，以班主任为中介，安排母女见了面。在面对面的接触中，学生真正感到了母亲的关心，母亲也听到了渴望已久的、发自女儿内心喊出的"妈妈"。

（三）案例思考

1. 父母离异对孩子的成长影响很大。在本案例中，假如巴某的爷爷奶奶能够正确地教育孩子，即使父母离异，也应该爱自己的父母，而不是让她恨他们，巴某就不会产生错误的认识，怨恨自己的母亲。假如她的母亲能认识到，婚姻的破裂只是夫妻关系的破裂，不应该是母女关系的疏远，她母亲就应该在离婚后给予孩子更多的关爱和经济上的支持，尽到一个母亲应尽的义务。当然，这些假设因为涉事人的文化、经济条件等原因，都无法成立。班主任对她母亲提出批评和建议，以国家法律为依据，指出一个母亲应尽的义务。当母亲认识到自己的义务和责任之后，接受了老师的建议，并在不提任何条件的情况下，感化孩子，解决了孩子的思想认识问题，事情得到圆满解决。

2. 家庭教育的缺失也是影响学生成长的重要因素。父母离异，家庭教育缺失，缺少童年的欢乐，对社会、对离异父母的看法，更多的怨恨，很难形成"父母永远是亲人"这样一种正确的认识。尤其在农村思想观念相对落后的环境中，其他人很难对夫妻离异有正确的态度，甚至会将歧视的目光由大人转嫁到孩子身上。这些父母离异的孩子，在同学们面前抬不起头，心理压力很大。本案例中，班主任对学生进行正确的教育和引导，让她认识到母女关系不会因父母离异而中断，父母有养育孩子的责任，孩子依然有赡养父母的义务。解决了学生的认识问题，学生逐渐接受母亲，把"恨"转化为"爱"，才能真正解决影响学生思想、心理、学习等方面存在的问题。

三、对策建议

（一）在对家庭经济困难学生人际关系的指导上，既要掌握普遍规律，更要了解个体的特殊规律。

对于来自边远地区的、父母离异的家庭经济困难学生，高校不仅要了解这类学生基础知识水平、风俗习惯的差异、家庭经济条件困难，还要深入细致地了解他们与家庭成员的关系，了解影响他们成长的特殊因素，找到问题的症结，有的放矢地做好教育工作。

（二）建立互信关系，是解决问题的关键

老师只有取得学生的信任，才能了解到学生各方面的情况，包括学生的隐私。学生只有信任老师，相信老师不会传播涉及隐私的问题，不会被取笑，才能敞开心扉，把所有问题告诉给老师。只有了解问题的本质，才能有效地解决问题。在处理家庭经济困难学生家庭关系问题时，作为老师，不仅要关心学生的学习和生活，解决学生对家庭关系的错误认识，还要做好其家长思想、认识问题，形成合力，才能达到较好的教育效果。

（三）处理人际关系中的家庭情感问题，不能急于求成

本案例中，家庭关系非常复杂，班主任要一步一步先解决"恨"的问题，然后再慢慢培养母女感情，最后建立起亲情和爱，把影响情绪的消极因素转化为积极因素。老师在处理类似案例时，不仅要有专业知识，更要具备心理、法律、家庭伦理道德等方面的知识，做到以理服人，以情感人。另外，高校大学生思想政治教育工作者应采取多项措施，指导帮助家庭经济困难学生树立正确的交际观，具备卓越的人际交往能力，建立和谐、愉悦的人际关系。

第二节 一个也不能少

一、案例回放

石某，男，山东泰安市人，某大学2006级化学专业学生。该生家庭情况特殊：母亲患有眼疾，年龄较大；哥哥智障，生活不能自理，一家人的生活重担落在了父亲身上。可父亲嗜酒成瘾，酒后常常耍酒疯，打骂家人。一家人的生活极其困难，衣衫褴褛，形象很不光鲜。不正常的家庭关系，给石某的心灵留

下了阴影。

进入大学后,石某表现为性格较为偏激,心胸不够宽广,心理承受能力较差,爱钻牛角尖,有自卑心理,平时独来独往,很少与他人交往,甚至与同宿舍的同学都不愿多说几句话,也很少参加课外活动。大一年级,同学们忙着参加丰富多彩的校园活动,但他从不参与;对学习放任自流,连续旷课,在大一上学期挂了三科。石某成为一位掉队的学生。

辅导员找到石某高中时期的同学了解情况,并不厌其烦地多次与石某真诚、耐心地沟通交流。辅导员感到,石某之所以不开口,是因为担心老师和同学知道他的情况后会歧视他,看不起他。鉴于此,在与他的历次谈话中,从来不问他的家庭情况,不涉及他的"隐私",只是谈人生、讲自身的成长经历,和他真心做朋友。告诉他,生活中偶尔的失意是很正常的,关键是不能轻言放弃。当代大学生应该学会接受生活、面对社会现实,做到人穷志不短。社会给了每个人平等发展的机会,只要努力,未来一定是美好的。还给他介绍了国家、省以及学校助学金、奖学金的政策、勤工助学的办法,鼓励他敢于大胆地把问题讲出来,把压在心里的石头卸掉,心情愉快地轻装上阵。

大一上学期确定家庭经济困难学生名单时,老师发现很多家庭困难的同学写了申请,唯独家庭最困难的石某没写。老师把石某单独叫到办公室,把申请表递给他,让他填写申请,并承诺不向任何人泄露他的家庭情况。按照学校政策,石某获得了助学金。他发现,与其他获得助学金的同学一样,并没有发生他所担心的"遭同学歧视"的问题。通过这件小事,他增加了对老师的信任感,相信神圣的殿堂不笑贫,相信周围的同学没有另眼看待他。

慢慢地,该生放下了思想包袱,开始主动与老师交流,谈些自己的想法。他牢记老师的教诲:无论出身富贵与贫贱,每个人的人格是平等的;不能把贫困作为自暴自弃的理由,而应该作为不断前进的动力。他也亲身感受到,老师犹如父母,真心关爱和帮助每一个同学。

他的同班同学、舍友经常邀请他一起去上课,一起去图书馆,一起去操场跑步,一起参加集体活动和各种竞赛,一起到风景区散心。春风终于融化了他那颗冰冻的心,他开开心心地融入了班级群体。

二、案例评析

（一）案例起因

1. 家庭经济困难、家庭成员的疾病、家庭不和谐的人际关系、家庭教育的缺失，造成了该生特殊的性格：内向、自卑、不善于与人交流。这种性格，如果进入大学后没有自我改善和修复，必然在学习、生活等各方面有所显现。

2. "笑贫不笑娼"的不良社会风气，在一定程度上对学生产生了影响，让他背上了"贫困可耻"的思想包袱。他不愿让周围的人知道自己的任何家庭信息，担心别人知道了自己会遭到耻笑，影响自己在同学们心目中的形象。这种思想包袱，压垮了他本不挺拔的脊梁。

3. 与条件较好的同学相比，他感到自愧不如，失去了学习的动力和生活的乐趣，于是他选择了自暴自弃，逃课、逃避与同学的交往，逃避参与集体活动。

（二）案例解决

为什么不与同学交流、为什么旷课、为什么不参加集体活动？带着这些问题，辅导员先是找到该生高中同学了解情况，对他的成长历程有了大致了解。然后，找到同宿舍的同学、班委了解其情状。辅导员还主动找到他进行交谈，以现身说法对其进行引导教育。安排班级、特别是同宿舍的同学与他进行沟通、交朋友。根据国家政策，辅导员还鼓励该生申请各类奖助学金。多管齐下，最终温暖了这颗冰冷的心，他积极主动地融入班集体之中。

（三）案例思考

1. 尊重家庭经济困难学生的隐私，是取得学生信任、进行有效沟通的基础。像本案例中，石某把家庭情况当作不光荣的事，作为个人的隐私，不希望其他人知道。根据这种情况，老师要尊重和保护学生的隐私权。要教育引导学生，如何对待社会现实，如何把握人生，如何与同学相处，并切实解决他们的实际困难。只有这样，才能取得学生的信任，建立良好的师生关系，解决现实问题。

2. 坚持以学生为本，做好全方位、全过程教育、服务工作。要随时掌握全体学生的情况，以锲而不舍、滴水穿石的精神和毅力，不怕麻烦、不怕碰钉子的精神，对待每一位有问题的学生，不让一个学生掉队。学生教育管理工作者要清楚，冰冻三尺非一日之寒，只要不断坚持和努力，冰山总会融化为一江春水。教师教书育人的职责之所以伟大，被人们誉为太阳底下最光辉的职业，就体现于此。

三、对策建议

（一）一把钥匙开一把锁

每个人的幸福是相同的，苦难却各有不同。针对学生的不同情况，辅导员应该采用不同的方法去解决，对症下药。通过这一案例我们体会到，要做好掉队学生的工作，变后进为先进，仅仅按照常规教育办法是远远不够的，必须仔细分析每一位学生的个案，找到问题的症结，用真心和爱心感化学生，在深入、耐心、细致地了解学生真实情况的基础上，根据每个学生的特点，制定不同的、科学的工作方法，才能取得预期的效果。

（二）要充分认识到问题的复杂性

影响人际关系构建的因素是多样的，也是相互交织的。正如本案例所反映的，石某的家庭经济状况、经济条件，影响了他的自我评价和行为方式；在家庭中没有受到良好的教育，家庭成员关系的不和谐，对人际关系认识不到位，作为"第一任老师"的家长，缺失了对孩子正确的教育，进而导致了他在维护师生关系、同学关系，乃至未来同事关系的困难，影响大学生的正常成长。大学阶段，通过老师的正确教育和引导，同学们的热情帮助，形成良好的师生关系、同学关系，促进学生的进步和成才，能够弥补由家庭不良关系、家庭经济困难造成的缺失。因此，高校应重视和有效解决可塑性极强的家庭经济困难学生的人际关系问题，这不仅关系到学生的健康成长成才，而且也关系到学生家庭的幸福以及学校和社会的安全与稳定。

（三）注重发挥学生干部及同学的积极作用

老师与学生存在一定的代沟，有些同学对辅导员有一种仰望的心理，甚至存在一定的逆反心理，对辅导员的说教有时听不进去，或者是学生不愿意让老师知道他所谓的"隐私"。这就需要充分发挥同学们的作用，利用同学之间无话不谈的优势，了解学生中存在的问题，从侧面了解到真实的情况，有的放矢地解决问题。

（四）把握规律，以点带面

辅导员要认真分析学生个案，寻找问题的根源以及学生个案中带有共性的问题，认真总结工作中的经验和教训，以便在处理类似问题时更加得心应手，效果更加完美。

第十编 敬畏生命

2014年9月,复旦大学校长杨玉良院士在新生开学典礼上表示,学生在大学中要"悟道、受业、释惑"。大学不是"职业的培训所",在大学如果只想学专业技能的知识,是非常卑微的,大学培养的学生要有对自己、对国家、对人类的责任感。"如果学校的教育只是重视专业的知识教育,而不重视德行的培养,那么很可能培养的人越有知识,越可能成为社会的祸害。"爱因斯坦曾经说过,人文精神应该总是置于客观真理的发现之上,并宣誓崇高的道德标准和价值体系,对崇高的价值体系的追求,远远高于他自己在物理上的巨大成就。

《弟子规》开篇语,"弟子规,圣人训,首孝悌,次谨信,泛爱众,而亲仁,有余力,则学文",劝诫人们要做一个博爱大众,亲近有仁德的人,这些都做到之后,倘若还有多余的时间和精力,要学习有益的学问。古今中外,都把思想道德的教育看作教育的首要任务。作为教育者,要用尊重的态度看到家庭经济困难学生心中软弱的地方,让他们理解生命的价值和生活的意义,不再让"读来神伤、思之心碎"的悲剧重演。

第一章

天波易谢　寸暑难留

生与死，从来只在一线之间。有的人重于泰山，有的人轻于鸿毛。有人用一次辉煌的陨落去挽回另一个人的生命，有人却因为畏惧与胆怯结束了宝贵的生命，抑或是因为所谓的自尊与嫉妒给同窗好友带来了苦痛。同样花样年华，有人留得满地清香，有人却徒留悔恨与悲痛。对于社会和家庭来讲，培育成人的过程如此艰辛，而毁于一旦又如此轻率。高校应教育学生，珍惜大学美好时光。让学生明白，以感恩的心态面对生活，生活才会充满阳光。心灵是一面镜子，里面装着什么取决于一个人面向哪里。世界不完美，生活难免有缺憾。幸福是一种对照，因为流过泪，所以笑得更甜美。收起抱怨的心，让心灵的镜子照向光明，让黑暗躲进角落。

第一节　阳光总在风雨后

一、案例回放

崎岖山路上，手拿大红录取通知书，绑着马尾的小华高兴地往大山深处飞奔而去，终于在一栋破旧不堪的小房子前停了下来。女孩兴奋地喊道："爸，我被大学录取了，我可以去大学读书了！"父亲的目光中流露出一丝欣慰，但随着女孩进屋后，表情却变得复杂起来。深夜老汉一瘸一拐地走到院子中，18年前的事情又涌上心头。靠打柴维持生活的他像往常一样走在山路上，看到了路边一个被人遗弃的女婴。善良的父亲收养了这个孩子，取名小华，历尽艰辛将她养大并让她上了学。前两年，父亲在工地上不幸摔断了腿，再也没办法干重活。家徒四壁，拿什么供孩子上学呢？小华的父亲陷入烦恼之中。

为了圆小华的大学梦，小华的父亲再次走进工地，重操旧业。然而不幸再次降临，有一天，父亲在回家的路上遭遇泥石流，再也没有醒来，小华再次成了孤儿。家中失去了唯一的顶梁柱，无任何经济来源，未来的路不知如何走下去。夜深人静，小华孤独、恐惧，她想到了自杀。然而，善良而热情的乡亲们理解小华的处境，纷纷伸出援助之手。小华怀着复杂的心情，带着乡亲们凑足的学费心事重重地走进大学。

带着心结的小华发现自己很难融入同学们的生活圈子。过周末的时候，同宿舍的姐妹们忙着商量去哪聚餐，去哪逛街，去哪看电影，她却同时做着几份兼职挣生活费。"学习，打工，学习，打工"，她的生活单调到只有这两件事。强烈的自卑感让她不敢与人交流。当心中难以承受各种压力时，她想放弃上大学，并产生自杀的念头。但是想到父亲的期盼和乡亲们的支持，她强忍痛苦继续前进。"谁能帮帮我呢？"小华在心中发出悲伤的呐喊。

辅导员张老师了解到小华的情况后，对她进行了帮扶。为解决小华的生活费和学费问题，张老师一方面联系学校资助部门，帮她申请了助学贷款，另一方面帮她介绍了一份图书馆的勤工助学岗，鼓励她在学习工作之余多读书，树立敢于面对困难的勇气和战胜困难的决心与信心。与此同时，面对内心相对封闭的小华，张老师鼓励她用给老师写信的方式表达内心的想法和感受。张老师的每一封回信都让小华感受到温暖与关爱。同时，张老师安排班里同学多关心帮助小华。

在老师和同学们的帮助下，小华逐渐走出了阴霾。她积极参加各项活动，学习进步很快。在一次诗歌朗诵比赛中，她的题目是《我的生活充满阳光》，张老师露出欣慰的笑容。

二、案例评析

（一）案例起因

小华从小被父母遗弃，养父将她养大成人。为了解决她上大学的费用，本已身残的父亲坚持在建筑工地打工，在回家途中不幸身亡。经济压力、生活困难、失去唯一的亲人，给小华带来巨大的生活压力和经济压力。为了打工挣钱，她很少与人交流，并难以融进同学们的生活。内心的苦楚找不到倾诉的对象，悲伤只能隐藏在内心，她同时承受着巨大的心理压力。

(二) 案例解决

辅导员及时走进小华的内心，与她进行心与心的沟通，对绝望中的小华重新树立起面对困难的勇气和信心起到了关键作用。学校以及辅导员帮小华办理了助学贷款，并且联系到勤工助学岗，解决了小华的学费和生活费问题。老师发动班级同学，与小华多沟通，多提供帮助，帮助小华建立起良好的人际关系，让她感受到班集体的温暖。

(三) 案例思考

孤儿，在家庭经济困难学生中占有一定的比例。由于他们家庭情况特殊，长期承受巨大的压力，他们在相对自由的大学环境中显得手足无措。在这个群体中，自卑与敏感、焦虑与压抑常常相伴而存。[①] 他们一方面渴望用知识改变自己的命运，另一方面也存在着许多方面的困惑。问题如果得不到及时而妥善的解决，这一学生群体往往会产生逃避心理，并产生轻生念头。案例中辅导员张老师的做法值得称赞和学习。作为学生思想政治教育工作者，要特别关注学生中的特殊群体，并通过灌输法、思想疏导法、典型树立法、对比法等，有针对性地开展珍爱生命教育、理想信念教育，培养学生积极的人生观和价值观。

三、对策建议

(一) 树立"以学生为本"的理念

"感人心者，莫先乎情"，高校教育工作者要把每一个学生都当作是自己的孩子，关心他们，尊重他们，充分信任他们。以真诚与学生沟通，以实际行动感化学生。以满足学生需求、促进学生发展、实现学生价值为本，及时发现学生中存在的问题，帮助学生解决各种困难，促使他们健康成长。

(二) 丰富专业知识，提高职业技能

高校教育工作者要善于用教育学与心理学等专业知识，帮助学生解决内心的困扰。来自贫困家庭的孩子往往内心更为脆弱与敏感，引导他们正确认识自身的价值，是帮助他们克服焦虑心理的关键。对家庭经济困难学生在心理方面表现出来的某种群体特殊性不应加以放大或渲染，以避免伤害学生的自尊心。

[①] 龙晓东：《贫困大学生心理健康问题成因分析与对策研究》，载《高等教育研究》，2003年第9期。

要通过个别性心理咨询,引导他们建立积极的心理防卫机制,鼓励他们进行改善人际关系的尝试,指导他们调控情绪以降低心理焦虑水平。对于像小华这样的学生,辅导员正是通过有针对性的疏导,帮助她树立起学习和生活的信心,用鼓励和信任帮助她走出内心的阴影。①

(三)因材施教,激发学生潜能

对待性格不同的家庭经济困难学生要用"因材施教"的教育方式。每个学生都有自身的潜能,一些来自贫困家庭的学生因为缺乏自信,不善于表达内心的想法,自身的优势和潜能得不到充分发挥。辅导员要经常鼓励学生,培养他们的自信心,激发学生的潜能,培养他们的阳光心理。案例中辅导员张老师用信件交流的方式逐渐走进小华的内心,通过尊重与赞赏、关爱与鼓励,帮助她走向健康成长之路。

第二节 生命的坚守

一、案例回放

金秋时节,迈着青春步伐的大学生们在9月1日踏入属于他们的新校园。

辗转几天,李明一个人扛着行李终于来到学校,一米九的身高,黝黑的皮肤和深邃的大眼睛,让他格外显眼。办理完报到手续,他把行李放到宿舍,第一件事就是寻找公用电话给家里报平安。"妈,我已经到学校了,你和弟弟妹妹在家好好的,我上大学就可以自己挣钱了,每个月会往家里寄钱的。"李明来自一个单亲家庭,家里还有一个弟弟和一个妹妹。

大学生活是丰富多彩的。图书馆、操场以及偌大的校园却几乎看不到李明的身影。除了正常的上课,课余时间他都在忙什么呢?他是餐厅服务员,是家教老师,是大卖场外负责做广告的宣传者。最多的时候,一天要打三份工。邮局是李明每个月必去的地方,每月都会给家里寄去三五百元。只有这时,才会看到他脸上的笑容。班里组织的课外活动,他无法参加,也不想参加。在班级同学眼里,他似乎是个"另类",但只有李明自己明白,为了省钱,每顿饭只有

---

① 赵军峰:《高校辅导员思想政治教育工作实效性研究》,载《华北电力大学学报》,2009年第6期。

两个馒头外加一份老咸菜。长期如此,造成了营养不良。终于有一天,他晕倒在去教室的路上,检验结果显示,他得了白血病,医生告诉同去的老师,他的生命还能维持 3~5 年。

为了不让母亲担心,李明让老师和同学隐瞒他的病情。学校发动全校师生为他捐款,并通过多种渠道,为他争取到社会资助。每一个疗程结束,他都会努力将落下的课程补上,并骑着自行车,带着小红帽在校园快乐穿行,丝毫看不出他是一个高危病人。每次期末考试,他的成绩都在班级前十名。

一晃一年过去了,还有一年多就要毕业了,此时,李明的病情加重。病情发展已无法隐瞒,李明将实情告诉给了母亲,母亲悲痛欲绝。为了珍惜最后的日子,母亲劝他退学回家休养,但李明拒绝了,他表示一定要拿到毕业证,这是他唯一的愿望。视力下降看字模糊,他就让同学和家人读书给他听。躺在病床,他一边输液,一边做作业。毕业典礼那天,同学架着他从院长手中接过了毕业证,他笑了,笑得那样阳光灿烂。一个月后,家中传来消息,李明离世。

二、案例评析

(一) 案例起因

背负沉重担子的李明独自一人来到大学。面对新环境,没有同龄人的喜悦和新鲜感,心中承担着来自生活费等方面的压力。与生俱来的强烈的自尊心,使他不肯向他人寻求帮助,自己坚持咬牙承受着一切。长期营养不良,生活劳累艰苦,他最终晕倒在上课的路上。

(二) 案例解决

身体心理的双重问题倘若得不到及时解决,将有可能导致严重的后果。由于经济、心理、身体各方面的压力,致使李明病倒。学校、学院以及全体师生为他捐款,解决了他暂时的生活、学习、医疗困难。李明靠顽强的意志、坚定的理想信念,努力拼搏,直至生命的终点,最终拿到毕业证,实现了自己的心愿。在母亲眼中,他是一个好儿子;在老师眼中,他是一位好学生;在同学眼中,他是一位值得所有人学习的好榜样。

(三) 案例思考

"90 后"大学生具有鲜明的特点,他们热情、奔放与孤独并存,追求独立但依赖性强,人际交往能力相对较弱,心理承受能力欠缺。有的学生会因为学习障碍、爱情受挫而放弃自己宝贵的生命；而有的学生虽然面对重重困难，甚至身陷危及生命的疾病中仍能坚强地生活和学习。像李明一样，这位来自经济困难家庭的学子具有吃苦耐劳、孝顺父母、坚强勇敢的优秀品质。虽然他同样有敏感、自尊心强的情结，但他刻苦学习，努力工作，并能勇敢面对死亡，坚定理想信念，永不言弃。这种精神，是值得其他学生学习的。

在看到像李明这样学生优点的同时，如何为学生减负，创造良好的学习环境和条件，是值得高校认真思考的问题。有些辅导员存在"等着学生来讲，等着学生来问"的问题，辅导员更多的是事后解决问题，而不是预防问题的发生。案例中，李明因特殊的家庭背景和内向敏感的性格，他很难主动将困难汇报给老师。面对这样的学生，辅导员是不是应该反思自己在学生工作方面存在的漏洞，反思自己的工作是否存在不到位的地方？因此，高校要加强人文关怀，及时了解学生日常生活、学习情况和心理状况。倡导和营造平等和谐、互帮互助、健康向上的班级氛围，让家庭经济困难学生体会到大家庭的温暖，引导他们健康成长。

三、对策建议

（一）爱岗敬业，增强责任感与使命感

高校辅导员应当树立崇高的职业理想，提高职业认同。辅导员岗位是神圣的，辅导员工作好坏，在某种程度上来说，关系到学生未来的发展方向和其对待学习、工作和事业的态度。因此，辅导员要有一双善于发现的眼睛，用细心、耐心、爱心去关注学生，关注他们的内心世界，关注每一个细节。以爱为根本，以德艺双馨为职业标准，以先进思想理念为先导，教育学生，服务学生，做学生的良师益友。

（二）建立学生信息网络，发现问题，及时处理

由于工作事务繁忙，辅导员、班主任很难时时刻刻陪伴在每位学生身边，对于较难发现的家庭经济困难学生的困难以及心理问题，可以要求班干部、宿舍舍长定期汇报，及时了解学生在思想、学习和生活等方面存在的问题和困难，并做好此类学生的信息记录，进行跟踪调查，跟踪服务。

（三）培养学生班级、宿舍的集体荣誉感与责任意识

面对社会转型期的激烈竞争和多元化的价值冲突、家庭责任意识教育的偏失，使当代大学生的自我意识得到进一步强化，势必会影响大学生集体责

任感的形成。① 因此,高校应积极开展培养大学生集体责任感的活动,以各种载体为依托,营造浓郁的团结、协作氛围。例如:开展以宿舍为单位的团体运动会,以班级为单位的拔河比赛,班级内部成立的互助小组等。通过同学之间的关爱来逐渐温暖家庭经济困难学生敏感脆弱的内心,使他们逐渐摆脱内心的困扰。

---

① 李爱娟:《浅析影响大学生集体责任感形成的心理因素》,载《中国西部科技》,2010年第9期。

第二章

心理失衡酿惨剧

来到大学这个人才的聚集地,家庭经济困难学生要想走出"心理失衡期",必须端正认识,及时调整心态。若依旧沉醉在往日的光环中不能自拔,往往被动落后。现实中,每年都有部分高考成绩非常好的学生在大学里心情一落千丈,逐渐自暴自弃,有的出现心理疾病,甚至发生恶性人身伤亡事件。之所以产生这种现象,主要源于他们对新的生活环境、新的人际关系、新的学习模式等不适应,导致心态失衡、萎靡不振,无法集中精力学习,性格孤僻。高校要教育学生,对人要宽大仁和,坦诚相待,创造一个安定团结、心情舒畅的身心环境。要让学生明白,生活最大的苦恼,不是拥有的太少,而是想要的太多。人的欲望是永无止境的,欲望太盛,就会造成种种痛苦和不幸。追求人生的幸福,就要保持一颗平常心,淡泊明志,于利不趋,于色不近,于失不馁,于得不骄,"达亦不足贵,穷亦不足悲",永远不做欲望的奴隶。

第一节 面朝大海 未见春暖花开

一、案例回放

毕业季,离别时,定会平添几许感伤,许是几家欢喜几家愁。当最后时间的躁动,热闹又感伤的聚餐,各种姿势的毕业 Pose,五颜六色的毕业纪念册都成为标志性词语,可所有这些都永远不再属于张可。

四年前,这个少年怀着对未来美好的期盼走进大学校门,"爸妈,等我毕业找到工作,就接你们到城里生活",临行前张可对父母许下了诺言。这个自尊心极强的年轻人自打来到大学后,为了融入宿舍同学的生活圈子,慢慢忘记了自己的追求和梦想，逃课、抽烟、网游渐渐成了他生活的重心，一张尴尬的期末考试成绩单代表着整个大一生活的结束，可是垫底的成绩并没有把这个农村孩子从颓废的日子中"拯救"出来。沉浸在网络这个虚幻世界中，让他逐渐脱离了班集体，脱离了现实生活，张可早就忘了当初的梦想。

对"门门亮红灯"的成绩单，他早已"宠辱不惊"。时间永远不会等待，转眼间进入大三，同学们都在按照自己的计划去忙碌，去奋斗。宿舍的同学为了考研早上五六点就去图书馆找座位，晚上十点多才回到宿舍，其他舍友则开始寻找合适的实习机会，他们在为就业提前积累一些经验。每天上午十点张可才会懒洋洋地从床上爬起来，打开电脑开始玩游戏，昔日的伙伴都不在宿舍，也许有那么一个瞬间他是后悔虚度年华的，但是坏习惯一旦养成就不会轻易改掉，忙碌又短暂的大三结束，本应到了收获的季节，但张可因为考试成绩太差，却一无所获，连学位证都可能拿不到。

当宿舍舍友有的开心地接到研究生面试通知，有的工作应聘成功，张可才开始醒悟。想起远在农村的父母期盼的眼神，他也想去找工作，可是他发现自己什么也不会，几个月过去了，每次都是从招聘会上垂头丧气地回来。距离毕业还有一个月，班长开始统计毕业去向，他不知道该怎么回复，那种境地实在太尴尬，最终只能写上"待定"二字。一次一次被噩梦惊醒，张可的话越来越少，脸上的笑容越来越少，大家都忙着各奔东西，也无暇顾及宿舍的兄弟。"我的世界不再有颜色，纵有无限留恋，但除了永远离开，我别无选择……"这封信被张可放在桌子上，直到他在海边被发现。他年迈的父母含着眼泪带走了他留下的物品，不知道已在另一个世界的张可会不会看到父母那绝望的眼神，四年前的那个阳光少年永远不会再回来。

二、案例评析

（一）案例起因

大学适应教育、心理健康教育、专业思想教育的缺失，为部分青年学生的成长道路埋下了一枚"定时炸弹"。张可从小生活在一个经济困难的农村家庭，家庭的贫困使他的自尊心极强。考上大学后，大学的新环境以及周围的一切让他不知所措，不能科学规划自己的学习和生活，加之学校又疏于对他的管理，再加上心理健康教育的缺失，使他逐渐荒废学业，面临巨大的毕业压力和就业压力。当本就脆弱的心理难以承受这一切时，悲剧发生了。

（二）案例解决

从高中步入大学校门，多数学生都怀揣着自己的梦想。但是，城市里的环境与以往高中学习环境有很大差别，学生往往在生活中迷失了自我，如果辅导员提前对其学业进行预警，找到父母进行谈话，些许能够挽救张可这个年轻的生命。但是，学校、家庭和学生个人都没有充分认识到问题的严重性，没有处理好各方面的关系，最终酿成悲剧。

（三）案例思考

通过这个案例，以下问题值得高校学生教育与管理者思考：

1. 杜绝轻生现象。张可对生活意义的迷惘，让他走上了一条不归之路，他给这个世界留下的只有惋惜和悲伤。高校出现类似案件并不是个例，还有一些学生正在经历着同样的困扰。"教育的目的应该是向受教育者传递生命的气息"。年轻的生命本不该如此脆弱。

2. 高校对家庭经济困难学生的帮助不全面。部分高校对经济困难学生停留在物质帮助这一层面，对学生的心理健康教育、学业动态观察以及就业心理疏导等往往被忽视。

3. 辅导员日常工作不系统、不到位。高校辅导员无法为学生的全面发展进行有效的专业化的心理指导和职业发展指导。面对学生思想上的困惑、行为的偏差、心理的压力和就业的迷惘，往往心有余而力不足，有的只能简单地以制度和纪律来约束学生。

4. 高校与学生家长之间交流不畅通。一方面学生家长不了解孩子在校学习生活的情况，另一方面学校也未及时通过有效途径将学生在校情况反馈给家长，双方均产生了一定程度的"盲区"，导致学生问题长期得不到矫正。

三、对策建议

（一）对家庭经济困难学生的培养要经济资助与育人双管齐下

高校应充分利用国家资助政策和学校的资源，给予家庭经济困难学生提供完成学业所需要的最基本的经济保证，消除学生单纯因经济原因而导致的绝望性心理焦虑。由于家庭经济困难学生普遍具有强烈的自尊心和脆弱的心理，他们比别人更容易感受到挫折和心理伤害，并且缺乏自我调节能力。因此，高校要倡导和建立一种求真求善、平等和谐、健康向上的文化氛围，让家庭经济困难学生心理素质不断得到完善和提高。

（二）对家庭经济困难学生适时、适度、适量开展挫折教育

在压力面前，心理承受能力差是大学生群体的普遍问题。但凡遇到些许挫折，就萌生退缩的念头，严重的就如案例中张可的自杀行为。挫折教育是教育者针对受教育者的实际情况，有意识地利用已有困难，或情境创设，使受教育者通过自身努力，提高心理承受和耐挫能力的实践活动。① 高校学生教育工作者要特别注意运用形成性评价、过程性评价和终结性评价对大学生进行挫折教育。

（三）做好学生职业生涯规划教育与辅导

大学生就业一直以来都是社会热点问题，尽管高等教育趋于大众化，但是高校有责任对学生的就业提供最大程度的帮助与引导。对于张可同学来说，找到一份合适的工作，不仅是自己一个人的事情，而往往寄托着整个家庭的希望。大学生职业生涯规划的特殊性在于它关系到大学生的成长与可持续发展，大学生职业生涯规划是唤醒学生职业意识，并促进其职业精神要素生成和发展的人生重要环节。②

（四）构建有效的家庭与学校之间的交流合作平台

学生的健康成长仅仅依靠学校与教育工作者是不够的，还需要家长进行配合，因此构建一个有效的家校交流合作平台是非常必要的。在不给学生家长带来困扰的前提下，及时通过电话或走访的方式与家长进行沟通，能够及早避免类似问题的发生。

第二节　青春不再来　且行且珍惜

一、案例回放

"清明时节雨纷纷，路上行人欲断魂"，化学工程班的同学来到 s 市的公墓祭拜他们的同班同学李曼，墓碑前堆满了女孩生前最喜欢的百合花。几个星期前，这个笑容灿烂的女孩因为好朋友婷婷的投毒而永远地离开了这个世界。

---

① 张骞:《当代大学生挫折教育及对策探析》，载《思想理论教育导刊》，2009 年第 10 期。
② 高桂娟:《对大学生职.业生涯规划的分析与思考》，载《中国高等教育》，2007 年第 7 期。

四年前，来自南方小镇的姑娘李曼考上了一所名校。李曼家里还有两个弟弟，为了供养三个孩子读书，父母常年在外打工，李曼从小到大成绩名列前茅，考上大学也是一家人的骄傲。昂贵的学费对于这个生活拮据的家庭来说是一笔不菲的支出，李曼在国家助学贷款政策的帮助下走进了大学校门。女孩在专业课的学习上精益求精，多次在专业竞赛中获得好名次。她还是学校英语口语协会的发起人和组织者。

大学里，李曼有一个非常要好的朋友——婷婷，两个人是老乡。婷婷也是非常努力的女孩，学习努力刻苦，但是性格比较内向，自尊心很强，非常反感别人谈论她的家庭情况。有一次，婷婷鼓足勇气参加口语比赛，但是因为口音太重，一张口台下就有笑声出现。婷婷满脸涨红，非常尴尬地完成了比赛。"我就像小丑一样，跟在李曼的身边，有她在的地方，我注定被忽视与嘲笑，可她是我的朋友啊，我怎么可以这么想？"就这样，婷婷一直存在着矛盾心理，极力压抑自己的情绪。

转眼大学生活进入第三年，保研资格的筛选也开始了。李曼和婷婷都是成绩名列前茅的学生，都是候选者，但名额只有一个，而李曼以综合成绩第一名获得了这个名额。知道消息的婷婷竭力掩饰自己内心的嫉妒，装作开心的样子向李曼表示祝贺。婷婷带着压抑与嫉妒，开始了考研之路，但一年的辛苦准备却没有换来她预想的结果，考研的失利让她近乎绝望。想到远方的父母，想到一家人等待她去改写贫困的命运，她越来越无法控制自己内心邪恶的想法。单纯的李曼并没察觉到这一切，她视婷婷为最好的朋友，非常珍惜两人的友谊。但是悲剧还是发生了，一个铺满阳光的午后，婷婷把准备好的一整包毒药全部倒进了李曼的杯子里。血色残阳，年轻女孩的生命就此终止。罪恶的种子已经在婷婷心中种下，因没有及时除掉，酿成了无法被原谅的惨案。婷婷最终也失去了学业，等待她的是法律的严惩。

二、案例评析

（一）案例起因

这起案例是一则惨痛的教训。当脆弱敏感的心理未能得到矫正，即使与乐观健康的心理相互碰撞，也无法使它朝着正确的方向发展。李曼与婷婷虽然是好朋友，一个阳光优秀，一个优秀但心理阴暗；一个把朋友视为知己处处照顾，一个把朋友当作自己的竞争对手处处提防并心存嫉妒。婷婷的心理问题没有及时得到疏导,最终导致了惨案的发生。

(二)案例解决

在漫长人生的那一些可能不起眼而又要命的关头,想一想李曼与婷婷的年轻脸庞,想一想父母亲的苍老与泪水,都是无法言说的悲痛。"生命不能孤立存在,只能存在于关系之中。没有关系,就没有生命的存在。每个生命本身都是其个体生命与周围生命个体、所处环境的共在。"① 婷婷没有在复杂的人际环境中找到自己的位置,没有摆正心态,没有按照既定目标前行,等待她的只有法律的严惩和道德的谴责。

(三)案例思考

意大利教育家蒙台梭利曾深刻地指出:"教育的目的在于帮助生命力的正常发展,教育就是助长生命力发展的一切作为,关注人的生命才是教育的本质。"生命是教育的原点,直面生命是教育的前提,敬畏、尊重生命是教育的关键,提升、完善生命是教育的目的。② 当代大学生漠视生命的现象时有发生,甚至有蔓延的趋势。案例中女大学生婷婷的行为是错误的,更是令人痛心的。如何保护好学生,如何才能避免此类惨剧的发生,是值得高校学生教育管理工作者认真思考的问题。

1. 高校生命价值教育严重缺失。没有生命价值教育,就难以树立完整科学的人生价值观,唯有生命价值教育,才能使学生正确对待生死、成败与荣辱,培养学生享受生活、珍惜生命、乐观向上、笑对人生的积极态度。许多高校偏重学业能力的培养,存在生命价值教育不足、内容过于空洞化的问题,缺乏生命价值领悟的学生群体极易酿成无法挽回的惨剧。

2. 高校思想政治教育工作者对特定学生群体的心理关注过少。现实生活中,相当一部分家庭经济困难学生不善于调节自己的情绪,因过度的自卑而形成过度敏感的自尊,行为上表现出不合群,内心深处有很强的孤独感,从而造成人际交往和人际沟通的困难。辅导员和班主任对这类学生要多加关心,了解他们内心存在的各类问题,及时进行有效矫正。

3. 有效疏导家庭经济困难学生正确认识荣誉、奖励和各种奖项名额。教育资源本就是有限的,高校在对荣誉奖励进行分配时,往往存在偏颇而忽视公平

---

① 赵婀娜:《生命教育不容缺位》,载《人民日报》,2013年5月23日。
② 肖杏烟:《大学生生命教育课程的构建与实施》,载《高教探索》,2009年第5期。

性，即使做到了相对公平，却又忽视了对其他同学的心理疏导，没有及时将内心的不满转化成为努力奋斗的激励因素。

三、对策建议

（一）帮助家庭经济困难学生树立现代生命价值理念

案例中，婷婷由开始的嫉妒心理到最后残忍地结束别人宝贵的生命，说明了高校生命价值教育的严重缺失。在这一教训面前，高校有必要将生命价值教育贯穿在大学教育的方方面面，包含关注自我生命、关注自我生命与他人生命、关注自我生命与社会、关注自我生命与环境四个层面，让学生学会在珍惜自己生命的同时，与他人、社会、环境和谐相处。① 生命教育实践性极强，生命教育要实践于生活、体验于生活，可发挥学校教育与社会教育的联合作用，通过形式多样的课外活动，使大学生在实践中掌握生命知识，从而最大限度地防止漠视生命的行为发生。

（二）强化家庭经济困难学生感恩教育，注重挫折教育

感恩教育是一种以情动情的情感教育和以德报德的道德教育，更是一种以人性唤起人性的人文教育。通过感恩教育，让学生明白个体生命并非完全属于自己，也属于他人、属于社会，不仅要为自己而生，也为他人而生。从小到大饱受家人亲友、同学同事、国家民族和大自然的恩赐，如果漠视生命，将是极为自私的表现。同时，培养他们抗压力能力。进行挫折教育是高校管理者必须要开展的工作。通过开展挫折教育，让学生明白逆境是一种可贵的经验，也是人生的一种财富。

（三）走进家庭经济困难学生的内心，引导学生健康成长

现实中教育资源毕竟是有限的，在保证相对公平分配的前提下，如何引导学生树立健康的荣誉观，培养学生踏实进取的精神是教育工作者需要思考和解决的问题。辅导员要深入到学生中去，深入到家庭经济困难学生群体中去，提高自己的亲和力，真正成为学生最容易亲近和信任的人，成为学生遇到困难时倾诉或求助的对象。通过聊天谈心、宿舍检查等方式，掌握学生的动态信息。通过开展主题教育活动，提高学生的危机意识和抵御危机的能力。

---

① 贺才乐：《生命价值教育：当代大学生的一门必修课》，载《思想教育研究》，2006年第12期。

案例中，因为保研名额的激烈竞争，增加了婷婷的不满与压抑，不得不说是一个惨剧发生的导火索。而高校有责任对那些在竞争中落选的学生进行心理疏导与鼓励，让学生最大限度地感受到学校的培养、老师的关怀、同学的温暖。

//第三章

风物长宜放眼量

重视生命过程，关注生命质量。生命质量好坏，既取决于一个人的成功与否，更取决于一个人的心态，取决于对世界、对他人的看法，取决于一个人的幸福指数的高低。世界是大的，人是小的，只有放开眼界，以博大的胸怀看待人世间的万事万物，人才能由小变大。在人生道路上，会充满许多诱惑。由于家庭经济困难学生的知识、能力、阅历的局限性，面对种种诱惑，他们很可能难以自拔。高校应教育学生，学会和睦相处平易近人，融入团体；要学会柔顺谦逊精中求细，稳妥办事；要学会谦虚谨慎虚若怀谷，低调智慧；要学会有备无患奉献爱心，分享快乐。

第一节 深陷泥潭的羔羊

一、案例回放

早上8点开始了新一周的第一节课，偌大的阶梯教室里坐满了来上课的同学，教授在讲台上充满激情地讲着课。这节课的主题是"人生规划"，同学们都在踊跃发言，可是这一切都将不再属于孙宇。此刻的他正从铁窗里向外望，想念他的父母，想念他的老师和同学，想念他戛然而止的大学生活。

孙宇是小山村的第一名大学生，带着父母与乡亲们的无限期盼，孙宇来到了学校，开始他的大学生活。学费是通过生源地助学贷款解决的。在了解到他的家庭状况后，学校通过助学金帮助这名新同学解决生活难题。顺利开始精彩大学生活的孙宇怀着一颗感恩的心认真学习，与同学们相处融洽，但是这个山里孩子的命运却在悄悄发生着改变。宿舍舍友一次丢了钱包，舍友私下议论是孙宇偷的，因为在这个宿舍，只有他家庭贫穷，无钱交学费，更无钱买手机、电脑等学习和生活用品，一次乌龙事件给了孙宇的内心蒙上了一层阴影。他深深地感到，落后就会挨打，贫穷就会被人看不起，甚至会被诬陷。他下决心要改变自己的贫穷状态。

数月前，一个高中时的朋友给他写信说，他舅在南方开了一家公司，公司有很多高素质人才，很适合大学生发展。此后，这位朋友还多次打电话并在QQ上留言特意邀请孙宇去"锻炼锻炼"。经不住朋友的多次邀请，又想到自己因为贫穷备受歧视，怀着挣大钱的愿望，孙宇还是请假去了。实际上，那是一家打着直销旗号的传销黑窝点，很快明白的孙宇吵嚷着要离开，此时朋友凶相毕露，叫来人围着孙宇拳打脚踢，还大声谩骂恐吓。孤立无援的孙宇从来没见过这种阵势，吓得缩成一团，只好假装乖乖"听课"。装作非常听话的孙宇逐渐让朋友放松了警惕。在两人单独外出时，为了能够逃脱，孙宇随手拿起了路旁的啤酒瓶砸向了对方，因为伤势过重，孙宇的朋友没能抢救过来。

回到学校，"平静"地住了几天，孙宇还是选择了自首。他因为过失杀人被判处了有期徒刑。如今待在看守所的孙宇再也无法回到实现自己梦想的地方，每每想到远方的父母，他充满悔恨与愧疚。"我辜负了父母的期望，也注定与梦想擦肩而过。"

二、案例评析

（一）案例起因

由于孙宇家庭困难，缺乏自信心；社会阅历浅，来到高校不适应；又因为交友不慎，误入歧途；高校辅导员督导不及时，使学生越陷越深。

（二）案例解决

来自农村的孙宇因为家庭较为贫困，内心较为敏感，却在无意中被同学误解和伤害，他下决心挣大钱，改变自己的贫穷现状。由于社会接触面不广，缺乏社会经验，又带着一些急功近利的思想，被那些宣称能暴富的传销组织编造的谎言所欺骗。"谎言"迎合了社会阅历浅、叛逆心理强的大学生们的完美幻想。最终，孙宇因为简单冲动的行为而酿成了无法挽回的后果，也注定要为他的行为负责。

（三）案例思考

这个案例提醒高校，在学生教育与管理工作中还存在以下几个问题。

1. 某些家庭经济困难学生的人生观、价值观存在问题。非学无以才广，非志无以成学。有些家庭贫穷的学生，因为从小受贫困之苦，关注点往往放在物质生活的提高上，而忽视拓宽思路、扩充知识、提高技能在大学时期的重要性、决定性作用。

2. 传销组织"洗脑"方法切合大学生的心理需求。其编造的谎言迎合了社会阅历浅、叛逆心理强的大学生们的完美幻想。① 尤其对来自贫困农村家庭的同学，他们往往对一夜暴富的神话产生浓厚兴趣，急于让自身和父母脱贫。

3. 高校管理方面存在漏洞。虽然学校每个年级都设有辅导员，但很难顾及每一名同学，对于一些公共大班课程，少则几十人、多则数百人一起上课，任课老师一时很难弄清楚谁缺课、谁旷课。加强对学生的日常管理确实已成为摆在各高校面前的一个共性课题。②

4. 高校法律教育不够系统，大学生群体存在法制观念的盲区。传销使无数莘莘学子陷入"失学、失业、失范"的生存状态。案例中孙宇在传销组织中的处境本是值得同情的，但也突出体现了他自我保护意识不强和法制观念淡薄。

5. 高校要重视对家庭经济困难学生的社会公德教育。高校对这一群体的理想信念教育过于空洞化，更谈不上关注学生生活中的点滴小事。学生没有树立正确的理想信念，极易受到非法组织、经济利益等的诱惑。

三、对策建议

高校应教育家庭经济困难学生，以勤为本，以韧为基，尽自己的全力，求最好的结果，行动成就梦想，奋斗成就人生。

(一) 多维度帮助家庭经济困难学生树立理想信念

高校学生教育管理者应始终把责任意识和责任能力的提高作为大学生思想道德教育的基本内容，加强以人生观、价值观为核心的责任教育，加强以艰苦创业精神为重点的责任教育，加强法制教育为切入点的责任教育。学校应当尽力了解学生思想动向，定期举行职业规划、理想信念等为主要内容的

---

① 郭庆义：《新形势下大学生传销问题分析与对策》，载《康定民族师范高等专科学校学报》，2009年第8期。

② 黄任之：《大学生为什么频频陷入传销迷潭》，载《青少年犯罪问题》，2005年第2期。

讲座，及时发现学生中存在的问题并尽快解决，避免学生在一些错误的迷局中越陷越深。

辅导员应及时与学生进行沟通交流，了解他们的心理诉求，通过组织一些公益性实践活动，例如：播放主题教育片，举办大学生"拒绝传销，从我做起"宣誓签名活动等，重点培养学生的法律意识、道德意识和自律精神，使学生在价值取向多元化的社会，筑起坚固的精神防线，抵御各种非法组织、腐朽思想观念、经济利益的诱惑。此外，在大学生就业形势严峻的背景下，学校与企业间的合作是非常必要的，这样既在一定程度上缓解了大学生在应聘时四处碰壁、上当受骗的局面，也坚定学生踏实进取、吃苦耐劳干事业的信心。

（二）进一步加强校园安全管理和对家庭经济困难学生的管理

首先，要加强高校内部讲座、论坛和报告会以及媒体等的管理。充分发挥党团组织在教育和联系学生方面的优势，注重依托班级、社团等组织，引导学生自我教育、自我管理、自我服务，把抵御传销的客观要求内化为学生的自觉行动。其次，针对学生从事校外兼职工作、寒暑假学生开展社会实践活动、毕业班学生联系工作等重点时段，采取切实可行的措施和方法，加强对外出实习学生、毕业班学生、批准请假和休学的学生等重点学生群体的教育和管理，随时掌握他们的动向。再次，辅导员、班主任要深入学生班级、宿舍，及时了解和掌握学生思想动态，一旦发现学生有参与传销的苗头，及时教育阻止。

（三）建立健全家庭经济困难学生援助体系

除了建立完善的奖助学金等经济帮扶政策外，学校还应当在关注心理健康、塑造健全人格、培养积极心态等方面做足工作，例如：鼓励家庭经济困难学生参加励志演讲比赛，以宿舍为单位的各种团体比赛等，使这些来自贫困家庭的学生能够在校园中健康成长，在走向社会后也勇于直面挫折，不断进取，扎实拼搏。

第二节 得成比目何辞死

一、案例回放

留着一个蘑菇头的小个子女孩活跃在校园里的各个场合，虽然衣着非常朴素，但丝毫掩盖不住她优秀的光芒。学校演讲台上、社团舞台上、自习室的桌子旁、图书馆靠窗的位置上、红色跑道上、赶往兼职公司的路上都有她的身影。她叫杨丽，不过身边的同学都喜欢叫她"小太阳"。这个来自贫困家庭的小姑娘并没有因为自己的特殊的家庭背景而自卑气馁，反而她以乐观的心态，努力奋斗的拼搏精神，在大学期间收获了各种荣誉。有她在的地方，总能看到阳光。这个活泼可爱、表现优秀的女孩不仅引起女同学的羡慕和嫉妒，更吸引男同学追求的目光。

李强来自一个贫苦的农村家庭，爸爸长期卧病在床，妈妈右腿有残疾，家里还有一个妹妹。因为父母身体的原因，家里收入非常有限。李强上大学的费用一部分是靠国家助学贷款支付，另一部分是社会上的好心人士为他捐的款。他外表帅气，成为经常在同学面前炫耀的资本。

在一个雨后的傍晚，李强与杨丽"偶然"相遇。李强主动上前打招呼，自我介绍，并邀请杨丽参加他们宿舍周末组织的一个郊外活动。看到这个帅气而友好、谦逊的大男孩，杨丽答应了。经过一个月的交往，他们相爱了。

但随着交往的日益加深，杨丽发现李强的缺点越来越多。他占有欲强，其他男同学与杨丽打招呼，他会生气，并把不满情绪加在杨丽身上。他外表潇洒大方，但在实际生活中小气，爱贪图小便宜。他学习不刻苦，经常上网，学习成绩一直不好。经过再三考虑，杨丽认为李强不是自己理想的白马王子，决定与他分手。李强明白了杨丽的心思后，开始百般恳求，表示下决心改正自己的缺点。看到此法无效后，威胁杨丽，如果跟他分手，他会殉情，不求同年同月同日生，但求同年同月同日死。面对李强的强烈反应，杨丽虽然有些反感，但一直保持冷静，并晓之以理。

五天后的下午，李强下课后给杨丽打电话，说自己想明白了，理解并尊重她的选择，只想分手前向杨丽说说自己的心里话，之后不再打扰她，并要求她到自己的宿舍面谈。杨丽没有多想，答应了。宿舍内只有李强一人，李强见到杨丽，泪流满面地说，自己离不开她，没有她生活将毫无意义，哀求杨丽不要抛弃他。杨丽见状欲返回教室，李强刹那间抱住杨丽，说："既然我得不到你，那就到另一个世界再相会吧！"说完，抱着杨丽走向窗台。杨丽劝解、呼救、挣扎，为时已晚，李强以最大的力气将杨丽抛出窗外，随后纵身一跃，两个年轻的生命刹那间陨落……

二、案例评析

（一）案例起因

李强是一个贫苦农村家庭的孩子，父亲患病，母亲残疾，妹妹上学，家庭经济困难。他靠国家助学贷款和社会爱心人士的捐助，顺利入学。然而，他不珍惜这来之不易的求学机会，学习不努力，经常上网，成绩较差。杨丽同样来自贫困家庭，但她刻苦学习，勤于锻炼，性格开朗。李强被她各方面的出色表现所吸引，与她建立了恋爱关系。但李强有许多缺点，并且占有欲很强，让杨丽感到不舒服，杨丽于是提出分手。李强不能理性看待两人的关系，没有树立正确的恋爱观，将父母的养育之恩、社会和学校的关爱之情抛却脑后，不负责任地选择了跳楼，并残害了他人的生命。

（二）案例解决

在众人眼中十分优秀的杨丽是家庭经济困难学生中的榜样，但是在处理与李强的关系中，考虑问题简单，没有自我保护意识。李强同样是家庭经济困难学生，他喜欢杨丽，但不是通过自己的出色表现感化杨丽，而是以强烈的占有欲限制杨丽的自由，最后的结果势必适得其反。当自己的愿望达不到时，他便采取了极端的手段，结束了自己和杨丽年轻的生命。

（三）案例思考

"得成比目何辞死，愿作鸳鸯不羡仙"本来是描写爱情的美好，只要能携手同老，终生相伴，就算是能做天上的神仙也不要。李强喜欢杨丽，但把她当作自己的私有财产，并最后用惨烈的纵身一跃来诠释美丽的爱情，可叹、可气、可悲。通过这则案例，反映了以下几个问题。

1. 许多高校学生教育管理工作者常常处于被动应付状态。高校中存在着或大或小的危机事件，对这些事件的处理应该是一个主动性、积极性较强的工作，但是有些辅导员不重视事前的预防和预警，只在事件发生后才匆忙应付，学生危机事件时有发生。①

2. 部分辅导员缺乏综合分析、判断能力。辅导员考虑和处理问题单一化，往往就事论事，不能通过表面现象看本质，不能从根本上解决问题，缺乏危机

---

① 叶兵，蒋兆雷：《近10年高校辅导员职业倦怠研究回顾与展望》，载《南京邮电大学学报》，2009年第9期。

事件的应对、处理能力。

三、对策建议

(一) 教育学生理性交友

选择一个朋友,就是选择一种生活方式。朋友相处是一种相互认可、相互仰慕、相互欣赏、相互感知的过程。在风风雨雨的人生路上彼此相遇、相知、相扶、相契、相伴、相佐、相助、相思、相辉。要教育家庭经济困难学生学会相亲相爱,彼此尊重,和平共处。

(二) 提高辅导员的调查分析能力和科学处置能力

一方面,辅导员要具备高度的政治敏锐性和细致的观察力,主动捕捉信息,认真分析信息,提高预警能力,将可能发生的危机消除在萌芽阶段,提高工作的预见性、前瞻性。另一方面,辅导员要注重人文关怀,关心学生,深入到学生群体中去,通过班级会议、学生活动、个别谈话等多种形式,了解掌握学生的思想动态。此外在处理大学生之间矛盾时,辅导员要提高科学处置能力,注意采用合理、学生易接受的方式,顾及家庭经济困难学生的特殊心理。

(三) 辅导员要注意营造和谐的班集体氛围

当前大学生群体存在自我意识较强、集体意识较弱的缺陷,高校学生教育管理工作者应该针对这一情况,多举行主题班会,开展集体活动,形成同学间相互鼓励、相互包容的和谐氛围,培养学生的健康心态,让家庭经济困难学生感受到集体的温暖,避免极端思想和行为的发生。

第十一编

责任与担当

在社会生活中，不同的社会角色决定了不同的责任担当。责任是社会成员对社会所承担的与自己的社会角色相适应的行为和社会成员对自己的行为所承担一定后果的义务①。当代大学生寄托着家庭、国家、民族的殷切期望，与其他社会群体相比，他们拥有更加蓬勃的激情、智慧的头脑和活跃的思维，与他们的父辈相比，他们有更多样化的价值评判尺度，更加独立并且注重个人价值的实现。对于家庭经济困难学生这一高校特殊群体而言，帮助他们解决经济困难的同时，引导他们将自我价值与对他人、对家庭、对集体、对社会的神圣责任和庄严使命有机结合起来，以提升他们的责任感、使命感，强化他们的担当意识，是高校家庭经济困难学生思想政治教育工作的重要课题。

---

① 廖爱锋：《论大学生责任意识的培养》，载《全国商情（经济理论研究）》，2009年第4期。

第一章

将爱传递下去

加强大学生责任意识教育，提升大学生责任能力培养，是高校德育的重要目标。对家庭经济困难学生实施责任教育，要把握其心理特点和成长需求，丰富教育内容，拓宽教育途径，创新教育方式方法，鼓励、支持家庭经济困难学生积极参加社会实践、志愿者服务、科技创新等活动，不断提高家庭经济困难学生的社会实践能力、科技创新能力和职业素养，增强服务祖国、回报社会的责任意识，促进家庭经济困难学生全面健康成长。

第一节 有责方有为

一、案例回放

小周出生在山东菏泽的一个普通的农民家庭。几年前，母亲遭遇车祸，落下终身残疾，就在一家人为母亲筹钱治病时，小周的父亲查出了胃癌，而且已到晚期，对这个贫苦的家庭而言，无疑是晴天霹雳。家人对正在备战高考的小周隐瞒了实情，为的是让他能够安心读书，在高考中脱颖而出，考上理想的大学。父亲在他高考前一周永远地离开了这个家，小周最终没能与父亲见上最后一面。得知父亲去世的消息，小周从高考结束的喜悦转入了痛苦之中。当大学录取通知书摆在小周面前时，他选择了退却，他深知家庭的难处与困境。但是在母亲的一再劝说下，他勉强走进了大学校门。

对经历高考刚进入大学的学子而言，大学生活到处色彩缤纷，充满了新奇。他们可以无忧无虑地嬉笑，也可以自信满满地畅谈梦想，规划未来，而小周似乎与这美好的大学生活无关。背负着父亲的突然离世、沉重的家庭债务，想着母亲的艰辛与期盼,小周每一天都在孤独寂寞和深深的自责中度过。他很少与人交往,从不参加集体活动。迫于生活的压力,小周开始勤工助学,发传单、做钟点工,只要能够赚钱,他什么都去做。尽管在一定程度上缓解了生活压力,但他的学习成绩却直线下降,整天疲于应对。在同学们眼中,小周成了一个忙于赚钱、孤僻、冷漠、不爱学习的学生,班级活动和集体生活中,永远看不到小周的身影,他渐渐地被人遗忘。原本优秀的小周一直难以走出亲人离世的悲痛、内疚和对现实的迷茫。

辅导员及时了解到小周的家庭情况和生活状态,开始找他谈心,帮助他解决在校期间遇到的问题。老师为他申请了校内助学金,帮他找了一份家教的兼职工作,暂时减轻了家庭经济的负担。辅导员经常督促小周认真上课,帮助小周走出学业困境。经过努力,小周的学习成绩有了明显的提升,逐步走出自我封闭的状态,开始关心身边的人,并主动与同学沟通和交流。在一次感恩主题演讲比赛中,他说道:"生活给了我沉重的打击,甚至于让我迷失自我,找不到方向。但好在总是有一些人对我不离不弃,亲人、老师和朋友,是你们的包容和关爱让我走出阴霾,是你们的真诚和善良让我学会感恩,融化了我已经冰冻的心。感谢所有给过我关爱的人,今后,我将把这份爱传递下去,回报社会,传递给更多需要帮助的人!"

二、案例评析

（一）案例起因

尽管小周如愿考上了大学,但家境的突变给他留下了深深的遗憾,这种情绪伴随着他的大学生活,家里窘迫的现状、残疾的母亲始终让小周难以安心读书。面对经济的拮据和内心的自责,他情绪上变得低落、焦虑和迷茫,不知道怎样与人相处,对自己几乎失去希望。虽然他想承担家庭的责任,但却找不到合适的处理方式和方法。

（二）案例解决

辅导员及时了解到小周的家庭情况和生活状态,帮助解决在校期间遇到的经济困难和问题,暂时减轻了家庭负担和生活的压力;帮助他找到了一份家教,在一定程度上缓解了小周的生活困境;老师还经常督促小周认真上课,帮助小周走出学业困境。经过努力,小周的学习成绩有了明显的提升,逐步走出自我封闭的状态,开始关心身边的人,并主动与同学沟通和交流。他用责任与担当给自己和家人撑起一片天空。

（三）案例思考

"90后"大学生，对国家、社会和家庭的责任意识主流是好的，他们在关键时刻勇于奉献，敢于担当，特别是爱国主义精神较为突出。但有许多学生责任意识和责任行为相脱节，表现为个人利益至上、自我要求松懈、敬业精神缺乏、协作意识薄弱、婚姻恋爱价值取向存在偏差等。因此，加强大学生思想道德品质教育，强化责任意识、担当意识、奉献意识的养成教育非常重要和必要。

三、对策建议

（一）加强家庭经济困难学生责任意识的培养与教育

加强学生的责任意识，首先要教育学生对自己的思想、言论和行为负责，培养学生抵抗挫折的能力，使他们学会敬畏生命，善待他人。要让学生学会承受家庭和生活的变故，坚强地面对人生的苦难与不幸，将挫折与磨难转换成正能量，使自己拥有更加顽强的斗志和不屈的信念，乐观地看待生活，消除隔着猫眼看人的冷漠，摒弃事不关己高高挂起的态度，积极地应对每一件事，时刻相信明天会更美好。学会承担责任，自食其力，努力让自己独立。学会理解父母、亲友的难处，经常和身边的人沟通交流，放松自己的压力，减轻自己的心理负担。铭记每个帮助过自己的人，滴水之恩当涌泉相报，给生活一个期许，将爱的接力棒永远地传下去。

（二）进行责任教育要与时俱进

随着社会经济的高速发展，大学生的价值观也在不断地转变，更加注重个性的自由和个体的价值，独立价值取向已成为了当代大学生的重要特征之一。因此，对家庭经济困难学生进行责任教育要注重将教育的目标与学生自我价值的实现有机结合，为家庭经济困难学生提供物质、精神双重帮扶，不只在生活上给予他们帮助，也要走进他们的内心，真正了解他们的思想状况，及时解决他们心中的困惑，引导他们在承担责任的同时体现自身的价值。

（三）对家庭经济困难学生在学习方面给予重点关注

许多家庭经济困难学生因为受到客观条件的影响，学习成绩往往不尽人意。想要提高成绩，改变现状，就必须刻苦努力地学习，养成良好的行为习惯，拥有持之以恒的学习态度。老师及时督促学生认真学习，养成自主学习、创新学习、终身学习的良好习惯。

（四）运用教育心理学和应用心理学等知识解决学生遇到的各种问题

及时了解学生动态，及时给予学生关怀和指导，帮助学生解决生活中遇到的困难。对处于困境中的学生进行心理疏导，老师要增加与学生的沟通和交流，增进与学生之间的感情，信任学生，与学生为友。帮助学生充分认识自身的优点和优势，扬长避短，给予学生更多的鼓励，激发学生的学习积极性和热情，帮助学生走出生活和学习的低谷。

第二节　一分奉献　一分收获

一、案例回放

小陈，来自湖南省的一个贫困县，父亲已经在他年幼的时候去世了，母亲身体不好，靠打零工含辛茹苦将他带大。为了改变命运，小陈寒窗苦读，终于如愿考上了大学。他在新生报到的人群里特别显眼，没有了左手，肩上还背个大大的装着行李的白色化肥袋子，后面跟着手足无措的母亲。接待新生的同学立即帮他联系了辅导员，见到辅导员后，他什么都没说。过了很久，才小心翼翼地询问："老师，我现在能不能申请家庭经济困难学生的资助？"他很想以全新的姿态投入到学习和生活中去，但家庭条件的困顿让他苦不堪言。

在了解到小陈的家庭情况之后，学院通过"绿色通道"帮助他顺利入学，并指导他申请了国家助学贷款，为他发放了学生困难补助。但是，随着时间的推移，老师发现小陈有点自私自利，凡是关系切身利益的事情必争，国家助学金、优秀家庭经济困难学生、其他先进个人的评选等，逢奖必报，并求成心切。但只要事不关己，就绝不关心过问。他学习成绩差强人意，平时不学习，考前搞突击。入党之前积极表现，入党后立即辞去学生干部。渐渐地，同学们对他的意见越来越大，民意测评分数越来越低。

为了帮助小陈调整心态，辅导员在他的班级举行了主题班会，一方面倡导团结、平和、谦让的精神，另一方面强调同学间要学会沟通，培养感恩、诚信、自强、自立的意识和品质。辅导员还开展了诚信、感恩与责任担当系列主题教育活动。通过一段时间的教育与锻炼，老师和同学们发现小陈变了，他不仅意识到自己的问题，主动承认以前的错误，而且摆正了学习和生活的心态，成为积极奉献、乐于助人的好学生。

二、案例评析

（一）案例起因

小陈来自贫困县，父亲早逝，家庭贫困，有些自卑且自尊心极强，比他人更加好胜。凡事只顾着自己，唯利是图，有利必争，认为学习上"六十分万岁、多一分浪费"。强烈的自尊心和急功近利的思想让他渐渐地与同学产生了距离，甚至成了一个让别人感到厌烦的人。

（二）案例解决

经济贫困是挡在家庭经济困难学生面前的一座大山，部分家庭经济困难学生自卑自闭，总是采取逃避退缩的方式来应对生活中的挫折，消极地对待人生，甚至会变得冷漠、自私、唯利是图。这类学生虽然人数极少，但对社会影响很坏。辅导员认识到了小陈错误的根源，对其进行了帮助。小陈通过"绿色通道"顺利入学，辅导员帮助他办理了助学贷款，解决了学习上和生活上的后顾之忧。针对小陈自私自利、个人主义较为严重的表现，辅导员通过主题班会、主题教育活动等形式，实现了他思想上的转变，提高了对团结协作、无私奉献、责任担当的认识，使其积极融入到班集体之中。

（三）案例思考

当代大学生应该做到德才兼备，不断提高自身思想道德水平和科学文化素养，积极参加社会实践，勇于承担社会责任，不仅要自身勤奋努力，也要顾及身边人的感受。承担责任不仅仅体现为让自己和家人过上好日子，同时也担当起对社会、对国家、对他人的责任。在面对因家庭经济困难而产生自卑或者功利心极强的学生时，作为思想政治教育工作者要采取正确合适的方法，让他们意识到自己身上所担负的重任，强化自我责任意识、家庭责任意识和社会责任意识，帮助学生确立正确的人生观、价值观和发展观，在社会发展中找准自己的坐标并准确定位。

三、对策建议

目前，国家、社会和学校都在为保证家庭经济困难学生顺利完成学业而积极努力，各级各类的助学贷款、补助金不断发放到家庭经济困难学生手中。大部分家庭经济困难学生能够对此有一个正确的认识，但也有一部分学生认为，国家供养他们读大学理所当然，学校和社会的资助自己理应获得，是社会对他们的亏欠，甚至还有个别家庭经济困难学生贷款不还。因此，高校应采取多项措施，加强对学生的教育。

（一）加强家庭经济困难学生的集体荣誉感和社会责任感教育

通过教育，帮助他们树立正确的人生观、价值观，引导他们正确处理个人、集体、国家之间的关系，学会自我接纳。引导以乐观、坚强的态度正视困难，并通过自己的努力改变命运，不能进行物质攀比，更不能将自己应该承担的责任推给国家、推给社会、推给他人。

（二）积极搭建沟通交流平台

辅导员应当引导家庭经济困难学生更好地与人相处，不因家庭情况产生自卑心理，使他们能尽快融入到集体大家庭中。经常找学生交流，让学生感受到生活和学习的乐趣，为他们创造一个和谐、互助、互谅、团结向上的氛围。

（三）要"对症下药"

国家、社会越来越关注家庭经济困难学生的问题，并通过多种途径对家庭经济困难学生进行资助，但如果资助方式不当，善意的举动会带来学生之间的不平衡。产生心理失衡的学生，大多来自经济欠发达地区。受教育环境和条件的限制，他们想问题比较直接。为了改变自己的经济处境，他们想打工挣钱，但又怕耽误学习；他们想当学生干部、获得同学的尊重，但能力又相对较低；他们想获得各类奖助学金，但又不愿过多付出。这种矛盾心理不仅束缚了学生的健康发展，同时也在同学中造成不良影响。因此，辅导员要了解学生学习生活中存在的困境，了解学生的个性发展，针对学生中存在的问题"对症下药"，进行正确引导和教育，培养学生良好的思想道德品质。

第二章

爱的体验与责任担当

人有爱才能感受到责任的分量，有爱才能为这份责任甘愿付出、甘愿奉献、甘愿打拼。根据调查显示，家庭经济困难学生接受国家、社会和他人的关爱与自身的付出之间不成正比。有些家庭经济困难学生因"寒酸"形象受到他人的歧视，倘若没有很好的心理疏导或帮扶教育，可能使他们的自尊心受到严重的伤害，甚至会变得孤僻、冷漠，对社会抱有敌对态度。虚荣心也是他们的一大障碍，攀比、高消费、打肿脸充胖子的行为在家庭经济困难学生中并不少见。高校需要给家庭经济困难学生更多的关爱，让他们走出阴霾的生活，感受到社会的温暖和人性的真善美。只有感受到爱的人才会懂得爱，才能学会爱，才能传递爱。

第一节 爱的醒悟

一、案例回放

小张出生于山东省沂蒙山区的一个小村庄，山多耕地少，是国家级贫困县。迫于生活的压力，小张的父母只能背井离乡，外出打工挣钱。家中只留下了年迈的爷爷、小张和年幼的弟弟。几年前，爷爷因车祸留下的腿疾，随着年纪的增长而日渐严重。小张早早地学会了独立，照顾爷爷和弟弟，分担家务，努力学习，成绩一直名列前茅。不负众望，小张以优异的成绩考上了大学，凭借自己的努力终于走出了大山。

步入大学，看到家庭经济条件好的同学，衣着讲究，手机、电脑等电子产品样样齐全，课外生活丰富多彩，小张感到自卑，同时也有很多迷茫。为啥别人就出生在条件好的家庭？她认为自己的命不好，甚至开始怨恨父母没有能力。于是，她跟家里的联系越来越少。小张开始看小说，沉浸在一个个故事情节里，性格越来越孤僻，很少主动与他人交流。

她从来不去关注身边发生了什么，更不会去谈论什么。学校给予的资助和帮扶，她也坦然接受，并心安理得地去购买一些高档消费品。她的转变让父母很寒心，也引起了辅导员的注意。学院组织了励志感恩教育活动，让家庭经济困难学生在情感的交流中找到自身的价值。例如，举行先进事迹交流会、家庭经济困难学生座谈会，加强学生间的交流和沟通，倡导学生艰苦朴素、自立自强，为家庭经济困难学生成长创建和谐友善的环境氛围。辅导员和同学们的关爱，让小张逐渐走出了自卑和懦弱，认识到朋友的重要，认识到家人的重要，后来积极参加公益性助人社团活动，并多次为学校的大型活动提供志愿服务，以自己的行动回馈社会、学校和家庭。

二、案例评析

（一）案例起因

出生于山村的小张家境贫寒，小时候自立自强，学习上刻苦用功，从来没有过抱怨和负面的想法。可上大学后，一切都在改变，刚走出乡村的小张完全不能适应大学生活，自卑的心理完全占据了她的脑海。比起城里的同学，她总感觉自己矮一截，埋怨自己的家庭，把国家和学校的帮助当成一种理所当然的事情。她把自己藏进小说的故事情节里，以逃避现实。在一个极为狭小封闭的圈子里，她经常感到孤独寂寞，更重要的是曾经的优秀与现在的反差让她难以承受。

（二）案例解决

针对案例中的情况，学院组织了各种励志感恩教育活动，让家庭经济困难学生在活动中找到自身的价值，引起他们的情感共鸣，为家庭经济困难学生成长创建和谐友善的环境，使其能够更好地融入集体之中。辅导员和同学们的关爱，让小张逐渐走出了自卑和懦弱，有了很大的转变。通过不懈的坚持和勤奋努力，她多次获得荣誉，走出阴霾的她已经成为同学们的榜样和表率。

（三）案例思考

"成功的花，人们只惊羡她现实的明艳，然而当初她的芽儿却浸透了奋斗的泪泉，洒满了牺牲的血雨。"冰心说过的这句话，似乎是对小张成长历程的最好诠释。尽管经历了苦难、迷茫、彷徨、甚至于自暴自弃、自怨自艾、放任自流，但辅导员和同学们的关爱逐步又让她回到正轨。

对于大一新生而言，初入大学，不知如何适应新的生活是一件很正常的事。大部分人起初也会觉得迷茫，找不到方向，但经过一段时间，在找到新朋友、适应新的生活节奏后，一般会有所改善。但对小张而言，她不明白在大学中朋友的重要性，本就缺乏与人沟通交流的能力，在新环境里就更难建立友谊走出困境了。大学生应该敞开心扉，学会接纳别人，学会宽容，与他人好好相处。要乐于助人，坦然面对复杂的人际交往，处理好与同学们的关系，更要学会在别人需要帮助的时候伸出援助之手。切勿自我封闭，陷入自卑与堕落的情绪，不去参加与自己无关的事。

每个人都生活在群体里，都有责任和义务去关心这个群体，去为这个群体付出，如果每个人都抱着事不关己的态度，那么这个社会也会变得自私和冷漠。走出自卑和懦弱，学会融入集体，关心集体，奉献集体也是一种责任和担当。

对于家长的感恩意识也是当代大学生应该加强的。很多大学生认为家长的抚育理所应当，完全没有考虑过如何感恩，怎样回报，只是一味地索取，不知道勤俭节约。有的学生甚至将自己的堕落归咎于家庭的贫困、父母的无能，希望摆脱自己的家庭和双亲，这是一种完全错误的观念。

三、对策建议

（一）建立明确的家庭经济困难学生工作思路

很多家庭经济困难学生在入学之前把大学人际关系想象得很美好，认为大学生都是各地方的佼佼者，各方面素质都很高，往往对同班同学存在着美好人际关系的期待。而现实生活中，一旦出现人际关系方面的问题，或者与同学对待问题、处理问题的想法和做法相左时，则往往会感到焦虑、迷茫、不知所措。所以要针对家庭经济困难学生建立明确的工作思路，使其更好地融入大学生活。在家庭经济困难学生救助工作中，要补助与培养相结合，学习与能力两手抓，逐步从单纯的经济救助，转向更高层次的能力培养上来，使家庭经济困难学生真正地摆脱贫困。

（二）构建家庭经济困难学生健康和谐的情感

家庭经济困难学生往往在情感上有所缺失，高校要努力构筑更加和谐的环境，使家庭经济困难学生得到一个情感的归宿，有利于他们责任感、集体荣誉感的培养，也有利于提高他们的人文修养和思想道德水平。一个良好的生活学习环境对于大学生的习惯养成极为重要，从情感到习惯，再升华为责任，高校的引导作用不可忽视。

（三）对家庭经济困难学生开展反哺教育

有的家庭经济困难学生处理自己与家庭的关系时，责任意识淡薄，存在着诸如只知向家庭索取，不愿为家庭付出，不愿承担家庭责任，认为父母养活自己是理所当然等不正确的思想和观念。应当培养大学生对家庭的责任意识，对父母的感恩意识，对亲情的珍视与珍爱。让他们认识到，孝敬父母、尊老爱幼、努力学习、回馈家庭，是做人的本分与底线。

（四）发挥榜样的力量，确立正确的舆论导向

榜样的力量是无穷的，在现实生活中，人们总是效仿和跟随着榜样的脚步。在对家庭经济困难学生进行责任教育的过程中，标杆的作用尤为显著。许多家庭经济困难学生有自己的励志事迹，他们依靠自身努力、顽强拼搏、自强不息，从而一步步走出贫困。他们的事例是最好的标杆，可以鼓舞无数家庭经济困难学生，用积极的人生态度去面对贫困，消除迷茫，找到自己正确的人生方向。

第二节 胸怀责任 笑对人生

一、案例回放

小郭出生在一个农村家庭，是家中的独子，父亲早年因病去世，奶奶瘫痪在床，母亲独自撑起了这个家。七八岁的时候，小郭就学会了煮饭、洗衣服。母亲忙农活时，他总是早早地自己做好饭菜等待母亲回家。上小学时，他每天准时五点钟起床，帮奶奶擦脸、喂饭，干完家务后才吃饭、上学。那时起，他就知道自己是家中唯一的男子汉，要承担起照顾母亲、奶奶的责任。升入初中，他开始瞒着老师和同学偷偷地利用寒暑假外出打工。他的第一份工作是在建筑工地上运砂石，虽然天气热得让他头晕呕吐，但他毅然坚持了下来，并用第一笔钱为母亲买了一件花衬衫。

小郭就这样半工半读地念完了高中，以优异的成绩考取了某高校的体育教育专业。可让大家意想不到的是，小郭进入大学要做的第一件事情，竟是帮母亲征婚，为母亲寻觅一位爱她的丈夫。有的同学不解，他总是笑笑说："母亲辛

苦了大半辈子，现在我长大了，有责任撑起这个家，也有责任帮母亲找到幸福的归宿。"后来，小郭为母亲和继父办了一场朴素却感人至深的婚礼。在他的努力下，母亲、小郭、奶奶与带着两个孩子的养父共同组成了新的家庭。虽然经济拮据，但一家人相互支持，彼此温暖。小郭平日很孝敬继父，对两位妹妹更是关爱有加，将自己的奖学金寄给两位妹妹当学费，假期一有空就帮妹妹辅导功课。

生活的艰辛没有让小郭怨天尤人，反而造就了他奋发向上、积极进取的坚强性格。在大学里，他每天早上 5 点起床，认真完成校园勤工助学岗的工作任务后，回到宿舍挨门挨户地叫大家起床参加晨练；学习上，他刻苦认真，细心严谨；生活上，他是同学们的"知心大哥"，经常帮助家庭经济困难同学摆正心态、走出困惑；面对荣誉和利益，他总是先考虑别人，从不计较个人得失。小郭的真诚、善良、勤奋和乐观赢得了老师和同学们的信任和支持。辅导员鼓励他竞选学生干部，希望他用责任和担当影响更多的同学。大二竞选班委时，小郭全票当选为班长、团支书。大三学生会竞选时，他又以最高票当选为院学生会主席。

从此，小郭的大学生活更加忙碌而充实。他连续三年专业学习和综合测评成绩居班级第一名，被评为"省级优秀学生""校级责任之星"，荣获"国家奖学金"。他带领同学们组成保健服务队开展健康知识宣讲；组成志愿者服务队与交警一起维护交通；走进敬老院陪老人散心，为老人解决困难。

四年后小郭顺利毕业，找到了如意工作，现在已经升职为某保险公司的大区经理，他的责任与担当不仅让家庭摆脱了贫困，也成就了他的学业和事业，升华为他工作中独特的个人魅力。

二、案例评析

（一）案例起因

小郭自幼丧父，奶奶瘫痪在床，是母亲独自撑起了家庭的重担。母亲的勇敢和担当，使小郭从小就萌发了承担"家庭责任"的想法。家庭经济的困难没有成为小郭成长的包袱，反而转变为他成熟、进步的宝贵财富。他从小就承担起各种家务劳动和照顾奶奶的工作，利用寒暑假外出打工缓解家庭经济压力，努力承担起孝敬继父和照顾两位妹妹的任务，带领同学做起了志愿服务。

(二) 案例解决

辅导员及时了解到小郭的情况，对小郭的做法给予肯定和支持，并在班内积极营造"勇担家庭责任"的良好舆论氛围，使小郭赢得了同学们的鼓励和赞赏。辅导员及早发现了小郭的工作潜质和能力，积极为小郭的成长搭建平台，鼓励他参加学生干部竞选，促使他带着这份责任和担当完成了一个又一个的工作任务，实现了一次又一次的自我完善和成长。学校为学生的学习、工作、生活营造了公平、公正的成长环境，开展"责任之星"评选活动，树立了小郭等一大批勇于担当的优秀学生典型，在引导广大同学树立责任感和担当意识的同时，也使小郭心中这粒"家庭责任"的种子在大学期间继续生根、发芽，成长为勇挑集体重担、无私奉献社会的优秀人才。

(三) 案例思考

责任意识是现代人才的必备素养，对将来要承担社会发展重任的大学生而言，责任意识是他们社会化的标志，也是他们成长成才的内在需要。随着我国经济社会的飞速发展和高等教育改革的不断深化，越来越多的家庭经济困难学生有机会接受高等教育，但他们的责任意识参差不齐，呈两极分化趋势，究其原因，与社会、家庭、学校环境的影响和个人的心理因素等息息相关。

1. 社会环境因素。我国正处在社会转型时期，虽然经济高速发展，但社会主义市场经济秩序尚未完善，社会保障体系尚不健全，导致一部分人的价值取向、思维方式出现偏差。他们信奉金钱至上，鄙视贫困，对贫困者不能给予公正、公平的待遇。这种环境极易动摇家庭经济困难学生对理想的追求，使他们对自身在社会中所处的地位和作用产生片面的认知，进而也同样看不起贫困人群和贫困地区，不愿奉献、不懂感恩、不讲诚信，责任意识缺失。

2. 学校教育因素。高校是大学生学习和生活的主要场所，高校的校园文化氛围、对学生的评价体系、对学生的德育教育等因素都影响着高校家庭经济困难学生的责任意识。很多高校重视经济助困，忽视心理助困，缺乏系统的责任教育与感恩教育机制，致使一部分家庭经济困难学生责任意识淡薄，自私、冷漠。

3. 家庭教育因素。家庭是每个人接受教育、塑造人格和品质的第一课堂。父母个性、人生观、价值观以及父母对子女的教育方式等都对孩子的思想行为产生重要影响。高校家庭经济困难学生大多来自农村或城镇下岗职工家庭，家长文化程度不高，不能采取合理的教育方式对孩子进行引导。很多贫困家庭由于承受着沉重的家庭负担，使得父母怨天尤人，对他人、对社会不满，价值观扭曲，责任感缺失，这些都会对家庭经济困难学生的责任意识造成潜移默化的负面影响。

4. 学生自身因素。迫于求学过程的经济压力，有的家庭经济困难学生消极厌世，把贫困看成是无法逾越的鸿沟；有的家庭经济困难学生怨恨父母无权、无钱、无能，怨恨社会不公，即使是接受他人的捐助也认为不能完全补偿自己所受到的不公正待遇。久而久之，这种心态势必影响他们对人生、对社会的认知和态度，使其对自身、对他人、对社会缺乏责任感。

三、对策建议

培养大学生责任意识是一项长期而艰巨的任务。对家庭经济困难学生进行责任教育，帮助其树立强烈的责任意识，引导其自觉履行责任行为，需要学校教育、家庭教育和社会教育多管齐下、密切配合，形成合力。

（一）发挥学校教育的主导作用

学校是对家庭经济困难大学生实施责任教育的主导。要明确责任教育在大学生思想政治教育中的地位，深入挖掘责任教育内涵，重视每个教育环节和各个学科的渗透，将责任教育融入教学设计；要全面调控责任教育过程，重视社团组织、校园活动、校园环境等校园文化的教育效能，注重发挥高校教师的领航作用，引导家庭经济困难学生学会关爱自己、他人、集体和社会；要树立对大学生进行责任教育的意识，加强行为责任和能力责任教育，帮助家庭经济困难学生提升素质和能力，激发家庭经济困难学生的成才理想、成才素质和成才意志，引导家庭经济困难学生实现人生的自我价值和社会价值。

（二）发掘家庭熏陶的积极作用

家庭是对学生实施责任教育的基础，家庭教育的地位和作用是学校教育和社会教育永远不可替代的。高校要发掘家庭的熏陶作用，积极与家长联络，了解家庭经济困难学生的家庭背景和成长经历，调动家长在责任教育中的积极性和主动性，引导家长学会与子女进行真诚沟通，及时了解子女的心理需求，营造平等、互信、互爱及相互依赖的良好家庭环境，鼓励子女参与家庭事务管理，勇挑家庭重担，以言传身教影响子女。

（三）拓展社会教育的感染作用

社会是对家庭经济困难学生进行责任教育的重要途径。要建立健全社会责任体制，制定公正合理的责任激励机制和责任追究机制，完善与责任行为相关的社会保障体系，形成良好的社会风气；要加强社会舆论引导，将广播、电视、报纸、杂志等传统媒体与微博、微信、电子杂志、手机报、短信平台等新媒体平台有机结合，注重对正面典型事例内涵的挖掘，加强对无责现象的监督力度，构建多方位、立体式的责任宣传与教育阵地；要为家庭经济困难大学生提供广阔的社会实践平台，丰富他们的实践体验，引导他们在潜移默化中深化对责任的理解和认识，进而增强责任感，养成责任行为。

（四）强化学生自我教育的主体作用

自我教育是家庭经济困难学生责任感培育的关键。要充分发挥家庭经济困难学生的自主性和自觉性，引导他们树立明确的是非观念，培养正确的自我认知、自我监督、自我评价和自我激励的能力；要提升家庭经济困难学生的自我教育能力，引导他们将责任教育内容内化为责任意识和责任行为，促进其知、情、意、行的相互转化，帮助其成长为责任的践行者和创造者。

第三章

责任与机遇同行

"责重山岳,能者方可当之。"对于当代大学生而言,责任与机遇同行,面对庄严的社会责任和神圣的历史使命,唯有树立远大理想、练就过硬本领、锤炼高尚品格,敢担当、能担当、善担当,才能在为社会贡献力量的同时成就自身人生价值。不可否认,拮据的家庭经济收入给家庭经济困难学生增加了压力和负担,但这种经历也让他们更加珍视学习,更加体贴父母,更加珍爱每一天的幸福生活,更加懂得什么才是真正的责任与担当。面对贫困,很多大学生没有退缩,他们勇敢前行,用自己的脊梁承担起家庭、社会的重任,而他们的这种责任和担当也为自己赢得了人生道路上一个又一个新的机遇,成为他们自身的宝贵财富。

第一节 青春在责任和奉献中闪光

一、案例回放

又是一个新生报到的季节,稚气未脱的新生怀揣对未来美好的憧憬和希望来到了梦想的学府,脸上无不洋溢着灿烂的笑容。在熙熙攘攘的人群中,一个弱小的身影引起了辅导员的注意。

她叫小厉,穿着朴素,脸色蜡黄,瘦小的肩上扛着一个大大的白色编织袋。她讲话很少,总是低着头,垂下的长发几乎完全遮住了她的眼睛。尽管她极力想躲避众人的目光,但她低落的情绪和孤独的身影在被家长前呼后拥的新生人群中越发显得格格不入。

经了解得知,小厉来自山东经济欠发达地区的农村,一家五口,父亲以开三轮车为业，体弱多病的母亲在家耕种三亩农田，两个妹妹正读中学。为了支付三个孩子的高额学费，父亲不得不起早贪黑地忙碌。入校前的一个雨夜，父亲发生了车祸，几乎丧失了劳动能力，这使原本困难的家庭更加拮据。家庭经济的困难使小厉入学第一天就寡言少语、低头行路、内心封闭。

辅导员主动找到小厉，一面了解她的家庭情况，积极为她申请助学金和勤工助学岗位，一面安慰、鼓励她，并召开主题班会与同学们一起探讨大学生对家庭、学校、社会的责任，鼓励同学们正确地面对家庭经济困难问题，树立"自力更生光荣，珍视学习光荣，勇担责任光荣"的价值观。军训结束那天恰巧是小厉的生日，辅导员带领全班同学为小厉办了一个小型的生日 party，送她的生日礼物是一本厚厚的手册，上面是老师和同学们记录的小厉点点滴滴的军训时光以及大家对她的祝福。那天，小厉含着眼泪笑了，她在手册上写道："大家给予了我太多的关怀、太多的爱，我有责任用自己的实际行动把幸福送给更多需要帮助的人，让青春在责任和奉献中闪光。"

正是这份强烈的责任感，使她重拾信心，不断进取。她连续四年学习成绩名列班级第一名，多次荣获"国家奖学金""山东移动全省优秀贫困大学生"特等奖学金、校英才奖学金等。她没有将这些钱完全用于改善自己的生活，而是将部分奖学金捐给了学院家庭经济困难学生助学站，用于资助那些像她一样需要帮助的同学。由于出色表现，她先后被评为"山东省高校十大优秀学生""山东省优秀共产党员"，受到了时任山东省委副书记王修智的亲切接见。她用自己的一言一行，带动了越来越多的同学勇担责任，奉献爱心，服务社会；她用自己的实际行动，谱写了坚守信念、执着助人的美丽篇章。

毕业后，小厉凭借大学期间优异的成绩和突出表现，被一所高校录用，成为一名优秀的高校专职辅导员，继续实现着撒播幸福、让青春在责任和奉献中闪光的承诺。

二、案例评析

（一）案例起因

本案例中的小厉，家中三个孩子同时上学，经济负担重，此时恰逢父亲发生车祸，家庭遭受重大变故，小厉因此变得内心封闭、敏感、自卑，面对个人发展的需求、家庭的希望、人际关系障碍等，她迷茫失措，倍感压力。

（二）案例解决

营造一个充满关爱的环境，让学生放下负担、敞开心扉，对于自尊心强、懂得感恩的新生来说适时且非常重要。老师、同学们真诚地接纳、激励着小厉克服困难，自强不息，奋发进取，全面发展。学校深入细致的责任教育，让小厉明确了对自己的责任、对同学的责任、对学校的责任和对社会的责任。正是这份责任感，使小厉在家庭经济拮据的情况下毅然将部分奖学金捐给了学院家庭经济困难学生助学站。担当责任、努力奋斗的过程和经历锻炼了小厉，使她成为一个努力"反哺"社会、不断完善自我、实现自身价值，对社会有用的人。

（三）案例思考

高校家庭经济困难大学生的心理发展尚未完全成熟，其自我调适和自我控制能力不足，对学校环境和社会环境适应能力较弱。面对经济和学习的双重压力，如果他们长期处于精神紧张和自我封闭的状态，缺乏正确的引导和系统的责任教育，极易影响他们的人生观、价值观，使他们缺乏责任感，丧失精神追求，主要表现为以下几个方面。

1. 重自我价值，轻社会责任。受经济条件制约，家庭经济困难学生往往更加关注切身利益，崇尚自我价值的实现，从而导致部分家庭经济困难学生在学习上片面关注知识的实用性，对一些公益劳动、集体活动的参与积极性差，政治敏感度低，在一些大是大非的问题上缺乏正确的判断。当自身利益与集体、社会利益发生矛盾时，他们往往把个人利益放在首位，社会责任感和集体荣誉感薄弱。

2. 重个人前途，轻社会理想。由于肩负着家人过多的期许和改变家庭经济状况的强烈愿望，家庭经济困难学生的理想往往比较现实，对自我发展的要求比较强烈。有些家庭经济困难学生缺乏对自身应承担的社会责任和历史使命的正确认识，在实际的学习和生活中功利性明显，过分关注自身的发展和切身利益，进而陷入重个人前途、轻社会理想的误区。

3. 重金钱崇拜，轻精神追求。伴随我国市场经济体制的建立，拜金主义、享乐主义等思想在社会蔓延。很多家庭经济困难学生受不良社会环境的影响，对物质生活和个人需求过分看重，把挣钱的多少作为人生价值的判断标准，思想过早地社会化和功利化，放弃了对精神生活的追求。

三、对策建议

（一）关注家庭经济困难学生的心理情感，激发社会责任意识

1. 营造良好的关爱环境。责任感需要情感的唤醒与激活，健康、丰富的情感往往具有与之相适应的高度的责任感。对于家庭经济困难学生而言，窘迫的家庭经济环境容易使他们形成敏感、自卑的心理状态。辅导员在工作中要加强家庭经济困难学生的情感教育，注重人文关怀，关注他们的性格、爱好和需求，努力营造维护家庭经济困难学生权益、尊重家庭经济困难学生人格、关爱家庭经济困难学生成长的校园氛围，使家庭经济困难学生的集体感、责任感等道德情感得到发展和强化。

2. 开展丰富多彩的心理指导。辅导员要善于利用心理学的知识，适当地对家庭经济困难学生进行心理辅导，引导他们自我觉察。要善于利用第二课堂开展丰富多彩的心理健康教育活动，在潜移默化中培养家庭经济困难学生良好的心理品质和健全的人格。要善于运用心理训练和激励手段，激发家庭经济困难学生的社会责任感。

3. 创建多渠道的沟通、交流平台。大多数家庭经济困难学生性格内向、保守、自尊心强，渴望得到别人的理解和尊重。根据这一特点，辅导员可以为他们搭建相互交流、抒发感情的平台，让他们感受同龄人的精神力量，增强自我认同感。

（二）注重责任教育，培育学生正确的人生观和价值观

责任教育是形成个人良好品德的基础。通过责任教育，可以帮助家庭经济困难学生树立责任感，培养团结互助、乐于奉献、感恩社会的精神，做一个有责任和担当的人。

要关注爱国主义教育，引导家庭经济困难学生树立坚定的理想信念。辅导员不仅要贯彻落实党和政府的相关资助政策，帮助家庭经济困难学生顺利完成学业，还要以此为契机，对家庭经济困难学生进行爱国主义、集体主义和社会主义教育，增强他们的社会责任感和历史使命感。要关注公德教育，引导学生积极承担各种责任。辅导员要积极倡导学生树立社会主义核心价值观和具有奉献精神的时代观，引导家庭经济困难学生勇于承担社会责任，实现个人与社会的协调、自由与责任的统一。

（三）培育先进典型，引导人生定位

积极开展勇担责任、奉献社会的校园先进典型的评选和表彰活动，深入挖掘、宣传大学生勇担责任的先进事迹，充分利用校报、电视、广播、校园网、校园文化活动等载体，营造良好舆论氛围，培养家庭经济困难学生的责任取向和责任体验，鼓励他们积极进取，逆境成才，让家庭经济困难学生特有的精神品质影响整个校园文化建设。

第二节　用责任丈量梦想　用担当回馈社会

一、案例回放

小王来自一个平凡的农村家庭，然而接踵而来的变故使这个家陷入困境。四年前，一次意外事故致使小王的母亲右臂四级伤残，失去部分自理能力，紧接着奶奶因病去世，爷爷股骨头坏死卧床不起，家庭的重担全部压到了父亲身上。然而厄运并未停止，入校前一年，父亲在一次意外事故中撒手人寰，留下了他跟伤残的母亲和卧病在床的爷爷相依为命。渐渐懂事的小王总是表现得很坚强，为了帮母亲分担家庭的重担，他高中时退过学，去工地上打过工，也进企业挣过钱。可母亲苦口婆心的教育把他又拉回了学校，重返高中的他以优异的成绩考入某高校，圆了他的大学梦。

入校后的小王心里很愧疚，他觉得离开了需要帮助的母亲和爷爷、花家里的钱很自私，觉得自己是个不负责任的孩子。恰巧此时，学院举办新生座谈会，辅导员和很多师哥师姐为同学们讲解了国家的各种资助政策和各种勤工俭学途径，并与同学们探讨了责任与梦想的关系，小王的心里豁然开朗。

他牢记辅导员的话："责任不是因贫困放弃梦想，而是克服困难带领家人走出困境。"为了帮母亲缓解手臂伤痛，他特意学习了中医推拿按摩，考取了推拿按摩师资格证，只要回家他便成了家里的理疗师，按摩、针灸他样样精通；为了自食其力，他除了申请助学贷款和勤工助学岗位，业余时间在企业做兼职，赢得了工作单位的认可，缓解了家庭的经济负担。

他牢记辅导员的话："责任不是因贫困放弃梦想，而是努力让稚嫩的肩膀更加宽厚，让单薄的羽翼更加丰满。"他努力学习专业知识，成绩优异；他以高票当选为学院分团委委员，出色地完成了各项工作任务；他积极参加社会实践，

被评为社会实践先进个人,获得国家级奖励一项、省级奖励三项、校级奖励多项。

他牢记辅导员的话:"责任是付出,也是一份承诺,只有尽己所能奉献社会,才能实现价值、放飞梦想。"他作为校雷锋义工队队长,带领队员们先后与30余个留守儿童、孤儿、空巢老人家庭结成帮扶对子,开展亲情陪护、学业辅导;常年坚持为社区、农村中小学义务担任教练员、裁判员和保健员,开展阳光体育指导、全民健身推广活动40余次;热心社会公益,建立爱心服务基地20余处,开展关爱残疾儿童、义卖义捐等社会公益活动50余次,所在雷锋义工队被山东省团省委授予山东省"雷锋号"先进集体称号。

因为这份责任和担当,毕业前有多家单位向小王抛来了橄榄枝。经过深思熟虑,小王选择成为一名公务员,继续用责任丈量梦想,用担当回馈社会。

二、案例评析

(一) 案例起因

小王先后遭遇了母亲伤残、奶奶去世、爷爷因病卧床、父亲去世等一系列变故,可谓命运多舛。然而小王并没有被困难击倒,支撑他顽强面对生活的原动力就是"梦想"。小王的梦想高远,他并没有把学习作为获取高额奖学金的唯一目标和动机,也没有把读书当成出人头地、光宗耀祖的工具,他渴望承担家庭的责任,为家人遮风挡雨,渴望承担社会责任,实现人生价值。小王遇到的问题恰恰是很多有责任感的家庭经济困难学生遇到的困惑,那就是责任与梦想的关系。最初,在小王看来,只有放弃自己梦想的学业,努力赚钱才是承担家庭的责任,他为不能陪伴在家人身边而感到愧疚,认为家庭经济紧张还花家人的钱就是不负责任的表现,因此内心纠结、烦恼痛苦。

(二) 案例解决

辅导员邀请高年级同学一起举办新生座谈会,了解到小王的困惑后,通过思想开导和朋辈建议,让小王意识到责任不是因贫困而放弃梦想,而是克服困难带领家人走出困境;责任不是目光短浅地结束梦想,而是努力让自己的稚嫩肩膀更加宽厚、让单薄羽翼更加丰满的执着追求。学校也为学生提供了公平、健康、和谐的育人环境和广阔的社会实践平台。在这种环境下,小王因为自己的自强自立而获得了同学们的信任,被推举为学院分团委委员,成为传递正能量的典范。在这个平台上,小王四年如一日地带领雷锋义工队的队员对留守儿童、孤儿、空巢老人进行结对帮扶，开展公益活动，用自己的实际行动回馈社会，服务他人，践行社会责任，实现了其更高层次的人生价值。

（三）案例思考

培养大学生对自己、对他人、对集体、对社会负责的意识和行为，是高等学校的责任和义务。家庭经济困难学生作为高校的弱势群体，其责任意识的有无与高低，从某种程度上说，决定了家庭经济困难学生的培养质量和对社会的贡献。具体而言，增强家庭经济困难学生的责任感要从责任认知、责任情感、责任行为、责任能力四个方面着手。

三、对策建议

（一）以自我责任教育为基础，增强使命感

自我责任教育是对自身进行道德责任培养，加强自身修养，提升自身道德素质和道德人格，并时刻以道德责任的标准要求自我的行为[①]。辅导员要重视对家庭经济困难学生进行自我责任的教育，通过道德责任相关知识的教育，引导他们了解责任的内涵，提升自身道德责任认知水平；通过生命教育、体验活动，引导他们珍视生命，关爱自己，对自己的行为和成长负责任；通过专题报告、讨论交流、主题活动等形式，引导他们了解世情、国情，树立远大理想和目标，明确自身应承担的责任和义务，自觉地将个人的前途、命运与国家、社会的发展密切结合，增强社会责任感和历史使命感。

（二）以健全的制度作保障，规范责任行为

强化大学生激励和约束机制，明确大学生社会主义核心价值观的评价体系，使大学生明确要倡导什么、抵制什么、坚持什么、反对什么。同时，加强家庭经济困难学生资助制度建设，建立健全科学合理的家庭经济困难学生资助体系，营造公平、健康、和谐的校园文化氛围，从而规范大学生责任行为，树立大学生的责任感。

（三）以社会实践为契机，增强社会主体意识

责任的本质是实践，每个人的责任品质最终都是通过个体的行为体现出来的。高校应为学生积极搭建社会实践平台，建立长期与短期、假期与日常、

---

① 祝辉：《大学生道德责任教育创新研究》，安徽大学硕士学位论文，NO：201204，2012年。

个体与团体三结合的社会实践长效机制,引导家庭经济困难学生积极参与社会实践,让他们在社会实践中产生和深化对自己应承担责任的认识,形成履行责任的行为和提高履行责任行为的意识,获取对履行社会责任的亲身体验和感受。

(四)以公益服务活动为载体,深化责任体验

公益服务活动是激活学生责任需求、培养大学生责任感的有效载体。学校应完善志愿服务队的招募、培训、管理、评价和激励机制,探索青年志愿者服务规范化、项目化、常态化的长效机制,充分发挥家庭经济困难学生在公益服务活动中的主动性,组织他们投身贫困、环境、残障、医疗卫生、妇女儿童、文化等众多公益服务领域,培养他们的奉献精神,使他们深入社会了解国情,关注民生,切实感受时代赋予新时期大学生的社会责任,进而萌发责任动机,培养自觉责任行为。

后 记

为深入学习贯彻党的十八大精神和习近平总书记系列讲话精神,展示中央16号文件颁发以来各地各高校加强和改进高校德育工作的新实践、新探索,教育部思想政治工作司组织出版《高校德育成果文库》,汇集各地高校的成果和经验,搭建交流研究成果、展示工作经验、促进成果转化的有效平台,相信会对进一步促进高校德育工作的创新发展起到重要的推动作用。

本书是《高校德育成果文库》入选书目之一。本书共十一编,从家庭经济困难学生教育管理工作案例入手,从阶层固化对高校校园的影响、国家资助政策、理想信念、诚信、感恩、心理健康、珍爱生命教育、学业、就业与创业、人际关系、责任与担当等十一个方面,通过真实案例,对家庭经济困难学生进行全面分析研究,指出家庭经济困难学生存在的问题,分析问题产生的原因及影响,提出相应的对策和建议。本书的策划、构思、体例等由唐玉琴、张乐方完成,前言由赵少锋撰写,第一至十一编分别由刘洁、陆长民和石勇、宋义明、姜利波、陈晓林、刘敏、张晓冬和李洪霞、岳增刚、张洪方、魏京祥、于娜和解方文撰写完成。唐玉琴、张乐方、赵少锋、石勇、刘洁负责了全书的统稿和校阅。本书为高校学生工作研究课题《高校贫困大学生思想政治教育有效性研究》成果(中国高等教育研究学会学生工作研究分会,LX2012Y208),山东高校辅导员名师工作室研究方向。教育部思想政治工作司对《高校德育成果文库》的编选给予了关心和指导。本书在编写和出版过程中,得到了中国书籍出版社、中联华文(北京)社科图书咨询中心的大力支持,在此表示衷心的感谢。

本书编写组

2015年1月